D1746189

Hamburgs Geschichte
Mythos und Wirklichkeit

Hamburgs Geschichte Mythos und Wirklichkeit

Herausgegeben von Gisela Jaacks

Ellert & Richter Verlag

Inhalt

6 Mythos und Realität – erwünschte und erlebte Geschichte
Zur Einleitung
Gisela Jaacks

14 Die Nation und ihre konstruierte Tradition
Monika Flacke

22 Die Wandbilder des großen Festsaals im Hamburger Rathaus als Manifestation von „Mythen hamburgischer Geschichte"
Claudia Horbas

44 Ein Festzug als Bilderchronik
Gisela Jaacks

62 Ansgar, Störtebeker und die Hanse. Geschichtsbilder und Geschichtsmythen
Ralf Wiechmann

90 Der sündige Stadtteil. Der Ruf St. Paulis und seine Entstehung
Ortwin Pelc

106 Gegenspieler, Musterknabe oder Problemkind des „Dritten Reichs"? Hamburg und der Nationalsozialismus – Mythen und Realitäten
Frank Bajohr

118 Zeitleiste
Zusammengestellt von Carsten Prange

124 Anmerkungen

135 Autoren

136 Bildnachweis/Impressum

Mythos und Realität – erwünschte und erlebte Geschichte
Zur Einleitung
Gisela Jaacks

Als der aus Livland stammende Journalist Julius von Eckardt 1870 nach Hamburg kam und seine zukünftigen Landsleute genauer beobachtete, stellte er fest, dass unter den Hamburgern ein ausgeprägtes Geschichtsbewusstsein herrschte, das durchaus nicht einheitlich aus einer traditionell hanseatischen Richtung gespeist wurde oder sich dem neuen Verständnis einer gesamtdeutschen Geschichte verpflichtet fühlte, wie es sich im Zuge der nationalen Begeisterung bis hin zur offiziellen Interpretation im Kaiserreich von 1871 entwickelt hatte. Es folgte in seiner politischen Haltung vielmehr ganz unterschiedlichen Prinzipien. Demgemäß wurden auch ganz verschiedene Ereignisse der hamburgischen Geschichte betont und je nach Interessenlage gedeutet.[1] Nach der Überzeugung des 19. und des frühen 20. Jahrhunderts ließ sich die Geschichte als Legitimation jeglicher Art politischen Handelns und politischer Autorität nutzen. Wichtig war nur, die jeweils passenden Ereignisse zu finden und sie entsprechend den eigenen Anschauungen darzustellen. Eine solche Geschichtsdeutung beschwor für eine Nation oder eine Stadt eine gemeinsame Geschichte, die jedoch oftmals keineswegs der Realität und schon gar nicht dem tatsächlichen kontinuierlichen Verlauf entsprach, sondern aus herausragenden und für das Ziel einer Identitätsstiftung geeigneten

Episoden konstruiert war. Dieses Ziel verlangte nach der mythischen Verklärung vergangener Zeiten, die eine verbindende und veredelnde Tradition für die jeweils angesprochene Gesellschaft schuf und mit der sich auch die jeweils herrschenden Ideologien rechtfertigen ließen.[2] Dem Zweck, eine entsprechend systemkonforme Geschichtsauffassung breiten Bevölkerungsschichten nahezubringen, dienten neben den Geschichtslehrbüchern die Historiengemälde und -zyklen, die an und in öffentlichen Gebäuden ein – im wahrsten Sinne des Wortes – anschauliches Geschichtsbild zu vermitteln hatten. Durch die Mythisierung sollten sie den für den Einzelnen nicht durchschaubaren geschichtlichen Abläufen einen teleologischen – auf ein Ziel gerichteten – Sinn und eine metaphysische Bedeutung verleihen. Selten erfuhren allerdings die historischen Ereignisse eine derartige Überhöhung, wie sie Alfons Mucha in seinem 1909 begonnenen Gemäldezyklus „Das Slawische Epos" gestaltete. Die dort ausgewählten Szenen sollten „eine Metapher der Geschichte [sein], die – in ihrer eigenständigen Ebene zwischen Mythos und historischer Wirklichkeit – theologisch einer Erlösung der Menschheit durch die Slawen zusteuert".[3] Doch auch ohne eine religiöse Sinngebung bewegten sich die verbalen wie gemalten Geschichtsbilder weitgehend in dieser „Ebene zwischen Mythos und historischer Wirklichkeit".

Die Gründung des deutschen Kaiserreichs 1871, ein Ereignis, das seinerseits entscheidend zur Bildung neuer nationaldeutscher Mythen beitrug oder sie aus den Ideen der

Hamburgs Sonderstellung im alten und neuen Deutschen Reich spielte im Selbstverständnis der Hamburger eine wichtige Rolle. Für die Ausmalung des 1886–1897 neu errichteten Rathauses war darum ein Bild vorgesehen, in dem die Stadtgöttin Hammonia, flankiert von der Germania, Huldigungen aller Nationen und aller Gewerke entgegennimmt. Dieser Entwurf aus dem Jahr 1899 stammt von Rudolf Eichstaedt.

Mythos und Realität – erwünschte und erlebte Geschichte

Romantik weiterentwickelte und zugleich historische Kontinuitäten konstruierte, bedeutete für das bis dahin gepflegte Hamburger Geschichtsbild eine Herausforderung, da neben der kleinstaatlichen Eigenständigkeit nun zugleich die Einbindung in die größere Nation propagiert werden musste. Ihre augenfälligste Ausprägung fand diese Auseinandersetzung zwischen den Geschichtsbildern der beiden politischen Strukturen zum einen in der Gestaltung des 1886 im Bau begonnenen neuen Hamburger Rathauses und zum anderen in den historischen Szenen, die für den Festzug zum 16. Deutschen Bundesschießen 1909 in Hamburg entworfen wurden. In beiden Fällen wurden für die Konzeption die Historiker der Stadt zu Rate gezogen, und es ist bezeichnend, dass in dieser Atmosphäre auch der Plan reifte, aus der 1839 gegründeten „Sammlung Hamburgischer Alterthümer" nun endlich ein staatliches, professionell geführtes öffentliches „Museum für Hamburgische Geschichte" entstehen zu lassen, wie es dann auch von der Bürgerschaft für den offiziellen Gründungstermin des 1. Januar 1908 beschlossen wurde.

Für den Auftrag einer wissenschaftlich fundierten Geschichtsforschung, der auch dem neuen Museum zugrunde lag, war eine möglichst große Dichte und Lückenlosigkeit der historischen Quellen eine unabdingbare Voraussetzung, doch dies blieb – wie überall – Wunschtraum. Die tatsächliche Entwicklung der Stadt, das persönliche Erleben ihrer Bewohner waren, je weiter man zeitlich zurückging, umso weniger fassbar. Der Rückblick erlaubte zunächst nur Schlaglichter auf besonders spektakuläre Ereignisse. Die Lücken ließen sich nach und nach durch intensivere Studien zwar teilweise archivalisch füllen. Für die Sachüberlieferung, wie sie ein Museum benötigt, blieb jedoch die Erkenntnis, nur auf dem zufällig oder bewusst Bewahrten, dem aus den jeweiligen Zeitströmungen heraus für die Geschichte der Stadt wichtig Erachteten, aufbauen zu können. In dieser Auswahl dokumentierte sich auch wieder das Bild, das Hamburg von seiner eigenen Geschichte pflegte. Zeiten des Niedergangs, negative Erfahrungen und Katastrophen, sofern sie nicht positive Folgen zeitigten, wurden ausgelassen, und so erschien die Geschichte als ein buntes Kaleidoskop erhabener, sensationeller und hoch gestimmter Szenen, zwischen denen tatsächlich oft mehrere Jahrhunderte lagen.

Dass diese Zwischenzeiten zumeist für die Entwicklung der Stadt die größere Bedeutung hatten, da sich Hamburg in ihnen in aller Ruhe wirtschaftlich und kulturell entfalten konnte oder schwierige Herausforderungen für die innere und äußere politische Stabilität zu bestehen hatte, woraus sich aber die künftigen Positionen formten, war nur in der Geschichtsschreibung zu vermitteln. Für die visuellen Medien, und damit auch für das Museum, wurden diese Zwischenzeiten in der Darstellung zum bis heute oft nur schwer lösbaren Problem. Die auf krasse Augenfälligkeit angelegten Historienbilder und historischen Festzüge aber verzichteten meistens völlig auf diese Epochen, nahmen die Lücken bewusst in Kauf und beschränkten sich auf die Sensationen, wenn sie sich nicht andeutungsweise in Allegorien retteten. Die in den Geschichtsbildern und Festzügen beliebten Epochen waren in Hamburg – wie überall in Deutschland – vor allem das Mittelalter, über das zwar genaue Kenntnisse oft nur spärlich vorhanden waren, das sich aber darum umso leichter für Gründungsmythen benutzen ließ, dann die Reformation, in ihrer Bedeutung eingeengt auf die Befreiung von religiöser Tyrannei und das Erstarken des Bürgertums, sowie schließlich die Befreiungskriege gegen Napoleon.[4] Aus der Zeit zwischen dem späten 16. Jahrhundert bis zum Beginn des 19. Jahrhunderts wurden allenfalls lokale Ereignisse herausgestellt; für Hamburg wurde diese Zeit als gänzlich unbrauchbar für eingängige Darstellungen angesehen, obwohl es gerade diese Jahrhunderte waren, in denen Hamburg zur Metropole der Region aufstieg, seine Vorrangstellung auf den Gebieten von Handel, Gewerbe und Kultur ausbaute und zum Dreh- und Angelpunkt für alle geschäftlichen Beziehungen des Nordens wurde.

Einer durchgehend positiven Bewertung dieser Zwischenzeit stand in Hamburg jedoch die jahrzehntelang schwelende und teilweise gewalttätige Auseinandersetzung zwischen Rat und Bürgerschaft um das sogenannte Kyrion entgegen, also der Streit um die Herrschaftsbefugnisse in der Stadt, der sich in langjährigen Verfassungsverhandlungen niederschlug. Er war weder erfreulich noch äußerlich spektakulär – und damit für visuelle Darstellungen ungeeignet.[5] Zudem widersprachen diese Vorgänge dem bis heute gern gehegten und immer wieder beschworenen Bild der Hamburger von ihrer Stadt als einer in sich einigen, seit den Anfängen als freie Bürgergemeinde bestehenden Republik – wobei oft Republik mit Demokratie verwechselt wird. In dieser Tradition steht auch der seit dem 20. Jahrhundert alljährlich Anfang Mai gefeierte Hafengeburtstag, der auf dem historisch als Fälschung bewiesenen sogenannten Barbarossa-Privileg beruht, das irrtümlicherweise oft als Freibrief für die Stadt interpretiert wurde. Der Hafengeburtstag trägt somit den ältesten und zähesten Mythos Hamburgs weiter: die Auffassung von Hamburg als einer freien Reichsstadt seit 1189.[6] Wie sakrosankt und politisch brisant dieser Mythos noch zu Beginn des 20. Jahrhunderts war, musste der spätere Hamburger Staatsarchivdirektor Heinrich Reincke 1907 erfahren, als er die Reichsfreiheit Hamburgs zum Thema eines Vortrags machte, der dann aber „nicht gedruckt werden durfte, weil er für staatsgefährlich und die Beschäftigung mit dem Gegenstand überhaupt als inopportun galt".[7]

Äußerliche Gestalt gewann die derart geheiligte Tradition der Stadt als einer seit dem Mittelalter reichsfreien Republik in dem sogenannten Saal der Republiken, dem Turmsaal im neuen Rathaus. Für dessen Ausstattung hatte schon der Rathausarchitekt Martin Haller das Thema „Freiheit und Republik" geplant, das dann auch durch den mit dem künstlerischen Konzept betrauten Alexander von Wagner umgesetzt wurde. Athen, Rom, Venedig und Amsterdam, die faktisch natürlich zu keinem Zeitpunkt für die verfassungsgeschichtliche Entwicklung Hamburgs Pate gestanden hatten, wurden als die vier großen Vorbilder freier republikanischer Stadtstaaten in Wandbildern präsentiert, wobei die jeweiligen topografischen Wahrzeichen durch Allegorien ergänzt wurden. Dass der politische Status der einzelnen Städte tatsächlich sehr unterschiedlich und von sehr verschiedenen republikanischen Strukturen geprägt gewesen war, wurde für diese idealisierte „Ahnengalerie" des Hamburger Staatswesens außer Acht gelassen, zumal die Bilder stets die jeweilige Blütezeit reflektieren: für Athen das sogenannte Perikleische Zeitalter des 5. vorchristlichen Jahrhunderts, für Rom dann das späte 3. vorchristliche Jahrhundert, in dem die Res Publica Romana ihre größte Stabilität genießen konnte, für Venedig den Glanz des Spätmittelalters und schließlich das sogenannte Goldene Zeitalter des 17. Jahrhunderts für Amsterdam.

Das Bild des antiken Athen, dessen Polis-System als Mutter aller republikanischen und demokratischen Verfassungen galt und gilt, zeigt im Mittelpunkt die Akropolis, zu der sich im Vordergrund die Figuren der Göttin Athene – als Weisheitsgöttin gleichzeitig auf eine der Bürgertugenden anspielend – und der Philosoph Sokrates gesellen, während auf der anderen Seite der Bildhauer Phidias hockt, der sich mit dem Entwurf zu seiner Statue der Athene Parthenos beschäftigt. Für Rom steht das Kapitol, um das sich eine Vestalin, der Kriegsgott Mars – zugleich ein Hinweis auf die Bürgerpflicht der Wehrhaftigkeit – und die Personifikation des Tibers gruppieren. Der Flussgott sitzt vor der „Rostra" genannten Rednertribüne auf dem Forum, die mit den Schiffsschnäbeln der im Kampf gegen die Antiaten 338 v. Chr. erbeuteten Schiffe geschmückt ist und die „demokratische Redefreiheit im alten Rom"

Mythos und Realität – erwünschte und erlebte Geschichte

Der Turmsaal des Rathauses sollte die Tradition der selbstständigen Stadtrepubliken beschwören, von denen Hamburg als Einzige diese Staatsform bis zur Jetztzeit bewahrt habe. Dabei wurde jedoch die veränderte politische Struktur als Bundesstaat des neuen Kaiserreichs völlig vernachlässigt. Die 1896 entstandenen Entwürfe für den „Saal der Republiken" von Alexander von Wagner zeigen die Stadtrepubliken Athen (links) und Rom (rechts), die mit den Eigenschaften Weisheit und Tapferkeit verbunden wurden.

In Hermann Katschs Entwurf zur „Huldigung an Hammonia" von 1899 erweisen die seefahrenden Nationen und Vertreter von Arbeiterschaft, Handwerk und Industrie der Stadtgöttin ihre Reverenz. Die hinter der Brüstung abgebildete Unterzeichnung des Zollanschlussvertrages mit Reichskanzler Otto von Bismarck als zentraler Gestalt lässt vergessen, dass dieser Vertrag von vielen als Verlust der politischen Selbstständigkeit Hamburgs gewertet wurde.

Auf diesen Entwürfen Alexander von Wagners zum „Saal der Republiken" im Hamburger Rathaus von 1896 sind links Venedig und rechts Amsterdam dargestellt. Beide Städte standen für Welthandel und Seefahrt. Venedig war für die offizielle Interpretation der Hamburger Staatsform zur Zeit des Rathausneubaus das große Vorbild, und Paolo Veroneses Bilder für den Dogenpalast dienten zur gestalterischen Orientierung der Ausmalung. Die ausgeführten Gemälde wichen in Details von den Entwürfen ab.

symbolisieren soll.[8] Die beschworene Redefreiheit gehört wiederum zu den typischen Verklärungen der Geschichte – abgesehen davon, dass das antike Rom nie eine Demokratie im staatsrechtlichen Verständnis gewesen und der Begriff im Lateinischen unbekannt ist.[9] Venedig wird natürlich durch den Dogenpalast charakterisiert, umrahmt von der oft dargestellten Zeremonie der Vermählung der Stadt mit dem Meer, hier verkörpert durch die Venezia und den Meergott Neptun. Die Verbindung mit dem Meer und dem daraus erwachsenden Reichtum, wie sie auch für Hamburg bedeutsam ist, kommt ebenso in dem letzten Bild zum Ausdruck, auf dem die Ruhmesgöttin und eine Repräsentantin der von der Vereinigten Ostindischen Kompanie heimgesuchten Länder über dem Rathaus von Amsterdam, dem heutigen Königlichen Palais, ihr Füllhorn ausschütten, während eine durch ihre Kleidung als Vertreterin des Regentenstandes ausgewiesene Rückenfigur sich dem heranfliegenden Handelsgott Merkur zuwendet. Mit den im Vordergrund versammelten Symbolen des Kampfes der protestantischen Niederlande gegen das katholische Spanien konnten sich die Hamburger ebenfalls identifizieren.

Doch wie Athen und Rom besaßen auch Venedig und Amsterdam ihrerseits sehr verschiedenartige, ständisch bestimmte republikanische Regierungsstrukturen, die den hamburgischen zu keiner Zeit wirklich entsprachen, und auch der jeweilige politische Einfluss auf das Umland folgte sehr unterschiedlichen Mustern. Amsterdam hatte, im Gegensatz zu Athen, Rom und Venedig, tatsächlich juristisch nie den Status eines völlig souveränen Stadtstaates besessen, war also insofern als Einzige mit Hamburg vergleichbar.[10] Doch derartige feine Differenzierungen waren zur Zeit der Konzeption und Entstehung der Ausmalung im Turmsaal des Rathauses weder genau erforscht noch überhaupt erwünscht, da sie die aus der Historie gewonnenen Idealvorstellungen getrübt hätten. Dass alle vier Vorbilder im Laufe der Geschichte als selbstständige Republiken bereits ihren Niedergang erlebt hatten, wurde ebenfalls nicht thematisiert. Gefeiert werden sollte hier einzig und allein die „Bürgerfreiheit".[11] Erst Interpretationen der jüngsten Zeit sehen darin die Mahnung, sich die eigenen bürgerlichen Freiheiten und politischen Rechte durch Besinnung auf die dafür notwendigen Tugenden zu bewahren.[12]

Die Betonung der Sonderstellung Hamburgs innerhalb des Deutschen Reichs steht letztlich hinter allen lieb gewordenen Geschichtsbildern, die gedanklich, in textlicher oder dann auch eindrucksvoller visueller Gestaltung die Vorstellungen der Hamburger von ihrer Vergangenheit geprägt haben. Die Beiträge in dem vorliegenden Band untersuchen diese Prägung der Geschichtsbilder an besonders charakteristischen Einzelbeispielen. Der Schwerpunkt liegt dabei naturgemäß auf dem Umgang mit der Geschichte im 19. Jahrhundert, das – wie eingangs dargestellt – ein besonderes Interesse hatte, aus der Vergangenheit die Legitimation für die Gegenwart abzuleiten;[13] aber die Beobachtungen beziehen auch unsere Gegenwart mit ein.

Zum Auftakt umreißt Monika Flacke am Beispiel der Reformation und der Person des Reformators Martin Luther die allgemeine deutsche Entwicklung der Mythenbildung und ihrer Bedeutung für eine Nation; ihr Bogenschlag über die Jahrhunderte zeigt, wie solche Mythisierung bis in unsere Gegenwart wirksam bleiben, dabei aber etliche Wandlungen erfahren kann.

Die für die Mythenbildung charakteristische Motivauswahl des 19. Jahrhunderts lässt sich für Hamburg besonders deutlich ablesen an zwei Beispielen, die für eine bildliche Umsetzung und damit für eine breite öffentliche Wirkung konzipiert waren: Den Wettbewerben um die Ausmalung des großen Festsaals im Hamburger Rathaus geht der Beitrag von Claudia Horbas nach und kann dabei auf bisher unveröffentlichte Bestände des Hamburger Staatsarchivs zurückgreifen. Eindrucksvoll zeigt sich in den Dokumenten die zeitgenössische Diskussion um die markanten Wendepunkte und die Frage ihrer Darstellbarkeit. Vor derselben Fragestellung standen die Veranstalter des Festzugs zum 16. Deutschen Bundesschießen 1909 in Hamburg; ihm widmet sich die Herausgeberin dieses Bandes. Hier begegneten sich der Wunsch nach einer kontinuierlichen Geschichtspräsentation und die Forderung nach einer positiven Interpretation der eigenen Vergangenheit und der neuen Situation innerhalb des Kaiserreichs.

Ausgehend von diesem Festzug untersucht Ralf Wiechmann speziell an der Darstellung der mittelalterlichen Episoden die Diskrepanz zwischen Realität und vermitteltem Geschichtsbild. Dabei stellt sich die Frage einerseits nach dem jeweils zeitgenössischen wissenschaftlichen Kenntnisstand, dessen Lückenhaftigkeit vorzüglich geeignet ist, der Mythenbildung Vorschub zu leisten, andererseits nach dem Umgang mit der Tradition, die auch wider besseres Wissen ungern aufgegeben wird.

Nicht nur geschichtliche Ereignisse, sondern auch besondere topografische Situationen und soziale Gegebenheiten schaffen Mythen. Ortwin Pelc zeigt am Beispiel der Vorstadt St. Pauli, wie dieser Stadtteil seinen überregionalen und internationalen zweideutigen Ruf gewann. Berichte wie Bilder aus dem 19. Jahrhundert belegen, wie sich allmählich ein „Image" formte, das allgemein verbreitet wurde, aber mit der Realität nur sehr bedingt übereinstimmte.

Wie Mythen gewoben werden, kann schließlich Frank Bajohr eindringlich an einem gut dokumentierten Ereignis der jüngsten Geschichte nachvollziehen. Der Widerspruch zwischen dem tatsächlichen Geschehen und Verhalten in Hamburg während der Zeit des Nationalsozialismus und der später darüber gern verbreiteten Legende vom gemäßigten Charakter der NS-Herrschaft in Hamburg beweist einmal mehr, dass die Beschäftigung mit den historischen Mythen nicht nur ein amüsantes Detail der Geschichtsforschung ist, sondern auch beklemmende Aktualität in sich bergen kann. Die Geschichtswissenschaft muss sich ihrer Verantwortung bewusst sein, die Verflechtung zwischen den ideologischen Hintergründen und den Mechanismen, die für die Entstehung und Tradierung der historischen Mythen wirksam gewesen sind und werden können, aufzuzeigen.

Die Nation und ihre konstruierte Tradition
Monika Flacke

Die Nation, so wie wir sie kennen, ist auf der Schwelle zum 19. Jahrhundert als Folge der Modernisierungskrisen entstanden, die Europa um diese Zeit erschütterten.[1] Der Begriff bezeichnet eine historisch gewachsene Gemeinschaft, die sich gegen ihre jeweiligen Nachbarn in der Vergangenheit abgegrenzt hat und auch künftig abgrenzen will. Mit der Französischen Revolution und Napoleon war der Anspruch auf nationale Unabhängigkeit und Freiheit auf die Tagesordnung Europas gestellt geworden. Die Forderungen der Revolution von 1789 und Napoleons Neuordnung des europäischen Kontinents sind gleichermaßen Ausdruck wie auch Bewältigungsstrategie dieses gewaltigen Umbruchs.

Die geforderte nationale Unabhängigkeit, überhaupt die Forderung nach der Existenz einer Nation bedurfte der Legitimationen – sie brauchte historische Wurzeln, eine Geschichte und damit eine Begründung ihrer selbst. Dies gelang – und das europaweit – mit der Erfindung einer Vergangenheit, einer Tradition. Der britische Historiker Eric Hobsbawm spricht von „invention of tradition".[2] Die Erfindung einer nationalen Tradition ist verbunden mit der Instrumentalisierung von Geschichte und Religion. Durch die Vergegenwärtigung einer gemeinsamen „nationalen Geschichte", durch die Visualisierung von Kriegen und Glaubensauseinandersetzungen versicherte man sich nicht allein einer gemeinsamen Vergangenheit, gleichzeitig entstand das für die Nationengründungen notwendige Freund-Feind-Schema: Wir und die anderen. Die Auseinandersetzungen zwischen Katholizismus und Protestantismus, zwischen Christentum und Islam sind konstitutive Elemente der europäischen Nationen. Längst vergangene Schlachten und Kriege zwischen den Religionen, aber auch zwischen den Ländern wurden im 19. Jahrhundert in nationale Konflikte umgedeutet.

Die Erfindung einer Nationalgeschichte

Diese Tradition wurde im Laufe des 19. Jahrhunderts vor allem durch mediale Inszenierungen gebildet. Erzählungen zur Geschichte der Nation finden sich in historischen Abhandlungen, in Schulbüchern und ab der Mitte des Jahrhunderts vor allem auf Bildern. Im 19. Jahrhundert entstand ein Kult der Geschichte, der den Nationen half, ihre Existenz zu begründen, als immer schon gegeben zu legitimieren und sich nach außen abzugrenzen. Doch was als objektive Geschichtsschreibung erscheint, ist die Erfindung einer Nationalgeschichte, man kann auch von Mythen sprechen. „Obwohl die nationalen Mythen nach außen hin den Anschein einer ‚objektiven' Geschichte vermittelten, blieben sie in ihrer impliziten und expliziten Interpretation der historischen Ereignisse und Sinnstiftung meist eng mit bestimmten national-politischen Projekten verbunden."[3]

Auswahl und Interpretation der aus der Vergangenheit ausgewählten Ereignisse zielten darauf, die Nation als eine Einheit von Vergangenheit, Gegenwart und Zukunft zu definieren. Der französische Historiker und Orientalist Ernest Renan präzisierte in einem Vortrag, den er am 11. März 1882 an der Sorbonne in Paris hielt: „Eine Nation setzt eine Vergangenheit voraus, aber trotzdem faßt sie sich in der Gegenwart in einem greifbaren Faktum zusammen: der Übereinkunft, dem deutlich ausgesprochenen Wunsch, das gemeinsame Leben fortzusetzen. Die Existenz einer Nation ist (man verzeihe mir diese Metapher) ein tägliches Plebiszit."[4]

Bei der Betrachtung des Gemäldes von Wilhelm Lindenschmit d. Ä., das die Schlacht im Teutoburger Wald zeigt, glaubte der Betrachter im 19. Jahrhundert vermutlich jenes Ereignis zu sehen, welches Deutschland einst vor den Römern gerettet habe. Diese Schlacht ist als Gründungsmythos der deutschen Nation in die Geschichte eingegangen, denn mit dem Sieg der Germanen über die Römer sei nicht nur die Nation, sondern auch die Sprache gerettet worden. Selbst der Unabhängigkeitsgedanke findet sein Echo in der Rezeption der Schlacht im 19. Jahrhundert.[5] Lindenschmits Bild zeigt mehr eine erträumte denn eine wirkliche Vergangenheit. Von diesem Gründungsmythos aus wird die Brücke in die Gegenwart geschlagen, ohne dass es eine historische Verbindung zwischen dem Ereignis in der Antike und der Gegenwart gibt und geben kann. Er stiftet eine nationale Gemeinschaft mit einer Vergangenheit, die das „gemeinsame" vergangene und gegenwärtige Leben in eine Zukunft denken kann und will.

Die „Erfindung der Nation" ist mit der Erfindung von Geschichtsbildern verbunden, die schon im 19. Jahrhundert massenhaft publiziert wurden. „Kein Land kam bei der Etablierung und Verbreitung seiner Mythen ohne den Einsatz von Bildern aus",[6] denn sie haben „die Macht, Geschichte in Ereignisse und Ereignisse in Zeichen zu verwandeln".[7] Die Bilder-Stereotypen erfüllten kollektive wie individuelle Bedürfnisse, indem sie eine (fiktive) Gemeinschaft stifteten. Und dies taten sie mit großem Erfolg.

Die Maler unserer Schlachtenbilder im Teutoburger Wald waren nicht Zeugen des Geschehens – sie haben das Szenario erfinden müssen. Den Bürgern der sich neu formierenden Nationen vermittelte die Verbildlichung der Schlacht die Vorstellung einer Augenzeugenschaft – gleichwohl handelt es sich bei diesen Bildern um Fiktionen. Als Bildakt[8] schaffen Bilder Fakten, sie schaffen Geschichte, Geschichtsfakten. Die erfunde-

Die Schlacht im Teutoburger Wald im Jahr 9 n. Chr. war eines der entscheidenden Ereignisse für den deutschen nationalen Gründungsmythos, weil angeblich mit dem Sieg über die Römer die deutsche Kultur vor der „welschen" Überfremdung gerettet worden sei. Der „Lichtgestalt" des „edlen Germanen" Arminius (Hermann) mit dem historisch überhaupt nicht nachweisbaren Flügelhelm bedienten sich, ähnlich wie hier Wilhelm Lindenschmit d. Ä. in seinem Gemälde „Die Schlacht im Teutoburger Wald" (um 1840), auch die Hamburger bei den Darstellungen der Uranfänge ihrer Stadt.

nen Bilder vereinfachen den Tatbestand, rekonstruieren den historischen Hintergrund, erfinden eine visuelle Vorstellungswelt, die mit dem Ereignis nichts zu tun hat, aber für das Selbstbewusstsein der Nation notwendig ist. Diese Bilderfindungen haben ganz wesentlich das Bewusstsein für die Nation geprägt und entwickelt. Waren in vielen Büchern des frühen 19. Jahrhunderts noch bildhafte Erzählungen über Hermann den Cherusker zu finden, werden aus diesen Texten später Bilder, die ohne große Variationen Eingang in die Bildpublizistik finden. Zumeist kämpft Hermann auf einem Schimmel gegen die Angreifer. Die Farbwahl hat damit zu tun, dass er einerseits vor dunklem Hintergrund besser erkennbar ist und dass andererseits, weil das Weiß des Pferdes positiv besetzt ist, das Gute für den Betrachter definiert wird. Die Feinde reiten auf schwarzen Pferden, da mit der Farbe Schwarz das Gemeine und Böse verbunden wird. Mit erhobenem Schwert reitet Hermann zu seinem Sieg. Die Landschaft besteht zumeist aus großen Eichenwäldern, denn die Eiche galt als der deutsche Baum schlechthin. Der drohende Himmel über den Kämpfenden zeigt an, dass die sonnenverwöhnten Römer hier verloren sind.

Ohne Schlachten, das heißt ohne Feinde, ist die Nation nicht definierbar. Die Gefechtsbilder lassen den Feind erkennbar werden und den Betrachter Partei ergreifen. Immer ist das Kampfgeschehen so dargestellt, dass zwischen Gut und Böse, zwischen Verteidiger und Feind der Nation unterschieden werden kann. Deutlich wird dieses Schema auch in der Darstellung von Niederlagen, die je nach Perspektive des Malers durch die Bilder zu heroischen Ereignissen verklärt werden. Die Franzosen haben zwar gegen die Römer verloren, gleichwohl wird in den Darstellungen des 19. Jahrhunderts in der französischen Bildwelt die Niederlage in einen heroischen Akt umgedeutet. Vercingetorix wird zum stolzen Held veredelt, gleichgültig, ob er die Schlacht gewonnen oder verloren hat.

Die Nationenbegründung im 19. Jahrhundert beruht also auf der Unterstellung, dass die Nation in Abgrenzung gegen Feinde entstanden sei – Deutschland gegen Rom, Frankreich gegen Rom und so weiter. Es gibt keine europäische Nation, in der Feindbilder nicht zur Selbstdefinition beigetragen hätten.[9] Die notwendige innere Einheit zur Gründung oder Legitimierung der Nationen wurde über die Projektion auf einen äußeren Feind gewonnen. Nationen verstehen sich als einzigartig, etwas Besonderes, sie sind „ständig darauf bedacht, ihre Einmaligkeit und Unvergleichlichkeit hervorzuheben. Die historischen Mythen, in denen sie sich wiedererkennen […] sind durchweg Mythen der Vereinigung nach innen und der Abgrenzung nach außen."[10] In dem Selbstfindungsprozess der Nation wird Feindschaft also in das Selbstverständnis fest eingeschrieben.[11]

Luther als nationaler Mythos

Eine nicht zu unterschätzende Rolle in der Legitimierung der Nationen spielte die feindliche Auseinandersetzung zwischen den Religionen. Gerade sie dienten der Vergewisserung. Die Feindlinie im Norden Europas verlief zwischen Katholizismus und Protestantismus, im Süden und im Südosten Europas zumeist zwischen Christentum und Islam.

In Deutschland trennte die Religion die katholischen von den protestantischen Ländern. Die Feindschaft zwischen den christlichen Konfessionen fand einen Höhepunkt in der Rezeption Martin Luthers im 19. Jahrhundert. In den überwiegend protestantisch geprägten Ländern – wie Preußen – wurde Luther im Laufe des 19. Jahrhunderts zum Nationalhelden erhoben, der neben Hermann als weiterer Befreier Deutschlands von Rom galt.[12] Der Reformator und der Feldherr wurden ohne alle historischen Umstände auf eine Stufe gestellt und im nationalen Pantheon aufgenommen. Ungeachtet aller historischen Kontexte schlug das 19. Jahrhundert eine Brücke von der

Schlacht im Teutoburger Wald zur Kirchenspaltung, vom Jahr 9 bis 1520 n. Chr. Hermann wie Luther hätten, so diese Geschichtsdeutung, durch ihre Siege Deutschland von der Vorherrschaft Roms befreit. Luthers Beitrag zu dieser Befreiung sei keine Schlacht gegen die Römer, sondern der Kampf gegen die katholische, von Rom aus regierte Kirche. Seine Waffen seien die Übersetzung der Bibel in die deutsche Sprache und die Verbrennung der Bulle „Exurge Domine", die Papst Leo X. 1520 gegen ihn unter Androhung des Bannes erlassen hatte. Die Übersetzung der Bibel aus der lateinischen in die deutsche Sprache habe, so die Auffassung der protestantischen Nationalgesinnten des 19. Jahrhunderts, Deutschland eine eigene Sprache gegeben und vor dem Latein gerettet. Und mit der Verbrennung der Bannandrohungsbulle am 10. Dezember 1520 vor dem Elstertor in Wittenberg habe der Reformator die endgültige Loslösung von Rom vollzogen. Die katholischen Länder mochten in ihm schon aus diesen Gründen nicht den Einer, sondern nur den Spalter der Nation sehen und lehnten ihn ab. Sein Feldzug gegen den Papst konnte nicht in ihr Weltbild integriert werden und damit zur Legitimation taugen.

Die Rezeptionsgeschichte der Verbrennung der Bannandrohungsbulle im 19. Jahrhundert begann mit dem Bild des Freiheitshelden, des Begründers der Nationalreligion, wie Luther schon von Johann Gottfried Herder tituliert wurde.[13] 1817 wurde Luther im Zusammenhang des Wartburgfestes zugeschrieben, ihm seien National- wie Freiheitsidee zu verdanken. Auf der Wartburg hatten sich Studenten und auch Vertreter deutscher Universitäten versammelt, um für einen Nationalstaat zu demonstrieren. Ort und Zeit waren gut gewählt, denn 300 Jahre nachdem Luther seine Thesen in Wittenberg bekannt gemacht hatte, und beinahe ebenso viele Jahre seit er, auf der Wartburg versteckt, die Bibel aus dem Lateinischen ins Deutsche übersetzt hatte, kam es zu dieser Großdemonstration, bei der auch Bücher verhasster Autoren verbrannt wurden. Es liegt nahe, die Bücherverbrennung während des Wartburgfestes mit der Verbrennung der Bannandrohungsbulle durch Martin Luther zu verknüpfen. Auf der Wartburg wurde Luther zum Revolutionär umgedeutet, der gegen den römischen Katholizismus erfolgreich gekämpft habe. Die Studenten verknüpften also gleich mehrere Dinge symbolisch miteinander – Luther, Wartburg, Sprache, Revolution und Nation.

Was auf der Wartburg zum Ausdruck kam, war nur der Anfang einer Entwicklung, die im 19. Jahrhundert einen national-aggressiven Verlauf nahm. Um 1808 heißt es zu Luther in einem Altonaer Geschichtsbuch: „Luther forderte die ganze deutsche Nation auf, dem Papst seine erschlichenen Vorrechte zu entreißen."[14] Mit den Freiheitskriegen von 1813 und spätestens mit dem Wartburgfest von 1817 erhielt diese 300 Jahre alte Absage an Rom endgültig nationale Dimensionen. Die Kirchenspaltung wurde als notwendige Voraussetzung für die Gewinnung eines eigenen nationalen Selbstverständnisses begriffen.

Unzählige Illustrationen zeigen Luther vor dem Scheiterhaufen der Bannandrohungsbulle. Zumeist ist er von Verehrern wie Gegnern umringt. Das früheste und bekannteste Bild aus dem 19. Jahrhundert ist das von Franz Ludwig Catel, „Martin Luther verbrennt die päpstliche Bulle und das canonische Recht". 1806 gemalt, wurde es 1811 von Wilhelm Löwenstern gestochen und in Berlin verlegt. Es wurde sehr populär, häufig kopiert und auch variiert. Luther ist hier noch nicht der große Reformator, der Mann der Tat. Auf diesem Bild wirkt er beinahe unentschlossen. Die Bannandrohungsbulle löst sich kaum von seiner Hand. Nach der Revolution von 1848 gewann Martin Luthers Tat in der Bildwelt zwar ein eindeutigeres Profil, doch die Geste blieb weiterhin zaghaft. 1852 signierte Karl Friedrich Lessing sein Bild „Verbrennung der Bannbulle". Der Holzschnitt von Eduard Kretzschmar sicherte dem Bild ebenfalls große Popularität. Lessing lässt seinen Luther weniger demütig auftreten als im Bild von Catel, doch eine Revolution findet hier auch nicht statt. Luther ist zwar im Begriff, die Bannandrohungsbulle den Flammen zu überantworten, doch bevor er zur Tat schreitet, scheint er die Bulle Gott darreichen zu wollen. Die Körpersprache Luthers ist himmelwärts gerichtet. Er erbittet sich den Beistand Gottes, er braucht seinen Segen, sein Ja.

Nach der Reichsgründung von 1871, die unter preußisch-protestantischer Führung zustande kam, schien die Wartburg mit ihrer Geschichte der geeignete Ort, Luthers Leben und Werk bildlich zu inszenieren. In drei neu eingerichteten sogenannten Reformationszimmern wurden die bedeutenden Ereignisse seines Lebens für die Nationalerzählung reaktiviert. Dafür malte der Berliner Akademieprofessor Paul Thumann unter anderem das Bild „Luther verbrennt die Bannandrohungsbulle".

Im Zentrum des Bildes steht Martin Luther, dessen schwarzes Gewand einen starken Kontrast zur schneebedeckten Umgebung bildet. Der Scheiterhaufen und die Augen Luthers liegen auf einer Diagonale. Der Blick des Reformators ist auf die Feuerstelle gerichtet, von der schwarzer Rauch aufsteigt. Luther ist in dem Moment festgehalten, in dem er Schwung holt, um die Bannandrohungsbulle in die Flammen zu schleudern. Das Feuer zeigt dem Betrachter, was mit dieser Bulle passieren wird: Sie wird in Rauch aufgehen. Wie wenig Respekt Luther dem päpstlichen Schreiben zollt, wird nicht nur in der Absicht deutlich, es in Rauch aufgehen zu lassen, sondern auch in dem Umgang mit der Bulle vor der Verbrennung. Der Reformator hält ein zerknülltes Etwas in der rechten Hand. Die kraftvolle Faust und das fragile Papier bilden den idealen Gegensatz, um die Verachtung Luthers gegenüber der Drohung aus Rom zu veranschaulichen.

Den Reformator findet man hochkonzentriert, er fixiert die Flammen und scheint allein bei seinem Tun. Die Anderen, die Zeugen um ihn herum sind seine Staffage, die Statisten, die gebraucht werden, um dem

Eine der frühesten und bekanntesten bildlichen Darstellungen von Martin Luthers Verbrennung der päpstlichen Bannandrohungsbulle und des kanonischen Rechts am 10. Dezember 1520 in Wittenberg stammt von Franz Ludwig Catel aus dem Jahr 1806, hier in einem Nachstich von Wilhelm Löwenstern aus dem Jahr 1811.

Karl Friedrich Lessings Bild „Verbrennung der Bannbulle" (1852), das durch diesen Holzschnitt von Eduard Kretzschmar populär wurde, stellt dieselbe Szene schon dramatischer dar.

Hamburg wurde durch die Reformation eine streng konfessionell geprägte Stadt mit der Gefahr künftiger Intoleranz.

Martin Luthers Reformation wurde für die protestantischen Gebiete Deutschlands zur zweiten Großtat auf dem Weg zur Bildung einer Nation. Luthers Person erfuhr damit im 19. Jahrhundert eine Stilisierung zum Nationalhelden, der wie Hermann der Cherusker sein Land vor der römischen Bedrohung gerettet habe. Daher ist das beliebteste Motiv in den Darstellungen des 19. Jahrhunderts auch nicht der Thesenanschlag vom 31. Oktober 1517, also die Geburtsstunde der Reformation, sondern die Verbrennung der päpstlichen Bulle am 10. Dezember 1520 als Zeichen der endgültigen Loslösung von der römischen Kirche. Paul Thumanns Gemälde „Luther verbrennt die Bannandrohungsbulle" entstand 1872/73 für die Wartburg in Eisenach.

Geschehen die notwendige Relevanz zu geben. Sie sind die Augenzeugen, die später erzählen können, was Luther, der einsame Revolutionär, der große Mann der Tat, vollbracht hat. In dem Kreis um den Scheiterhaufen und den großen Reformator haben sich Studenten der Universität versammelt. Sie schleppen weitere Schriften an, damit auch diese dem Feuer übergeben werden können. Ebenso zu sehen ist ein Mönch, der nicht so recht zu fassen vermag, was hier passiert. Der Schock ist ihm ins Gesicht geschrieben. Ein junger Mann versucht sich Luther vorsichtig zu nähern. Die schmale Hand ausgestreckt, scheint er seine Worte unterstreichen zu wollen, die er ihm noch sagen möchte. Doch Luther ist in Gedanken weit fort. Er nimmt das Geschehen um sich herum gar nicht mehr wahr – auch nicht die Bürger der Stadt, die sich hinter ihm versammelt haben und mit teils gutmütigen, teils fragenden oder ungläubigen Blicken das Geschehen verfolgen. Niemand versucht ernsthaft, Martin Luther aufzuhalten. Alle Blicke ruhen auf ihm, er ist der Mittelpunkt der Szene. Sehr distanziert und doch als Gleicher unter Gleichen in der Gruppe dargestellt, konzentriert er sich auf die Verbrennung der Schmähschrift, die ihm – der ja noch Mönch ist – die Verbannung aus der Kirche androht. Es wird nur noch Sekunden dauern, bis der päpstliche Bannspruch als Rauch zum Himmel und damit auch zu Gott aufsteigen wird.

Dieses Bild suggeriert, dass Luther sich entschieden hat: Er wird keinen Gang nach Canossa tun, um sich dem päpstlichen Bannspruch zu unterwerfen. Er hat die Vertreibung aus der Kirche schon in Kauf genommen, da er, Luther, nur seinem Gewissen folgen kann. Das Bild zeigt, dass der Kirchenmann die alles verändernde Tat der deutschen Geschichte gewagt hat und dass sie vom Himmel beglaubigt ist. Der Maler legitimiert mit seinem Bild die Sichtweise der preußisch-protestantischen Historiografie des 19. Jahrhunderts. Er gehört damit zu jenen, die das geistes- beziehungsweise ideengeschichtliche Fundament für die deutsche Nation gelegt haben. Die Parteilichkeit des Bildes ist nicht zu übersehen. Das reale Geschehen im Jahre 1520 hat für den Maler wie für die Betrachter des Bildes keine Bedeutung. Entscheidend ist die Verbildlichung eines Lutherbildes, das dem des späten 19. Jahrhunderts entspricht. Es ist ein Wunschbild, das in dem Kopf des Betrachters zur Realität mutieren wird. So ist es nicht erstaunlich, dass in protestantischen Schulbüchern um 1880 im Hinblick auf die katholische Kirche zu lesen ist, dass sie eine nationale Bedrohung, eine die deutsche Freiheit beschneidende Institution sei. Luther sei es zu verdanken gewesen, dass „nach vielhundertjährigem Druck sich in allen Klassen des deutschen Volkes der gesunde Menschenverstand emporrang und schließlich der Nationalgeist mit all seinen Hoffnungen und Wünschen zum kühnen Bewußtsein erwachte".[15] Luther wurde zum Retter Deutschlands: Zweimal hätten die Deutschen die Welt von „der Herrschaft Roms errettet, zuerst am Ende des Altertums, da sie das römische Reich zerstörten, dann am Ende des Mittelalters, da sie die Gewalt des römischen Papsttums brachen".[16]

Die Herausforderung gegenüber dem Papst war im 16. Jahrhundert eine Ungeheuerlichkeit, im 19. wurde daraus die Revolution, die ihr „gutes Ende" in der Reichsgründung von 1871 gefunden habe. Angesichts dieser Ausgrenzung machten die Katholiken Martin Luther für jenes „unselige Unternehmen, das die Kraft des Gesammtvolkes zersplitterte",[17] verantwortlich oder sie verurteilten ihn als den Urheber „eines furchtbaren Religionskrieges, der unser schönes, von Gott so gesegnetes Vaterland fast in eine Einöde verwandelte, ohne doch die Kluft aufzufüllen, die bis auf den heutigen Tag die Katholiken von den Lutheranern trennt".[18]

Der schon seit dem frühen 19. Jahrhundert in den protestantischen Ländern vorhandene Lutherkult kulminierte 1883 anlässlich seines 400. Geburtstages. In den Lutherstädten Wittenberg, Erfurt und Eisleben wurden große Feste veranstaltet, zu denen zwischen 30 000 und 50 000 Besucher kamen.[19] Luther wurde wie ein Nationalheld gefeiert. Sein Porträt fand sich im Eichenkranz oder auf Sammeltassen, auf denen auch gerne die ihm erbauten Denkmale gezeigt wurden, wie das erste, 1821 in Wittenberg entstandene. Beliebt waren auch Lampions mit dem Lutherzitat: „Ein feste Burg ist unser Gott". Die auf Luther projizierten Eigenschaften wurden hier spürbar nur nationalistisch übersetzt. Das preußisch-protestantische Kaiserhaus nutzte den Lutherkult in seinem eigenen Interesse. Der Reformator wurde kurzerhand zum religiösen Begründer des protestantischen Kaisertums. Aus diesem Grunde ließen die Hohenzollern unter anderem die Schlosskirche in Wittenberg restaurieren. Ikonografie und Ausstattung der Kirche brachten Luther und das Kaiserhaus in eine genealogische Verbindung.[20]

Luther wurde also im Laufe des 19. Jahrhunderts zu einem vielfältig manipulierbaren politischen Mythos. Die Reformation wie die Schlacht im Teutoburger Wald galten bei den protestantischen beziehungsweise antiultramontanen Nationalisten zunehmend als Ursprung der deutschen Nation. Und im Zusammenhang des Ersten Weltkriegs findet man Luther, den Reformator, in eine genealogische Reihe mit Bismarck, dem Reichsgründer, gestellt – beschützt und vereint unter dem deutschen Baum schlechthin, einer deutschen Eiche.

Der Erste Weltkrieg bereitete diesem extremen Kult ein Ende. Die Mythen, die in der Weimarer Republik entstanden, wie die Dolchstoßlegende, führten zur Spaltung des Volkes, und die Gewalt entlud sich nicht gegen äußere Feinde, sondern nach innen. Auf den Wahlplakaten der KPD oder NSDAP sind die Feinde nicht andere Nationen, sondern Mitglieder anderer Parteien und anderer Weltanschauungen. Die Bildwelt der Plakate beherrschen Todesdrohungen und Gewaltfantasien – Menschen werden zwischen Fingern zermalmt, mit Hämmern erschlagen oder von der Weltkugel gefegt. In den 20er Jahren gelang es nicht, die widerstreitenden Kräfte zu binden.

Nach dem Zweiten Weltkrieg waren in Deutschland die Helden des 19. Jahrhunderts verschwunden, sie hatten ihre Bindungsfähigkeit für die Nation verloren. Zum Überleben bedurfte es neuer Mythen. Die Verarbeitung des Zweiten Weltkriegs vollzog sich in Europa über die Entwicklung von Widerstandsmythen, über das Beschweigen der Kollaboration oder des Mitläufertums. Wahrscheinlich war dies der Preis für die Entwicklung von bis heute stabilen Demokratien im Westen. Bis 1989 wurde in den Staaten des Warschauer Paktes der Mythos von der Befreiung durch die Rote Armee und vom antifaschistischen Widerstand zur Bindung innerhalb des sozialistischen Blockes verwendet. Nach 1989 brach diese Form der von der Sowjetunion verfügten Übereinkunft zusammen und seitdem wird in den ehemaligen Ostblockstaaten um die Nation, um ihre Geschichte, um Vergangenheit, Gegenwart und Zukunft gerungen. Die Entscheidung für die Nation mit ihrer demokratischen Verfassung bleibt nach wie vor ein „tägliches Plebiszit".

Die Wandbilder des großen Festsaals im Hamburger Rathaus als Manifestation von „Mythen hamburgischer Geschichte"

Claudia Horbas

Das Jahr 1909 – dasselbe Jahr also, in dem der für die Frage nach den Mythen hamburgischer Geschichte sehr aufschlussreiche Festzug zum 16. Deutschen Bundesschießen in Hamburg[1] stattfand – markiert zugleich den Endpunkt der etwa zwanzig Jahre umfassenden Entstehungsgeschichte der Ausmalung des großen Festsaals im neuen Hamburger Rathaus, einem Bau aus dem letzten Viertel des 19. Jahrhunderts. Eindrucksvoll erhellt die gut durch Quellen wie Sitzungsprotokolle und Gutachten[2] sowie Entwürfe zu diesen Wandbildern belegte Entstehungsgeschichte die sich wandelnden Auffassungen darüber, was an diesem exponierten Ort stadtbürgerlicher Selbstdarstellung insbesondere hinsichtlich jener für Zeit und Ort typischen identifikationsstiftenden Themen hamburgischer Geschichte abzubilden sei.

Die bereits 1909, im Jahr der Fertigstellung der Malereien erschienene, mit Fotografien und Skizzen reich ausgestattete Publikation Richard Grauls[3] dokumentiert gleichzeitig sehr genau die damalige Diskussion der künstlerisch-stilistischen Frage.

Der folgende Beitrag wird vor allem diese Quellen zu Wort kommen lassen, um den Blick der Zeit möglichst getreu einzufangen. Hinsichtlich der erhaltenen Entwürfe und ausgeführten Malereien wird besonders die Wahl der Themen und Motive, nicht aber deren Beziehung zur historischen Realität untersucht.

Rathäuser und ihre innere Gestaltung

Rathäuser und insbesondere die der Versammlung, aber auch der Repräsentation dienenden Säle in ihrem Innern sind bereits seit dem späten Mittelalter Orte städtischer Selbstdarstellung gewesen. Die Beispiele dieses Bautyps zeugen vom Erstarken bürgerlicher Selbstverwaltung in jener Zeit. Eine wichtige Rolle bei der Wahl des in den Rathäusern angebrachten bildlichen Schmucks spielte das Thema „Recht und Gesetz",[4] zum einen als Hinweis auf die selbstständige Gerichtsbarkeit der Stadt, zum anderen aber auch als Mahnung an Rat und Bürger in der Überzeugung, dass in einem funktionierenden Rechtssystem und einer daran orientierten „guten Regierung" die Voraussetzung für ein friedliches und prosperierendes Gemeinwesen liege. Daneben begegnen allegorische Figuren und Darstellungen von Begebenheiten, die der tatsächlichen oder legendenhaften Geschichte der jeweiligen Stadt entnommen sind.

Im 19. Jahrhundert setzt aus verschiedenen Gründen – wie dem aus der Neuordnung der kommunalen Verwaltung entstandenen Raumbedarf, aber auch dem Wunsch nach Repräsentation – eine Hochphase des Neubaus oder der Erweiterung von Rathäusern[5] und damit auch der meist malerischen Ausgestaltung ihrer Repräsentationsräume[6] ein, die inhaltlich und künstlerisch den die Zeit bestimmenden Strömungen des Historismus verpflichtet war. Die Suche nach der jeweils für den Zweck vorbildlichen gestalterischen Ausdrucksweise, etwa nach dem für ein Rathaus geeigneten Baustil,[7] bestimmte die damalige, breit in Publikationen niedergelegte Diskussion, wobei dem Aspekt der nationalen Identitätsbildung eine wichtige Rolle zukam. Unabhängig von den gewählten Stilformen stellt das Rathaus des 19. Jahrhunderts den Ort dar, an dem sich die Bürgerschaft einer Stadt innerhalb des Staatsgefüges ein Gesicht gab. Gemälden wurde im Rahmen dieser Selbstdarstellung „als entscheidenden Aussageträgern" der erste Platz vor allen anderen Ausstattungselementen eingeräumt,[8] konnten sie doch in sehr differenzierter Weise Inhalte transportieren. An die Stelle der Gerechtigkeitsbilder der altdeutschen Rathäuser trat dabei die allegorische und vor allem die historische Darstellung,[9] deren Erzählung auf den Anbringungsort bezogen ist. Charlotte Kranz-Michaelis, die in der Wahl der historischen Themen eine Beziehung zu Religiosität sieht, zitiert in diesem Zusammenhang den für die Entstehungsgeschichte der Wandbilder im großen Festsaal des Hamburger Rathauses in verschiedener Hinsicht wichtigen Künstler Carl Gehrts mit den Worten: „Ohne den Kultus großer Männer kann aber keine Kunst lange blühen, sie bedingen ihre Würde und Hoheit. Das Christentum, ursprünglich die Religion der Proletarier, erfand dafür die Heiligen, wir aber, die wir an diese nicht mehr so recht glauben, wir müssen wieder zu den großen Männern, zu den Heroen zurückkehren."[10] Mit der Vergegenwärtigung geschichtlicher, und zwar in erster Linie „vaterländischer" Themen verband man den Wunsch, durch die Vermittlung von Kontinuität Identität zu stiften.[11]

Das neue Hamburger Rathaus

Das neue Hamburger Rathaus gehört in der Reihe der ungefähr zweihundert von etwa 1850 bis zum Ersten Weltkrieg in Deutschland errichteten Gebäude dieser Art zu den früheren Beispielen.[12] Sein Bau war notwendig geworden, weil das alte, seit dem 13. Jahrhundert genutzte Rathaus der Hansestadt an der Trostbrücke während des großen Stadtbrandes im Jahre 1842 gesprengt und damit völlig zerstört worden war.[13] Als neuer Standort wurde der durch den Abbruch des Johannis-Klosters (1841 abgeschlossen) freigewordene Platz zwischen der in diesem Areal einzig vom Brand verschonten Neuen Börse und der Kleinen Alster bestimmt.[14] Fast fünfzig Jahre sollte dann die Geschichte des Neubauprojektes dauern: Ein erster Wettbewerb in den Jahren 1854/55 versandete aufgrund von wirtschaftlichen Schwierigkeiten. Aus dem zweiten im Jahre 1876 ging ein Entwurf der Frankfurter Architekten Mylius & Bluntschli als Favorit hervor, der jedoch in der Folgezeit langwierig diskutiert und schließlich von einem anderen Vorschlag verdrängt wurde, den 1880 eine Gruppe von Hamburger Architekten, die sogenannten Rathausbaumeister,[15] unter der Ägide Martin Hallers dem Senat überreicht hatte. Nachdem auch dieser Plan mehrfach modifiziert worden war, erfolgte auf seiner Grundlage im Jahre 1886 die Grundsteinlegung, dann die Bauausführung, bis Hamburg schließlich am 26. Oktober 1897 die feierliche Einweihung seines neuen Rathauses ausrichten konnte.[16] Zu diesem Zeitpunkt war die Innenausstattung zwar in weiten Teilen fertiggestellt, eine Reihe von Repräsentationsräumen harrte jedoch noch ihrer Ausgestaltung, darunter der große Festsaal, der schließlich im Jahre 1909 als Letzter vollendet werden sollte.

Das neue Hamburger Rathaus wurde 1886–1897 nach Plänen des Hamburger Architekten Martin Haller im Stil der Renaissance erbaut. Diese Epoche galt dem 19. Jahrhundert als Zeit, in der das selbstständige Bürgertum an Bedeutung gewann. Das Rathaus wurde damit zum architektonischen Wahrzeichen stadtrepublikanischen Selbstbewusstseins.

Die Programmatik der öffentlich zugänglichen Säle lässt erkennen, dass hier sowohl von den Darstellungsinhalten als auch von den Gestaltungsformen her verschiedene Traditionen bemüht wurden. Dabei ist die Orientierung an Vorbildern der italienischen Renaissance und der Bezug zu der Stadt Venedig besonders häufig und wird in der Literatur auch immer wieder genannt. Ohne im Rahmen dieses Beitrags weiter auf die Gesamtausstattung des neuen Rathauses mit ornamentalem, figürlichem oder szenischem Bildschmuck eingehen zu können, sei erwähnt, dass das Gebäude hinsichtlich des ausgeführten Außenbaus im Unterschied zu einer Großzahl der älteren Entwürfe, die deutlich häufiger an der italienischen Renaissance orientiert waren, eher der nordischen oder deutschen Renaissance verpflichtet ist. Dies entspricht der zur Erbauungszeit üblichen Gestaltungsweise und ist in der Literatur mit dem mit diesem Stil nach Ausweis zeitgenössischer Quellen deutlich assoziierten Nationalgedanken in Verbindung gebracht worden.[17] Merkwürdig erscheinen deshalb die schon von Hermann Hipp herausgestellten Erläuterungen der Rathausbaumeister zum Entwurf von 1880: „Der im Innern und Äußern durchgeführte Stil ist derjenige einer reichen Hoch-Renaissance in italienischer Auffassung [...]."[18] Jutta Zander-Seidel hat für die Mitte des 19. Jahrhunderts bereits auf eine, wenn auch nicht von allen Hamburger Entscheidungsträgern gleichermaßen geteilte Affinität der Architekten und Planer der hansestädtischen Neubauten zu Venedig hingewiesen.[19] Auch beim Bau des Rathauses spielte zumindest die Kenntnis der Prachtbauten der Lagunenstadt eine Rolle, wie man an diversen Vergleichen und Hinweisen erkennt. Wie stark aber dabei tatsächlich auch eine inhaltliche Anknüpfung gemeint war, wird durch die schriftlichen Quellen nicht offenbar. Formal war sie zumindest teilweise gegeben. Hinsichtlich der Repräsentationsräume des neuen Rathauses waren italienische Renaissance-Vorbilder gewiss von Bedeutung für die Formensprache im Turmsaal, der dem großen Festsaal vorgelagert ist. Nach seinem Bildprogramm wird er auch „Saal der Republiken" genannt: Vier Gemälde zeigen in allegorischer Darstellungsform die zum Zeitpunkt der Ausmalung bereits historischen Stadtrepubliken Athen, Rom, Venedig und Amsterdam, in deren Folge sich die Freie und Hansestadt Hamburg zweifellos gestellt sehen wollte.[20] Das Kuppelgewölbe schmückt eine an italienischen Vorbildern orientierte Scheinarchitektur im Stil der Hochrenaissance mit zentralem Oculus und vier Arkadenbögen. An deren Balustraden lehnen sich Figuren, die Persönlichkeiten verkörpern oder auf sie hinweisen, die besonders für die individuelle oder gesellschaftliche Freiheit der Menschen in der Gesellschaft gewirkt haben. Das Bildprogramm des gesamten Raumes deutet Heinz-Jürgen Brandt als „Darstellung der Freiheit, ein Loblied auf Menschen und Staatswesen, die sich um politische und geistige Freiheit verdient gemacht hatten".[21] Ein speziell auf Hamburg bezogener Blickwinkel in der Auswahl der dargestellten Personen lässt sich nicht ausmachen.

Dagegen ist der Kaisersaal, für dessen Gesamtanlage auch wieder Parallelen zu venezianischen Prunkräumen gezogen wurden, mit seinen Darstellungen der „Bedeutung Hamburgs als Tor zur Welt"[22] gewidmet. Auch für die architektonische Gestaltung des großen Festsaals, für die die Dekorationskunst des Cinquecento in Anspruch genommen wurde, nannte schon Richard Graul die Paläste Venedigs und Genuas als „ferne Vorbilder".[23]

Das Bildprogramm des großen Festsaals

Das Bildprogramm des großen Festsaals, des letzten Projekts im Gefüge des Rathausneubaus, wendet sich nun ganz hamburgischen Themen zu, wenn auch, wie man im Folgenden sehen wird, bei der Diskussion der zu wählenden Sujets wiederholt auf den Dogenpalast in Venedig hingewiesen wurde. „Von den Wandmalereien des Festsaales", schreibt Heinz-Jürgen Brandt in seiner umfassenden Baugeschichte des Hamburger Rathauses, „erwarteten Regierung und Öffentlichkeit Hamburgs eine letzte Steigerung der künstlerischen Ausschmückung."

Mit seiner Ausdehnung von 46 mal 17,5 Metern gehört dieser Raum zu den größten seiner Art. Drei Wände, zwei kurze und eine lange, waren oberhalb einer marmornen Sockelzone auf knapp fünfeinhalb Meter Höhe zu bemalen, wobei die Fläche nicht friesartig den Raum umzog, sondern durch Portale, Aufbauten und trennende Pilaster mit Skulpturennischen gegliedert und überschnitten wurde. Die größte einheitliche Fläche bot die Ostwand, die lediglich in ihrer unteren Mitte vom Baldachinaufbau der Senatsestrade tangiert wurde.

Welche Bildinhalte hier zu wählen seien, scheint zumindest aus Sicht Martin Hallers recht früh klar gewesen zu sein. Im Herbst 1889 ergeht eine Anfrage aus seiner Feder an den Ratsarchivar und Historiker Otto Beneke mit der Bitte um Vorschläge, um „die inneren und äußeren Formen unseres zukünftigen Rathhauses durch sinnreiche und bedeutungsvolle Zuthaten zu bereichern und zu veredeln, die unserer vaterstädtischen Geschichte und Topographie, unseren heimischen Traditionen und auswärtigen Beziehungen, unseren Sitten, Gebräuchen, Legenden und Sagen entlehnt sind".[24] Insbesondere bittet Haller um Hilfe bei der Auswahl der Sujets für die Wände des großen Rathaussaals, deren architektonische Gliederung er Beneke durch die Mitsendung entsprechender Cartons veranschaulicht. Er erläutert dazu: „[...] an 3 Wänden befinden sich 5 Riesenbilder nach Art derjenigen im Dogenpallast zu Venedig [...]."[25] Brandt hat diesen Passus bereits auch auf die inhaltliche Ausgestaltung der dortigen „Sala del Maggior Consiglio" „mit ihren Wandgemälden aus der venezianischen Geschichte"[26] bezogen, was durchaus zutreffen kann.

Die Diskussion um die Bildthemen

Nun begann eine rege Diskussion um geeignete künstlerische Techniken[27] und natürlich auch über geeignete Darstellungsthemen; ein Ausschuss wurde gebildet, und verschiedene Künstler, darunter der aus Hamburg gebürtige und zu diesem Zeitpunkt in Düsseldorf tätige Carl Gehrts, wurden zur Ausführung vorgeschlagen. Das ausführliche Gutachten der Rathausbaumeister vom 4. Dezember 1896[28] hält schließlich fest, dass aufgrund der Unterschiedlichkeit der insgesamt fünf auszuführenden Gemälde hinsichtlich ihrer Maße und Lage im Raum sowie der Tatsache, dass einige Wände durch Emporen oder Portale beeinträchtigt seien, ein „*Cyclus* gleichwertiger Gemälde" nicht in Frage komme. Vielmehr sei im Bild der Ostwand, „das schon vom Eingang aus sowie von jedem anderen Standpunkt des Saales zu übersehen ist [...] und durch seinen Platz über der thronartigen Estrade des Senats eine den übrigen Gemälden weitüberlegene Bedeutung gewinn(t)", das Hauptwerk zu sehen. Dafür vor allem müsse ein geeignetes Thema gefunden werden. Da „offenbar kein Stoff aus der älteren vaterstädtischen Geschichte bedeutsam genug" erschien, wurde eine allegorische Darstellung auf die Blüte der Stadt vorgeschlagen, „wie z. B. eine unter dem Schutze des Reiches thronende Hammonia, der Länder und Meere ihre Gaben bringen und unter deren Segen die Früchte des Friedens, Handel und Gewerbe, Künste und Wissenschaften blühen und gedeihen – ein glorioses Prachtbild im Sinne von Veroneses Apotheose der Venezia".

Die übrigen Bilder, für deren Ausführung nach Meinung der Rathausbaumeister aufgrund des losen architektonischen Zusammenhangs der Gemälde durchaus verschiedene Maler in Frage kommen könnten, sollten jedoch konkrete historische Begebenheiten visualisieren, und zwar Ereignisse, die „das Hineinwachsen Hamburgs in seine heutige Handelsmacht als Product tausendjähriger Arbeit in packenden Bildern [...]

veranschaulichen". Obwohl man fand, dass „Hamburgs Kriegsthaten zu Wasser und zu Lande […] an sich […] zu geringfügig" seien, „um hier in solchem Maßstabe gefeiert werden zu können", hatte der kriegerische Aspekt als Leitmotiv für die zu wählenden Szenen einige Wichtigkeit – womöglich im Hinblick auf die ja von Haller als Muster genannte Sala del Maggior Consiglio in Venedig mit ihren Darstellungen „kriegerische(r) Ereignisse und Eroberungen".[29] Vorgeschlagen wurden jedenfalls: „1.) anno 805 Gründung Hamburgs, Sieg über die Heiden; 2.) anno 1227 (22. Juli) der Tag von Bornhövede, Sieg über die Dänen; 3.) anno 1525 (22. Oktober) Einzug der Gefangenen Kniephoff, Puttlitz und Sidow. Sieg über die Seeräuber; 4.) anno 1871 Einzug der 76er, Sieg über die Franzosen", Ereignisse also, die nach Ansicht der Rathausbaumeister beispielhaft bekundeten, wie „der Bürger zum Kriegsmann wurde und Geld und Blut freudig einsetzte für die Macht und Freiheit seiner Vaterstadt und für den großen Kampfpreis muthigen Ringens, den Frieden". Auch für das Hauptbild war ursprünglich einmal an eine „Seeschlacht" gedacht worden, sodass der zusammenfassende Satz „Das Leitmotiv des Bilderschmucks bildete dann der Gedanke: durch Kampf zum Frieden" sehr treffend erscheint. Die hier erkennbare inhaltliche Gewichtung ist in der Tat bemerkenswert, vor allem im Vergleich mit dem später als verbindlich formulierten Programm. Benekes Vorschläge vom Herbst 1889,[30] eher friedlich-statische Momente der Stadtgeschichte, etwa die Anerkennung König Christians III. von Dänemark als Schutzherr Hamburgs im Jahre 1538 oder ein Bankett im Herrensaal des Eimbeckschen Hauses 1724 in Szene zu setzen, blieben hier jedenfalls unberücksichtigt.

Am 7. Februar 1897 wurde das Programm dann im Bericht über die Empfehlung der Sachverständigenkommission mit deutlichen Veränderungen formuliert. Der Auszug aus dem Protokoll der Rathausbau-Commission[31] mit der Auflistung der fünf gewünschten Bildthemen wurde später den Schreiben an die beiden Künstler Carl Gehrts und Friedrich Geselschap beigefügt, die für einen ersten, sehr begrenzten Wettbewerb ausgewählt worden waren; das Gutachten über die schließlich eingesandten Entwürfe der beiden Künstler vom 16. April 1898[32] benennt diese dann noch einmal. Für das Hauptbild an der Ostwand wird weiterhin eine „Hammonia triumphans" gewünscht, allerdings nun „unter besonderer Heraushebung der Verbindung Hamburgs mit dem deutschen Reiche und seines Welthandels".

Das erste Bild hingegen, welches für die von der Musikempore überschnittene Westwand vorgesehen war, sollte weiterhin die Gründung Hamburgs zum Inhalt haben und dabei insbesondere die Zeit Karls des Großen veranschaulichen, zudem aber eventuell

Zu den Themenvorschlägen zur bildlichen Darstellung der hamburgischen Geschichte im großen Festsaal des Rathauses gehörte auch die Schlacht bei Bornhöved am 22. Juli 1227. Damals siegten die Holsteiner gegen dänische Königstruppen. Die Schlacht war für Hamburg von besonderem Interesse als Teil der jahrhundertelangen Auseinandersetzung mit dem dänischen König um den Status als reichsfreie Stadt. Entwurf von Friedrich Geselschap, 1898.

zwei weitere Szenen aufnehmen, und zwar: „a) Bischof Anschar bekehrt die Heiden b) Eine Szene aus der Hofhaltung des Bischofs Adalbert". Der vormals im Vordergrund stehende kriegerische Aspekt des Bildprogramms („Sieg über die Heiden") trat also hier bereits in der Wahl der Themenformulierung zugunsten der Verbildlichung friedlichen Miteinanders im Sinne guten Gemeinwesens („bekehrt die Heiden") zurück.

In Bild 2, 3 und 4, die sämtlich an der langen Nordwand zu denken waren, sollten zur Darstellung kommen: „Eine Episode aus der Hamburgischen Geschichte zur Blüthezeit der Hansa", eine „Darstellung aus der Zeit der Reformation" und ein „Gegenstand aus der Geschichte Hamburgs zur Zeit der Befreiungskriege". Auch hier fällt auf, dass auf die Themen „Sieg über die Dänen" und „Sieg über die Seeräuber", die ehemals als Inhalte für Bild 2 und 3 vorgesehen waren, zugunsten von Darstellungen verzichtet wird, die vorbildliche Epochen für Hamburgs Geschichte, wirtschaftliche Prosperität oder religiös-kulturelle Identitätsmuster bedeuten. Lediglich das vierte Bild sollte weiterhin einem militärischen Erfolg gewidmet sein – statt des Sieges über Frankreich im Jahre 1871, der eng mit der Reichsgründung verbunden war, wurde nun allerdings die Befreiung von der napoleonischen Herrschaft in den Jahren 1813/1814 präferiert.

In der Zeit zwischen dem ersten Programmentwurf vom Dezember 1896 und dieser etwa zwei Monate später als maßgeblich beschlossenen Formulierung müssen einige Diskussionen über die für die Versinnbildlichung hamburgischer Geschichte geeigneten Themen stattgefunden haben. Schon das Gutachten der Rathausbaumeister vom Dezember 1896 enthält einen Hinweis, dass die darin niedergelegten Ideen nicht allseits auf Zustimmung stießen. So schreibt Haller am Ende seiner, wie er angibt, mit den Malern Arthur Fitger, Carl Gehrts und Otto Knille abgestimmten genaueren Darstellung, was in den vier historischen Bildern darzustellen sei: „Wir erkennen nicht, daß bei unseren Vorschlägen das Zeitalter der Reformation und dasjenige der geistigen Entwickelung in der zweiten Hälfte des vorigen Jahrhunderts unberücksichtigt geblieben sind."

Ein von dem Archivar und Senatssekretär Anton Hagedorn gezeichnetes Schreiben[33] „betr. Gegenstände aus der Hamburgischen Geschichte zur bildlichen Darstellung in unserem Rathause" vom 4. Februar 1897 führt dann unter den dort mit acht angegebenen „Hauptbildern" kaum noch Schlachten und Siege auf, sondern stattdessen: „1. Stiftung des Erzbistums Hamburg, 2. Ertheilung des Freibriefs von 1189, 3. Einführung der Reformation, 4. Begründung der bürgerschaftlichen Verfassung Hamburgs [...] 1529, 5. Hauptrezeß 1712, 6. Tettenborns Einzug 1813, 7. Schlußsteinlegung zu den Zollanschlußbauten, 8. Empfang des Kaisers im Rathaus am 19. Juni 1895". Dazu enthält das Dokument noch Themen für 33 weitere, kleinere Bilder. Die Frage, „ob Ereignisse der neuesten Hamburgischen Geschichte [...] wie die Einzugsfeier 1871 [...] oder gar das Kaiserdiner 1895" als Bildinhalte geeignet seien, hatte man im Gutachten vom Dezember 1896 abschlägig beantwortet – und dabei blieb es ja dann auch.

Die Entwürfe des ersten Wettbewerbs von 1898

Die erhaltenen Entwürfe von Carl Gehrts und Friedrich Geselschap, den beiden Künstlern, die für jenen begrenzten Wettbewerb von 1898 angesprochen worden waren, zeigen das deutlich größere Interesse beider an den im Gutachten von 1896 favorisierten, durch Schlachtgetümmel und andere dynamische Aspekte bestimmten Szenen.[34] Die Wahl war auf sie gefallen, nachdem andere Künstler abgesagt hatten oder ausgeschlossen worden waren, wobei der Prämisse von 1896, „das Hauptgemälde, wenn irgend möglich, durch einen Hamburger" ausführen zu lassen, nicht mehr unbedingt gefolgt

Die Wandbilder des großen Festsaals im Hamburger Rathaus als Manifestation von „Mythen hamburgischer Geschichte"

wurde. Zwar war Gehrts,[35] der auch hier schon besonders empfohlen wurde und der im Vorfeld an den diversen Diskussionen zum Gegenstand teilgenommen hatte, geborener Hamburger, Geselschap[36] jedoch, in Wesel geboren, war vor allem in Berlin tätig gewesen und befand sich zur Zeit der Auftragsvergabe in Italien.

Relativ statisch wirken die Lösungen beider Künstler für die Westwand. Gehrts blendet seinen Darstellungen eine Arkadenarchitektur vor und stellt die bei Weitem den breitesten Raum einnehmende Gründung der Hammaburg durch Karl den Großen und ihren Bau ins Zentrum – im Hintergrund erscheint das aus Holz errichtete Gebäude, während rechts vorn vor dem stehenden König ein Plan ausgebreitet wird. Im linken Arkadenbogen predigt Bischof Ansgar zu den durch wenige Personen veranschaulichten heidnischen Fischern, rechts außen findet nach der Beischrift der „Kampf um die Hammaburg"[37] statt. Dieser scheint allerdings schon beendet, denn vor dem brennenden Gebäude im Hintergrund werden bereits gefesselte Gefangene vorgeführt. Die Kriegsthematik hat Gehrts möglicherweise im Hinblick auf die Gewichtung des Gutachtens von 1896 eingebracht.

Geselschaps Entwurf zu dieser Wand, der von Martin Haller in seinem Urteil als besonders monumental gelobt wird, legt den Akzent deutlich auf die Einführung des Christentums. In der linken Bildhälfte agiert die zentrale Gestalt Karls des Großen in langem Gewand und mit Reichskrone, rechts tauft Bischof Ansgar eine Gruppe von neuen Gläubigen. Der Entwurf entspricht in zahlreichen Einzelheiten, von der Überreichung der Schenkungsurkunde an den Bischof durch den Kaiser bis hin zu den Personen, die in diverser exotischer Kostümierung in Begleitung eines Elefanten rechts am Bildrand postiert sind, den Vorgaben Hallers zu diesem Bild im ersten Gutachten vom Dezember 1896,[38] das Geselschap also gewiss gekannt hat. Da auch andere Entwürfe Geselschaps, wie man noch sehen

Als wichtigste Ereignisse für Hamburgs Anfänge waren die Gründung der Hammaburg und das Auftreten des Missionars Ansgar unabdingbare Themen für die Festsaalausmalung. Die Künstler bildeten ihre Szenarien um Kaiser Karl den Großen, den angeblichen, historisch jedoch nicht richtigen Gründer der Stadt, und den heiligen Ansgar vor der Hammaburg und dem Dom, deren Gestaltung ebenfalls den historischen Tatsachen nicht entsprach. Carl Gehrts, „Hammaburg und Einführung des Christentums", 1898.

Friedrich Geselschaps Entwurf „Einführung des Christentums" (1898) konzentriert sich auf die Einführung des Christentums durch Karl den Großen, der die neue Religion 803/804 den besiegten, auf diesem Bild bereits gefesselten Heiden bringt, und durch die Predigt Ansgars, die allerdings erst ab 826 geschichtlich belegt ist. Dadurch wird die Rolle Hamburgs bei der Christianisierung des Nordens betont, mit der sich die Stadt der lokalen Geschichtsschreibung zufolge zum ersten Mal als Metropole der Region erweist.

Die Wandbilder des großen Festsaals im Hamburger Rathaus als Manifestation von „Mythen hamburgischer Geschichte"

Die Gefangennahme und Hinrichtung des Seeräubers Klaus Störtebeker im Jahr 1400 ist bis heute im Bewusstsein jedes Hamburgers fest verankert. Da über Störtebekers Person und sein Leben kaum authentische Dokumente existieren, bot er reichlich Stoff für Legenden. Der Kampf gegen die Piraten wurde als große Leistung Hamburgs für die Hanse interpretiert und gehörte daher auch zum Bildprogramm des neuen Rathauses. Friedrich Geselschap, Skizze zum „Störtebeker"-Bild, 1898.

Manche Details in den Entwürfen lassen vermuten, dass die Künstler die Ereignisse um Störtebeker mit dem Einzug der gefangenen Seeräuber um Claus Kniphoff vermengten, dessen Darstellung im ersten Gutachten von 1896 empfohlen wurde. Kniphoffs Leben verlief der Klaus Störtebeker zugeschriebenen Geschichte sehr ähnlich. Er agierte für den dänischen König, sodass der für die Hanse wichtige Sieg der Hamburger 1525 über ihn zum Grundthema der Hamburger Geschichte passte, dem Kampf um den Status als reichsfreie Stadt gegen den dänischen König. Carl Gehrts, „Die Einbringung Störtebekers", 1898.

In Carl Gehrts' „Religionsgespräch zur Zeit der Reformation" von 1898 weist das Porträt des Reformators Johannes Bugenhagen als Portalbekrönung darauf hin, dass es in dieser thematisch sonst wenig deutlichen Szene um die Reformation geht. Diese spielte sich in Hamburg tatsächlich vor allem in heftigen Disputationen unter den Geistlichen ab – allerdings unter großer Anteilnahme aller Bevölkerungsschichten.

wird, den Vorgaben Hallers von 1896 sehr nahe sind, darf man sich fragen, ob die weniger kriegerisch orientierten Richtlinien vom Februar 1897 dem Künstler überhaupt vorgelegen haben. Auf „eine Szene aus der Hofhaltung Bischof Adalberts", wie sie in der Erläuterung zur Fassung vom Februar 1897 ins Spiel gebracht wurde, haben übrigens beide Künstler verzichtet.

Für Bild 2, das ja nun der Zeit der Hanse gewidmet sein sollte, wählt Geselschap die Schlacht bei Bornhöved im Jahre 1227, also erneut ein Thema des Programms aus dem Gutachten von 1896. Er nutzt es zu einer Komposition zweier aufeinanderprallender Heere, über denen die heilige Maria Magdalena erscheint. Gehrts stellt in seinem Entwurf für dieses Bild die Gefangennahme Klaus Störtebekers dar, der in einem von Kaufleuten bevölkerten Hafen vom Schiff geführt wird – ein Thema, das, wie Martin Haller in seinem Gutachten bemerkt, „als ‚Zeitbild der Hansa' kaum aufzufassen" war. Obgleich Störtebeker weder unter den Vorschlägen im Gutachten von 1896 noch in dem dann maßgeblichen Programm vom Februar 1897 explizit erwähnt wird, war er für beide Künstler offenbar eine so wichtige Figur der hamburgischen Geschichte, dass auch Geselschap nicht auf sie verzichten mochte. In Bild 3 rechts vom Mittelportal skizziert er die Einbringung Störtebekers und links wohl dessen Gefangennahme in einer bewegten Kampfszene. Die Darstellung ist jedenfalls in den Wettbewerbsgutachten von 1898 und auch bei Graul[39] mit diesem wohl bekanntesten Seeräuber in Verbindung gebracht worden, wenngleich Geselschaps Formulierung der Szene rechts im Entwurf wieder deutlich an die Vorgaben der Rathausbaumeister vom Dezember 1896 erinnert, in denen genauere Angaben zum Inhalt dieses Bildes, allerdings zum Thema „Einzug Dietmar Koel's mit seinen Gefangenen", gemacht werden. Geselschap kombinierte hier geschickt die für die linke und rechte Portalseite vorgesehene Motivik. Lediglich Archivar Hagedorn erwähnt übrigens in seiner langen Aufstellung möglicher Bildinhalte für den großen Festsaal vom 4. Februar 1897 unter den kleineren Bildern eine „Einbringung Störtebeckers bei Helgoland".[40] Festzuhalten bleibt jedenfalls, dass keiner der beiden Künstler sich für eine für Bild 2 vorgesehene Darstellung der „Blütezeit der Hansa" entschied, wie sie am 7. Februar 1897 als Wunsch der Sachverständigenkommission formuliert worden war.

Bild 3 sollte nach der Vorstellung der Kommission das Zeitalter der Reformation zum Inhalt haben, und es nimmt nicht wunder, dass Haller und Aldenhoven hinsichtlich Geselschaps Störtebeker feststellen, dass diese Szene „als Verbildlichung der Reformationszeit thematisch abzulehnen" sei. Viel besser kam hier Gehrts Vorschlag mit dem Titel „Religionsgespräch" an, der die für die Reformierung der hamburgischen Kirche außerordentlich wichtige Figur Johannes Bugenhagens innerhalb der Bekrönung des die Wand überschneidenden Marmorportals unterbringt – eine Lösung, die die Gutachter besonders positiv bewerteten.

Für Bild 4 machte Gehrts zwei Vorschläge: zum einen den Einzug der 76er Truppen 1871, ein Thema des ersten Gutachtens von 1896, das allgemein auf Ablehnung stieß, und eine Fahnenweihe in der St. Michaeliskirche, auch als „Einsegnung der Freiwilligen 1813" bezeichnet, das wiederum in den Hamburger Nachrichten vom 7. August 1899 als besonders eindrucksvolles Blatt bezeichnet wird.[41] Geselschap stellt in seinem vierten Bild eine allegorische[42] Verherrlichung der Befreiungskriege dar: Während in der Mitte der Hammonia auf einem mit „1813" bezeichneten Sockel eine Krone aufgesetzt wird – ein Putto reicht ihr auf einem Samtkissen die Stadtschlüssel zurück –, nähern sich von links uniformierte Heimkehrer, überflogen von Victoria mit einem Siegeskranz; rechts flieht auf einem galoppierenden Schimmel Napoleon, gehetzt von zornigen Erinnyen. Diese Komposition erinnerte den Direktor der Gemäldegalerie

Die endgültige Motivauswahl für den Festsaal des neuen Hamburger Rathauses übersprang nach der Reformation nahezu 300 Jahre. In seinem Bild „Fahnenweihe 1813" aus dem Jahr 1898 (auch als „Einsegnung der Freiwilligen 1813" bezeichnet) konnte sich Carl Gehrts auf eine konkrete Überlieferung stützen und eine reale Szene illustrieren: Als unter der kurzlebigen Ägide des russischen Generals Tettenborn die Bürgerbewaffnung gegen die napoleonischen Heere organisiert wurde, fand am 21. April 1813 für den Hamburger Truppenteil die Fahnenweihe in der großen Michaeliskirche statt.

Im Gegensatz zu Gehrts' Entwurf feiert der Künstler Friedrich Geselschap die „Befreiungskriege 1813" (1898) als Allegorie. Während im Vordergrund noch ein Chaos zerstörter Gegenstände an den Krieg erinnert und rechts Napoleon, von Furien gehetzt, vorbei an der zerfetzten Trikolore über Leichen flieht, jubeln links heimgekehrte Krieger der Hammonia zu, die von mythischen Personifizierungen umgeben ist. Bei der Gestaltung standen dem Künstler offenbar Vorbilder der italienischen Hochrenaissance vor Augen.

Die Wandbilder des großen Festsaals im Hamburger Rathaus als Manifestation von „Mythen hamburgischer Geschichte"

Für das zentrale Bild des Rathausfestsaals, das den „Triumph der Hammonia" zeigen sollte, war überhaupt nur eine allegorische Gestaltung möglich. In Friedrich Geselschaps Entwurf aus dem Jahr 1898 strömen Völker aus nah und fern und aus verschiedenen Zeiten zur Ehrung herbei, und im Angesicht des Kaisers Wilhelm I. und Bismarcks setzt Germania der Hammonia den Lorbeerkranz auf. Eine Inschrift auf dem Sockel bekräftigt die offizielle Interpretation des neuen politischen Status der Stadt: „Mächtig allein – stärker im Reich".

Im Gegenentwurf von Carl Gehrts zum „Triumph der Hammonia", ebenfalls von 1898, tritt die Zugehörigkeit Hamburgs zum Reich nur in dem von Putten gehaltenen Teppich mit dem Reichsadler hinter der Hammonia in Erscheinung. Ratsherren nehmen mit ihr gemeinsam die Huldigung der fremden Völker und der Einheimischen, deutlich vertreten durch das „Markenzeichen Vierländerin", entgegen. In die typische Hafenszenerie des Hintergrundes mischen sich schon die Silhouetten der frühen Industrieanlagen.

in Dresden, Karl Woermann, „fast allzusehr an Motive wie Cornelius' apokalyptische Reiter und ähnliche Gestaltungen".[43] Die Hammonia-Allegorie statteten beide Künstler mit zahlreichem Figurenpersonal aus. Insgesamt zeichnen sich Gehrts' und Geselschaps Entwürfe durch Vielfigurigkeit, Tiefenstaffelungen und historisierende Staffage aus. Dabei wird Geselschap eine größere Monumentalität bescheinigt, etwa von Alfred Lichtwark, der bei Gehrts hingegen einen eher zur Buchkunst passenden Detailreichtum konstatiert.[44]

Bereits in dem Gutachten von 1896, insbesondere zu Bild 5 (Hammonia), war „eine gewisse symmetrische Anordnung der Massen" empfohlen worden, während davon abgeraten wurde, die Szenen sich „auf freiem Felde oder offenem Meer abspielen" zu lassen. Natur jedenfalls war im Bildschmuck des großen Festsaals nicht vorgesehen – Graul bemängelt hinsichtlich der für den ersten Wettbewerb festgeschriebenen Programmatik das „Dogma jener akademischen Tradition, die historischen und allegorischen Gegenständen vor landschaftlichen den Vorzug gibt" in der Sorge, „daß landschaftliche Motive, wie sie Hamburgs Umgebung bietet, panoramenartig, nicht aber monumental wirken würden".[45]

Nach Abschluss der Begutachtung der Entwürfe von Geselschap und Gehrts kommt man in der Gesamtwertung vom 16. April 1898 zu dem Schluss, dass keinem von beiden allein der Auftrag übertragen werden könne, allerdings „im Entwurf von Geselschap zu Bild Nr. 1 und in den Entwürfen von Gehrts zu Nr. 3 und Nr. 4 Unterlagen gewonnen wurden, welche [...] der Ausführung im Großen würdig" seien. Für die übrigen Bilder, hofft man, werde sich aufgrund der Qualifikation der beiden Künstler schon noch eine entsprechende Lösung erarbeiten lassen.

All diese Überlegungen werden hinfällig, als beide Maler im Abstand von wenigen Wochen im Sommer 1898 sterben.

Die Entwürfe des zweiten Wettbewerbs von 1899

Nun entschließt man sich zu einem weiteren, diesmal offenen Wettbewerb, an dem alle deutschen oder in Deutschland lebenden Künstler teilnehmen dürfen. Vom 4. März 1899 datiert die gedruckte Fassung der Wettbewerbsausschreibung,[46] die in der Themenstellung der fünf Bilder den im Protokoll vom 7. Februar 1897 für Gehrts und Geselschap festgehaltenen Formulierungen vollkommen entspricht.[47]

Gefordert waren jedoch nicht mehr Skizzen zu allen Bildern, sondern nur noch „der in Farben auszuführende Entwurf des Bildes Nr. 5", „eine allegorische Darstellung der Hammonia" und „Außerdem [...] eine Skizze zum Bilde Nr. 1 [...] in beliebiger Behandlungsweise", also ein Entwurf zur Mittelalterthematik beziehungsweise zur Gründung Hamburgs für die Westwand, die durch das Portal der Musikerempore überschnitten wurde.

Insgesamt 68 Künstler sandten Entwürfe ein, die dem aus verschiedenen Sachverständigen, darunter Künstler und Museumsdirektoren, zusammengesetzten Preisgericht[48] am 15. Juli 1899 im großen Festsaal zur Begutachtung ausgestellt wurden. Nach einem ersten Durchgang schied man zwölf Einsender aus, unter denen die Jury die endgültige Wahl treffen wollte. Da die Qualität der eingesandten Entwürfe aber wieder als nicht überzeugend bewertet wurde, konnte man sich schließlich wie schon im ersten Wettbewerb zwischen Geselschap und Gehrts nicht zur Vergabe eines ersten Preises durchringen. Stattdessen wurden vier zweite und vier dritte Preise vergeben. Zweite Preise erhielten Ferdinand Keller aus Karlsruhe, Gustav Adolf Closs aus Stuttgart, Woldemar Friedrich aus Berlin und Alexander Zick, ebenfalls aus Berlin, dritte Preise der unter den ausgezeichneten einzig aus Hamburg stammende Paul Düyffcke, sowie die Berliner J. Voß, Otto Marcus und Ludwig Dettmann. Letzterer sollte dann fast gleichzeitig,

Da der „Triumph der Hammonia" auch für den zweiten Wettbewerbsdurchgang 1899 ein verbindliches Motiv war, ist eine Vielzahl an Variationen zu diesem Thema erhalten. Ferdinand Keller lässt seine Hammonia völlig selbstsicher im Zentrum des Bildes thronen, der die „Frau Welt" zu Füßen liegt und die in ihrer Majestät den huldigend Nahenden ehrfürchtiges Erstaunen abnötigt. Der Geharnischte mit der Reichsfahne spielt nur eine marginale Rolle.

Bei Alexander Zicks „Triumph der Hammonia" von 1899 sind die Rollen vertauscht: Hier thront die Germania im Zentrum und hält ihren Schild schützend über Hammonia. Vor dem Hintergrund mit der üblichen Hafenszenerie, die allerdings durch die dargestellten Schiffstypen eine altertümliche Anmutung erhält, spielt sich reges Handelstreiben mit Vertretern aus aller Herren Länder ab.

Die Wandbilder des großen Festsaals im Hamburger Rathaus als Manifestation von „Mythen hamburgischer Geschichte"

In Paul Düyffckes „Triumph der Hammonia" von 1899 umgibt barocke Pracht den Sitz der Hammonia, hinter der zwischen den gewaltigen Säulen die Reichsfahne gespannt ist. Der Hamburger Rat, Militär und Vertreter der Hamburger Gewerke nehmen zu Füßen der Stadtgöttin die Huldigungen der Schiffer und fremden Völker entgegen. Der Hamburger Düyffcke fügte als Hintergrund Details aus der Stadtsilhouette hinzu.

Woldemar Friedrich betont 1899 in seinem „Triumph der Hammonia" wesentlich stärker die Rolle des Reichs. Die Figur der Germania steht – wenngleich schemenhaft im Hintergrund – als Denkmal im Zentrum des Bildes. Neben dem riesigen Tor mit dem Hamburger Wappen hinter der Hammonia steht unübersehbar Bismarck, dem ein Matrose die Flagge der deutschen Handelsmarine zu Füßen legt.

1899, als Sieger im zweiten Wettbewerb um die Ausmalung des Kollegiensaals im Altonaer Rathaus die dortigen Wandbilder, ebenfalls Historiengemälde, ausführen.[49] Fast alle Entwürfe dieser acht Preisträger sind erhalten,[50] dazu einige wenige anderer, nicht ausgezeichneter Bewerber,[51] sodass ein recht umfassender Blick auf den Umgang der Künstler mit den Themenstellungen möglich ist. Gekennzeichnet sind die hier besprochenen Werke allgemein durch eine große Unterschiedlichkeit in der Auffassung, was, wie schon Graul bemerkt hat, die Situation der Malerei am Übergang vom 19. zum 20. Jahrhundert illustriert.[52]

Bezüglich der inhaltlichen Vorgaben haben die Preisträger sich weitgehend am Gewünschten orientiert. Die meisten Entwürfe für die Westwand konzentrieren sich auf die Einführung des Christentums und den Bau der Hammaburg. Nach den Vorgaben der Programmkommission spielt dabei die Figur Karls des Großen unabhängig von den historischen Gegebenheiten eine prominente Rolle.[53] Bei Adolf Closs neigt sich ein von rechts kommendes Heer mit Reitern und zahlreichem Fußvolk, um den Segen eines Priesters zu empfangen, der mit kleiner klerikaler und militärischer Begleitung vor einem auf einem Hügel errichteten Kirchlein die Arme ausgebreitet hat; im Hintergrund fließt die Elbe (Abb. S. 76). Otto Marcus gibt der Szene wesentlich mehr Dynamik: Sein Bischof stürmt mit erhobenem Kreuz auf die von rechts kommende kleine Gruppe von Heiden zu, die zum Teil schon in die Knie gesunken sind; rechts neben ihm naht Karl der Große zu Pferde, gefolgt von seinem Heer, das gerade am Elbstrand landet. In Ludwig Dettmanns Skizze werden die Heiden in der linken Bildhälfte im Angesicht des zu Pferde sitzenden Kaisers bereits getauft, während rechts – in der Pastellzeichnung nur schwer erkennbar – wohl die Hammaburg errichtet wird; ein Schiff befindet sich am rechten Bildrand auf der Elbe, es enthält Baumaterialien, wie Dettmann in seinen Erläuterungen zu den von ihm eingesandten Skizzen angibt.[54]

Die Wandbilder des großen Festsaals im Hamburger Rathaus als Manifestation von „Mythen hamburgischer Geschichte"

Ebenfalls zu Pferde sehen wir Karl den Großen bei Woldemar Friedrich: Er reitet mit großem Gefolge von links auf einen Altar im Bildzentrum zu, während im Hintergrund die im Bau befindliche Hammaburg erscheint. Links vorn sind gefesselte Heiden dargestellt. In der rechten Bildhälfte findet man wiederum eine Taufe, am Bildrand die Elbe (Abb. S. 77). Paul Düyffcke setzt den Kaiser auf einen zentralen, über dem Portal der Musikempore aufragenden monumentalen Thron, der das Bildfeld in zwei Hälften teilt. Links wird vor einem Altar gepredigt, rechts versuchen Bewaffnete, eine Palisade zu erstürmen, hinter der der Turm eines großen Gebäudes, vermutlich die Hammaburg, zu sehen ist (Abb. S. 80).

Bei Voß stellt der Bau der Hammaburg das zentrale Bildthema dar (Abb. S. 70), und auch in der deutlich größer als gefordert erstellten Ölskizze Ferdinand Kellers ist die Errichtung der Burg das Motiv der gesamten rechten Bildhälfte (Abb. S. 71). In den meisten Entwürfen als Holzbauwerk dargestellt, wird sie hier aus großen Quadern errichtet, die von Arbeitern auf einfachen Wagen ins Bild gezogen werden – man denkt an den von Karl Friedrich Schinkel in dem Gemälde „Blick in Griechenlands Blüte" dargestellten Bau der Akropolis in Athen. Die Komposition wirkt ungeheuer dynamisch, in dieser Wirkung nur noch gesteigert von der Darstellung eines Schiffes im Sturm in der linken Bildhälfte, dessen inhaltliche Bedeutung sich allerdings kaum erschließen lässt – das Bild fand übrigens bei der Jury großen Anklang. Mit Ausnahme der beiden letztgenannten Entwürfe fällt auf, dass das Motiv kriegerischer Auseinandersetzung und Befriedung durch die Anwesenheit von Bewaffneten und teilweise auch Besiegten durchaus eine Rolle spielt – die Idee „Durch Kampf zum Frieden" ist offenbar auch in der zweiten Konkurrenz gegenwärtig.

Bei den Darstellungen der Hammonia findet man höchst unterschiedliche Vorschläge für Huldigungsszenen. Die Künstler setzen das Thema mehr oder weniger episodenhaft um

In dem Entwurf von Otto Marcus zum „Triumph der Hammonia" von 1899 scheint auf den ersten Blick Hammonia ihrerseits dem Reich huldigen zu wollen. Am Bug eines Schiffes stehend, naht sie sich der Estrade, von der ihr die drei Kaiser des neuen Deutschen Reichs entgegenblicken. Auf der Ebene darunter begegnen sich Bismarck und der Hamburger Bürgermeister, der jedoch unter der Hamburger Flagge genau im Mittelpunkt des Bildes steht. Seiner zentralen Stellung entspricht die geradezu herausfordernde Haltung Hammonias gegenüber den Kaisern.

und siedeln es hinsichtlich Kostümen und Kulissen zeitlich zwischen einem mittelalterlichem Fantasieambiente und einer getreuen Wiedergabe der damaligen Hafenstadt an. Das stets reiche Figurenpersonal, bei dem bestimmte Stereotype – etwa die Kolonien in Form exotisch gewandeter Figuren mit Waren der jeweiligen Länder – in fast allen Entwürfen wiederkehren, enthält kaum Hinweise auf die „Mythen hamburgischer Geschichte".

Lediglich die jüngste Geschichte beziehungsweise die aktuelle Situation der Hansestadt wird berührt durch die Wettbewerbsforderung, neben dem Welthandel solle „die Verbindung Hamburgs mit dem deutschen Reiche" besonders hervorgehoben werden.55 Von den Preisträgern beziehen hier Woldemar Friedrich und Otto Marcus am deutlichsten Stellung, indem sie die Figur Bismarcks zentral auftreten lassen. Bei Marcus erkennt man sogar noch Kaiser Wilhelm I. unter einem baldachinartigen Architekturelement sitzend mit der Reichskrone auf dem Kopf. Hier liegt motivisch sicherlich eine Orientierung an der Hammonia-Allegorie Friedrich Geselschaps vor, der den Kaiser ebenfalls rechts oben sitzend zeigt und Bismarck als Angelpunkt der Komposition auf das erhöht platzierte Paar von Hammonia und sie krönender Germania weisen lässt. Die übrigen Künstler belassen es bei Hinweisen durch Personifikationen oder Fahnen. Ludwig Dettmann bemerkt in seinen Erläuterungen zu den von ihm eingesandten Skizzen, er habe auf die Darstellung Bismarcks oder gar Kaiser Wilhelms I. absichtlich verzichtet, da er sie für den hamburgischen Zusammenhang als nicht passend empfunden habe.56

Wie schon erwähnt, wurde ein erster Preis im zweiten Wettbewerb zur Ausmalung des Festsaals im Hamburger Rathaus nicht vergeben. Gleichzeitig bescheinigte man den eingesandten Entwürfen im Sitzungsprotokoll des Preisgerichts vom 15. Juli 1899, dass keiner „als zur Ausführung geeignet anzusehen sei", sodass kurz vor der Wende

Ohne jegliche Anspielung auf eine politische Konkurrenz verlegt dagegen Gustav Adolf Closs den „Triumph der Hammonia" 1899 in eine theatralisch-mittelalterliche frühlingshafte Szenerie. Neben der thronenden Hammonia steht Germania unter einem Baldachin mit den Wappen der Bundesstaaten des Deutschen Reichs. Die drei Gestalten seitlich vor dem Thron können als Vertreter der drei Lebensalter unter dem gemeinsamen Schutz der städtischen beziehungsweise nationalen Göttin gedeutet werden.

zum Jahr 1900 noch immer nicht feststand, welcher Künstler die Wandbilder anfertigen sollte.

Man war sich in der damaligen Beurteilung offenbar einig darüber, dass das unbefriedigende Ergebnis Ausdruck einer Krise in der Malerei der Zeit sei,[57] und Graul bedauerte 1909, dass „die Freude an der Erweckung patriotischer Begeisterung in geschichtstreuen Schilderungen die monumentale Wandmalerei länger in den Formeln einer […] zu theatralisch und zu lehrhaft anmutenden Geschichtsmalerei festgehalten habe, als nach den Fortschritten auf den anderen Gebieten malerischer Darstellung anzunehmen war";[58] er vermisste unter den Teilnehmern des zweiten Wettbewerbs die jüngeren, moderneren Künstler, „die wohl für die Lösung einer so bedeutenden dekorativen Aufgabe geschickt gewesen wären".[59] Der Grund für deren Enthaltung mag schon in der Themenvorgabe gelegen haben, die mit Allegorien und Geschichtsdarstellungen nicht mehr zeitgemäß schien, erklärten doch die Hamburger Nachrichten vom 7. August 1899 in einem Nachwort zum Wettbewerb: „Für uns ist die Seele der Malerei just dort erstorben, wo die Allegorie einsetzt."[60]

Die Ausmalung des großen Festsaals durch Hugo Vogel

Unter den nun aufs Neue diskutierten Anwärtern für diese Aufgabe wurde schließlich Hugo Vogel, der in den Jahren von 1889 bis 1892 mit historischen Darstellungen im Korridor des Berliner Rathauses beschäftigt gewesen war und im Jahre 1900 den Auftrag erhalten hatte, sämtliche zu diesem Zeitpunkt amtierenden Hamburger Senatoren in einem großen Gruppenbild für das neue Rathaus festzuhalten,[61] gebeten, Vorschläge für die Ausmalung des großen Festsaals zu machen.

In einem Brief an den Präses der Rathausbaukommission[62] legte Vogel am 27. November 1900 seine Vorstellung dar und konstatierte: „Episodenhafte Darstellungen der hamburgischen Geschichte […] können für diese gewaltigen Flächen keine Verwendung finden. Dieselben müssen vielmehr dazu dienen, die großen Perioden hamburgischer Kultur in übersichtlichen Darstellungen dem Beschauer vor Augen zu führen." Er spricht sich zudem für eine sehr viel stärkere Verbindung der einzelnen Bilder vor einem einheitlichen Hintergrund, also eine friesartige Gesamtauffassung, aus und nennt als hauptsächliche Bildthemen „die vorchristliche Zeit, die Kulturentwicklung Hamburgs im letzten Jahrtausend, die in dem Anschluß Hamburgs als Bundesstaat an das deutsche Reich gipfelt, und, drittens, Hamburgs Bedeutung im Jahre 1900". Bestimmte architektonische Gliederungselemente sollten nach seiner Auffassung entfernt werden – damit ist er der erste der für die Aufgabe angesprochenen Künstler, der den bisher unangetasteten, dem Renaissance-Vorbild entlehnten „Primat der Architektur"[63] in Frage stellte.

Die Ausführung der schließlich tatsächlich von Vogel angefertigten Wandbilder sollte in diesem Punkt noch viel Ringen mit den Architekten erfordern und zahlreiche Eingriffe in die bereits ausgeführte plastische Innenausstattung zur Folge haben, die in der Entfernung des Mittelportals an der Nordwand gipfelten.

Die dabei entstandenen – und bis heute erhaltenen – Arbeiten sind in der kunsthistorischen Literatur seit Graul meistens als große künstlerische Leistung, als „Markstein in der Geschichte neuerer deutscher dekorativer Malerei",[64] als Überwindung der „historische(n), auch in den Mitteln der Darstellung und Komposition retrospektive(n) Malerei" und als ein die „Innenarchitektur des Rathauses […] auffrischendes Element"[65] gefeiert worden. Der Hamburger Kunsthistoriker Aby Warburg setzte allerdings 1910 den euphorischen Würdigungen die „trockene Analyse eines problematischen Versuchs" entgegen.[66]

Betrachten wir abschließend, was in Vogels Wandbildern aus den ursprünglichen Ideen

zu Darstellungen aus der hamburgischen Geschichte geworden ist.⁶⁷ Verbindendes Element der Bilder ist ein landschaftliches Motiv, der Elbstrom, der zwar schon in den Entwürfen seiner Vorgänger regelmäßig auftaucht,⁶⁸ nun aber zum tragenden Element aller Szenen wird. Das Bild der Westwand zeigt die vorchristliche Zeit, eine Urlandschaft ohne Menschen. An der Nordwand sind nun alle Epochen hamburgischer Geschichte zusammengefasst, wobei den Wünschen der Kommission gemäß die Themen „Vorgeschichte", „Karolingerzeit" und „Hanse" berücksichtigt sind. Wir erkennen ganz links für das erste Thema eine Familie am Elbstrand sitzend, im Hintergrund eine Rinderherde, ein Boot wird gebaut und ein weiteres ins Wasser geschoben, eine Szenerie, die Vogel selbst als typische Darstellung der „ersten primitiven Lebenserscheinungen der Menschen in der heidnischen Zeit" beschrieben hat. Darauf schließt sich nach Vogel „das Eindringen der Zivilisation zur Zeit Karls des Großen" an – eine Ritterschaft zu Pferde mit dem Kaiser an der Spitze folgt einer Mönchsgruppe mit einem prunkvollen Schrein, vor der wiederum vier Bischöfe an einem Wasserlauf stehen geblieben sind, um die von der anderen Seite herantretende Gruppe von Täuflingen zu empfangen. Gewisse motivische Ähnlichkeiten in Details oder der Auffassung der Kaiserfigur erinnern übrigens stark an Woldemar Friedrichs Entwurf für diese Wand. Rechts daneben folgt nun der Hamburger Hafen zur Zeit der Hanse mit mehreren unter Segeln stehenden Koggen, im Vordergrund werden Waren an Land gebracht und geprüft.
Das Bild der Ostwand schließlich, das Hauptbild, von den Programmgestaltern als Allegorie der Hammonia angelegt, hat inhaltlich die größte Wandlung erfahren: Es zeigt eine Ansicht des Hamburger Hafens zur Entstehungszeit der Bilder, also um 1900. Vogel hatte für diese Wand zwar ursprünglich eine Hammonia-Allegorie vorgeschlagen: Hammonia und Germania, auf die sich ein Zug von Protagonisten hamburgischer Geschichtsereignisse, etwa holländische Glaubensflüchtlinge, portugiesische Juden, Freiheitskämpfer von 1813, aber auch Verkörperungen von Frieden, Religion, Wissenschaften und Künsten hinbewegen sollten.⁶⁹ Die dann abweichend von diesem Vorschlag niedergelegte Skizze einer Hammonia, umgeben von den Hauptrepräsentanten der Staatsregierung teils im Staatsornat, teils in bürgerlicher Kleidung der Zeit, überzeugte die Rathausbaumeister bei einer Besichtigung derselben im Dezember 1902 jedoch so wenig, dass man die vom Künstler ursprünglich für die Westwand vorgesehene Hafenansicht als geeignetste Lösung der „Verherrlichung Hamburgs" empfahl.⁷⁰ Interessant ist, dass auch die Entwürfe der beiden ersten Wettbewerbe als Kulisse der allegorischen Darstellung fast immer den Hafen, vielfach auch den modernen Hafen ins Spiel brachten (zum Beispiel Gehrts, Friedrich, Dettmann und Marcus).
Der Gegensatz zwischen der Idee von 1896 und dem Ergebnis von 1909 könnte kaum größer sein. Nicht nur in künstlerischer Hinsicht begegnet man innerhalb dieser 15 Jahre zwei verschiedenen Jahrhunderten angehörenden Sichtweisen, auch inhaltlich lassen sich die Vorstellungen von der Darstellung hamburgischer Geschichte und ihrer Bedeutung in der (damaligen) Gegenwart nicht recht übereinbringen. Bemerkenswert ist dabei, dass der Festzug des Bundesschießens im Jahre 1909 vielfach dieselben Motive und dasselbe Figurenpersonal zur Darstellung bringt, wie die Rathausbaumeister sie sich 1896 gewünscht hätten und die Teilnehmer der beiden Wettbewerbe in den Jahren 1898 und 1899 sie in ihren Entwürfen für die Wandbilder im großen Festsaal ins Bild setzten.

Ein Festzug als Bilderchronik
Gisela Jaacks

Unter den zahlreichen Hamburger Festzügen in der bis ins Spätmittelalter zurückreichenden Tradition der Umzüge der Handwerksämter ist der Festzug anlässlich des 16. Deutschen Bundesschießens, also des allgemeinen deutschen Schützenfests, das im Juli 1909 in Hamburg veranstaltet wurde, der einzige, der ein vollständiges Geschichtsbild vermitteln will.[1] „Mit den Bildern des Festzuges haben wir Hamburgs Werdegang von dem frühesten Beginn bis zur mächtigen Handelsmetropole begleitet. Wo einst Ansgar sein bescheiden Kirchlein baute und sich glücklich schätzte, deutsche Kultur ins Slavenland tragen zu dürfen, künden heute die ragenden Türme, die flatternden Masten der Schiffe, die tausendstimmige Symphonie der Arbeit das stolze Wort: ‚Mein Feld ist die Welt!' Möge es berechtigt tönen bis in ferne Zeiten und späte Generationen einst noch Hamburg preisen als der Freiheit Bollwerk, als Deutschlands feste Burg am Nordermeer!" So beschloss Arthur Obst, Mitglied des Festzugs-Ausschusses, seine Einleitung zu dem Album, in dem in Reproduktionen die Entwürfe zu den dreißig Abteilungen des Zuges vereint und erläutert wurden. Abgesehen von der für den heutigen Leser mitunter fragwürdigen Bewertung einzelner Episoden der Geschichte vertritt Obst hier voll und ganz die zu dieser Zeit herrschende Geschichtsauffassung als eine Entwicklung, die über die Jahrhunderte hinweg einen stetigen Fortschritt bedeutete und – auf Deutschland bezogen – in der glorreichen Gegenwart des Kaiserreichs gipfelte, in dem Hamburg seine wichtige und ihm seit eh und je vorbestimmte Rolle spielte. Mit einem dieses Geschichtsverständnis widerspiegelnden und dokumentierenden Festzug stand Hamburg in dieser Epoche nicht allein. Nach der Reichsgründung 1871 waren derartige Festzüge geradezu Mode geworden.[2] Das sich allmählich herausbildende Nationalbewusstsein sah in der neu geschaffenen politischen Einheit ein Ziel verwirklicht, das nun im Rückblick historisch untermauert werden sollte. Das Bürgertum empfand sich dabei als tragende Schicht und spielte auch bei der Gestaltung der Festzüge allgemein die Hauptrolle, sowohl als Initiatoren wie als Mitwirkende. In den historischen Festzügen ließen sich die damit verbundenen programmatischen Absichten am wirkungsvollsten demonstrieren: die Aufforderung zur nationalen Integration, die Betonung bürgerlichen Selbstbewusstseins und regionaler Besonderheiten sowie der Anspruch auf politische Mitwirkung. „Die historischen Epochen dienen der Legitimation dieses Anspruchs, Patriotismus und Fortschrittsglaube erweisen ihre Rechtmäßigkeit erst durch die Verankerung in der Geschichte."[3] Dabei sind diese Phänomene nicht ausschließlich ein deutsches Spezifikum, sondern lassen sich auch in anderen Nationen beobachten.[4] Doch findet die Fülle der historischen Festzüge nach 1871 der Anzahl nach außerhalb Deutschlands keine Parallele.

Hamburg reihte sich 1909 in diese Kette also sogar verhältnismäßig spät ein, ließ aber schon vier Jahre danach noch einmal einen ebenso monumentalen historischen Festzug folgen, der allerdings nur einem einzigen Ereignis gewidmet war, der Befreiung von der französischen Besetzung 1813/1814. Doch schon in den Jahrzehnten zuvor waren in verschiedenen Festzügen einzelne Abteilungen oder Wagen aufgetreten, die historischen Episoden galten. So gab es in dem Festzug zum 1. Allgemeinen Deutschen Kriegerfest am 1. Juli 1883 in Hamburg mehrere Gruppen, die vergangene militärische Ereignisse darstellten oder historisches Soldatenleben heroisierten. In diesem Zusammenhang ist bemerkenswert, dass der Anstoß zur Veranstaltung solcher nationaler Kriegerfeste von den Kampfgenossenverbänden aus Hamburg ausgegangen war, also ausgerechnet aus einer Stadt, die sich heute gern als besonders friedliebend und überhaupt nicht militärisch empfinden möchte. Ein zweites, friedlicheres Beispiel bot der Festzug anlässlich der „500jährigen Vereinigung des Amtes Ritzebüttel mit der freien und

Der Festzug zum Deutschen Bundesschießen 1909 sollte ein umfassendes Bild der hamburgischen Geschichte bieten, stets vor dem Hintergrund der Stellung Hamburgs zum Reich – wie hier beim Einzug der Herolde mit den Standarten. Hermann de Bruycker, Entwurf zum Festzug 1909, Bild 2.

Ein Festzug als Bilderchronik

Hansestadt Hamburg" am 15. Juli 1894, wo neben den unvermeidlichen Kriegsszenerien auch das idyllische Landleben und die geistige Leistung des dort als Amtmann residierenden Dichters Barthold Hinrich Brockes gefeiert wurden.

Die wesentlichen historischen Anspielungen in anderen Hamburger Festzügen konzentrierten sich jedoch auf die allegorischen Festwagen. Im 19. Jahrhundert war die Verwendung von Allegorien für die Darstellung geschichtlicher Sujets in der Malerei heftig umstritten.[5] Doch die Monumentalmalerei und, ihr folgend, die Festzüge bedienten sich ausgiebig dieser Möglichkeit, die immerhin eine lange Tradition bis in die Barockzeit hinein hatte. Erst die Aufklärung stellte den Sinn und den künstlerischen Wert der Allegorien in Frage. Für den Gebrauch der Allegorien sprach jedoch, dass sie imstande waren, die übergreifende Idee der Geschichte besser auszudrücken, als es Einzelereignisse vermocht hätten. So forderte in der Mitte des 19. Jahrhunderts der Ästhetiker Moritz Carrière, die Historienmalerei müsse „vor allem die ewige Bedeutung und den allgemein gültigen Sinn der Begebenheiten ergreifen und in ihnen ausprägen",[6] und verteidigte die erneute Vorliebe für idealisierende Personifikationen, die mit den Allegorien speziell im Zusammenhang der Festzüge eng verbunden waren, weil sie in ihrer gedanklichen Abstraktion die transzendente Dimension der Geschichte verbürgten.

Hammonia und Germania

In Hamburg waren es vor allem die Allegorien des Handels und der Schifffahrt, die in Gemälden und in Festzügen eine Rolle spielten. Die wichtigste Personifikation war jedoch die Hammonia, die Stadtgöttin, die schon spätestens seit dem ausgehenden 15. Jahrhundert Hamburg verkörperte, seit der Reichsgründung aber zur Personifikation der Germania in Konkurrenz trat, je nachdem ob die Reichszugehörigkeit oder die Eigenstaatlichkeit im Vordergrund stehen sollte.[7]

Der Festzug zum Bundesschießen 1909 beschränkte sich nach den ausufernden Germania-Huldigungen bei den Festzügen zum 1. Allgemeinen Deutschen Kriegerfest 1883, zur Centenarfeier für Kaiser Wilhelm I. 1897, zum 9. Deutschen Turnfest 1898 und zum 20. Bundestag des deutschen Radfahrerbundes 1903 jedoch wieder ganz auf die Ehrung der Hammonia, obwohl es ein gesamtdeutsches Fest zu feiern galt. Doch die Veranstalter wollten ihren Gästen und den Einheimischen vorrangig ein Bild von Hamburgs Größe und Bedeutung vermitteln, auch und gerade von seiner Bedeutung für das neue Deutsche Reich, dem gegenüber die Stadt sich als wichtige Stütze und als „Tor zur Welt" verstand und sich trotz reduzierter

Auf einem Schiff thront Hammonia, hinter sich den Globus, umgeben von Personifikationen der Flüsse und Tugenden. An der Halterung des Bundesbanners prangt das Hamburger Wappen: Hamburg als „Stütze des Reichs". Hermann de Bruycker, Entwurf zum Festzug 1909, Bild 3.

politischer Stellung ihrer jahrhundertelangen Selbstständigkeit rühmen wollte. Germania war lediglich über die Reichsstandarte vertreten, mit der ein Herold den Fähnlein der 26 Bundesstaaten vorausritt.

Hammonia mit der Mauerkrone aber thronte stolz auf dem den Zug einleitenden Festwagen, der als Schiffsrumpf gestaltet war. Zwar schmückte auch diesen Wagen im Vorderteil noch das Bundesbanner, aber der entscheidende Blickfang lag in der Hammoniagruppe mit den die Stadtgöttin umgebenden Personifikationen von Elbe, Bille und Alster und dem hinter ihrem Thron aufragenden, von vier Genien getragenen Globus. Ihn krönte das als historisches Sinnbild für den Handel verstandene Modell einer sogenannten Hansekogge. Der Unterbau des Wagens stellte die Zinnenkrone einer Stadtmauer dar, an der die Wappen der Hamburg angegliederten Ortschaften zu sehen waren. Teilweise als Fantasiewappen gestaltet, sind auf dem Entwurf zu dieser Abteilung die Wappenschilde von Bergedorf, Cuxhaven und den Vierlanden zu erkennen. Eine völlig neue Konzeption für den Hammoniawagen hatte der mit der künstlerischen Leitung des Festzugs beauftragte Maler Hermann de Bruycker damit allerdings nicht geschaffen. Er griff auf Elemente aus dem Festzug zum Turnfest 1898 zurück, für den er ebenfalls die künstlerische Gestaltung übernommen hatte. Damals hatte die Hammonia wie jetzt inmitten von Elbe, Alster und Bille gethront, war jedoch von Neptun und von Attributen zu Schifffahrt und Fischfang umgeben gewesen; das Symbol des Globus hatten die Zuschauer von 1898 als Krönung eines zweiten Festwagens bewundern können, der Hamburgs „Welthandel" in Verbindung mit Ereignissen, die die militärische Sicherung der Schifffahrt darstellen sollten, zum Thema hatte.

Hammonia war die „übergreifende Idee", an die sich nun gemäß der im 19. Jahrhundert für die Historienmalerei definierten Aufgabe die einzelnen Stationen der Vergangenheit in chronologischer Folge anschlossen, mit denen im „momentanen Schauen […] Geschichte nacherlebbar werden" sollte.[8] Dabei musste jedoch eine Auswahl getroffen werden, die einerseits sich für eine malerische Darstellung eignete, andererseits zugleich auch eine Wahlverwandtschaft zwischen Einst und Jetzt im Bewusstsein der betrachtenden Zeitgenossen ermöglichte. Für das Konzept des Festzugs stellte sich somit dasselbe Problem, dem sich auch die Historienmaler gegenüber sahen, wenn sie die zur Gestaltung öffentlicher Bauten jetzt überall erwünschten Geschichtsbildzyklen entwerfen sollten. Hinter diesen offiziellen Aufträgen stand die zeitgenössische Auffassung von der jeweils eigenen Verortung innerhalb der historischen Entwicklung mit ihrer teleologischen Ausrichtung, die vom „Glauben an die immanente Sinnhaftigkeit der geschichtlichen Prozesse"[9] bestimmt war. Als gemalte Geschichtsphilosophie streiften die Historienzyklen damit gleichsam die Sphäre des Transzendenten. „Seines ‚sakralen' Auftrages ebenso bewusst wie der Einmaligkeit geschichtlicher Ereignisse, muss das enzyklopädische Geschichtsbild mit dem Zwiespalt zwischen dem Allgemeinen und dem Besonderen fertig werden. […] Zwei Aufgaben hätte das Sakralbild der geschichtsbewussten Menschheit in Deckung zu bringen: es soll dem historischen Vorgang sinnbildliche Höhe geben, gleichzeitig aber das Ereignis an sich darstellen – es soll Symbol und Illustration sein."[10] Doch waren die Festzüge gegenüber den gemalten Geschichtsbildern und den Bildzyklen im Vorteil, auch wenn sie grundsätzlich denselben konzeptionellen Theorien folgten und praktisch lediglich eine Umsetzung der Gemälde in bewegliche „Tableaux vivants" darstellten. Als ephemere, vergängliche Erscheinungen vermittelten sie den Betrachtern nur vorüberziehende Augenblickseindrücke. Sie unterlagen folglich nicht der Möglichkeit einer Wiederholbarkeit des Eindrucks und damit der Überprüfbarkeit der künstlerischen und geschichtsphilosophischen Aussage. Andererseits mussten sie jedoch ihre Botschaft direkt auf den ersten Blick aussenden können, also allgemein und schnell verständlich sein. Sie konnten daher vertraute Bilder benutzen; auch vor groben Vereinfachungen brauchten sie nicht zurückzuschrecken.

Die Forderung nach Allgemeinverständlichkeit stand für die Festzugsgestalter darum im Vordergrund für die Auswahl der einzelnen Motive, und so verdeutlichte der Festzug 1909 wie kein zweites historisches Dokument Hamburgs, welche Stationen ihrer Geschichte den Hamburgern jener Tage vertraut und gegenwärtig waren, und welche es ihnen wert waren, als bewusste Demonstration des hamburgischen Selbstverständnisses den auswärtigen Gästen vorgeführt zu werden. Das Dilemma zwischen historischer Bedeutung und prätentiöser Darbietung hatte vier Wochen vor dem Festzug, am 13. Juni 1909, der hamburgische Bürgermeister Johann Heinrich Burchard anlässlich seiner Rede zur Enthüllung der Bilder von Hugo Vogel im Festsaal des Hamburger Rathauses angesprochen.[11] Als Begründung für das von den ursprünglichen Bedingungen des Ausmalungswettbewerbs abweichende neue thematische Konzept führte er aus: „Hamburg fehlt es nicht an einer interessanten Vergangenheit, es hat aber in früheren Jahrhunderten nicht dergestalt im Vordergrund gestanden, daß die für uns in erster Linie bedeutungsvollen geschichtlichen Ereignisse, wäre auch ihre malerische Verwertbarkeit zuzugeben, in großem Maßstabe an der Wand festgehalten und verherrlicht zu werden verdienten."[12]

Hamburgs „Urvergangenheit"

Die interessante Vergangenheit nun dennoch in malerische Einzelbilder zu verwandeln, war aber die schwierige Aufgabe der Mitglieder des Festzugsausschusses, der Historiker, die die inhaltliche Abfolge erarbeiteten, und des Künstlers, der diese Abfolge in optisch wirkungsvolle Gruppen umzusetzen hatte. Als Historiker zeichneten der Journalist Arthur Obst und der Landgerichtsdirektor Theodor Schrader verantwortlich; beide waren auch aktive Mitglieder des Vereins für Hamburgische Geschichte, und Schrader engagierte sich zu dieser Zeit bereits intensiv in der Verwaltungskommission des Museums für Hamburgische Geschichte. Für die künstlerische Gestaltung war der Maler Hermann de Bruycker gewonnen worden, der schon den Festzug von 1898 ausgestattet hatte und unter den Wettbewerbsteilnehmern um die Ausmalung des Rathausfestsaals gewesen war.

Alle drei waren also mit der hamburgischen Geschichte bestens vertraut, und so gab es über die ersten Gruppen keine Zweifel. In sechs Bildern fasste de Bruycker „Hamburgs Urvergangenheit" zusammen. Was hier als historisch verbürgt vor den Augen der Zuschauer abrollte, entsprach den seinerzeit landläufigen Vorstellungen vom frühen Mittelalter, hält jedoch den neueren Erkenntnissen keineswegs stand.[13] Da es an echten Quellen, zumal bildlichen Vorlagen, mangelte, musste die Fantasie aushelfen, und so gemahnen die ersten drei Stationen der Entwicklung Hamburgs – „Das Erwachen Hamburgs", „Hamburg als Fischerdorf" (Abb. S. 67) und „Jagdzug der alten Sachsen" (Abb. S. 69) – in ihrer Ausstattung der Kostümierung und der Requisiten an zeitgenössische Opernaufführungen historischer

Dieses Bild, das eine ferne Urvergangenheit vor Augen führen sollte, die ihrerseits ohne jegliche chronologische Einordnung und damit geschichtlich völlig gestaltlos war, eröffnete nach dem Willen der Veranstalter die historischen Gruppen zur Entwicklung Hamburgs. Der Künstler konnte also seiner Fantasie freien Lauf lassen und mit den frühlingshaft ausstaffierten Gruppen den Frühling der künftigen Stadt symbolisieren. Hermann de Bruycker, Entwurf zum Festzug 1909, Bild 4: „Das Erwachen Hamburgs".

Ein Festzug als Bilderchronik

oder mythischer Stoffe, wie sie besonders nach dem Vorbild des Münchner oder Bayreuther Stils um 1900 die europäischen Bühnen beherrschten.[14] Vor allem bei dem ersten Bild, dem „Erwachen Hamburgs", mussten die Gestalter auf eine malerische Symbolik ausweichen. „Der Künstler hat versucht, das Entstehen Hamburgs durch vier Schimmelreiter, Jungfrauen und Jünglinge, die mit Blumen geschmückt sind, zu verkörpern. Hinter ihnen ziehen die Völker, Barden und Krieger ein", heißt es in der Erläuterung in der offiziellen Festzeitung.[15] Sieht man von dem etwas struppig in Felle gehüllten Krieger ab, könnte diese Gruppe ebenso gut als ein römisches Frühlingsfest figurieren. In dem damals gängigen, als urgermanisch empfundenen Stil schlossen sich das „Fischerdorf" und der „Jagdzug der alten Sachsen" an, zu denen sich als spätere Szene noch das „Wikingerschiff" gesellte (Abb. S. 81). Waren dies eher unspezifische Darstellungen eines als nordisch empfundenen frühen Mittelalters gewesen, so wandten sich die beiden Gruppen vor dem „Wikingerschiff", „Die Hammaburg" (Abb. S. 73) und „Einführung des Christentums" (Abb. S. 78/79), nun für Hamburg historisch belegten Ereignissen zu, ohne aber bei der Darstellung auf theatralische Überhöhung zu verzichten und es mit der historischen Korrektheit allzu genau zu nehmen. Die Hammaburg prangte als imposanter Bau inmitten von Ehrenjungfrauen und jungen Musikanten, wie sie schon das „Erwachen Hamburgs" begleitet hatten, und das „Modell des Taufkirchleins",[16] das Ansgar vorangetragen wurde, schuldete sein Aussehen architektonisch eher dem späteren Hamburger Dom. So war es kein Wunder, dass – wie der Festzeitungsbericht die Szene schilderte – „die teils noch heidnischen Bewohner dem Zuge" staunend nachblickten, „um dann später die Kunde von den Wundern des neuen Glaubens in ihre fernen Wälder zu tragen und damit den ersten Samen zur Bekehrung in die Herzen ihrer Volksgenossen zu legen". Der Anspruch Hamburgs, wie er sich auch insge-

Zur Überbrückung der Jahrzehnte zwischen der Errichtung der Hamburger Neustadt und dem Kampf gegen Störtebeker diente eine Schiffsparade von Modellen der wichtigsten, allerdings historisch nicht ganz korrekten Schiffstypen vom Mittelalter bis zum 17. Jahrhundert. Hermann de Bruycker, Entwurf zum Festzug 1909, Bild 11: „Entwicklung des Hafens".

samt in dem Festzug von 1909 dokumentieren sollte, wurde damit schon für die frühe Phase der Geschichte geltend gemacht, und die Stadt war – nach Auffassung der zeitgenössischen Interpretatoren – durch diese Ereignisse vollauf legitimiert, als Metropole für das ganze Umland bis weit nach Osten und Norden hinein zu wirken und dementsprechend gewürdigt zu werden.

Als nächstes Bild folgte „Herzog Bernhard II. und Entstehung des Hafens" (Abb. S. 83). Die Gruppe um Herzog Bernhard II. bildete eine Parallele zu der Hammaburg-Darstellung. Das Modell der von dem Herzog gegründeten Neuen Burg ähnelte in der Anlage der Festzugs-Hammaburg, erhielt jedoch durch die Konstruktion, die eine ausschließliche Verwendung von Stein – im Gegensatz zur Holz-Anmutung bei der Hammaburg – vorspiegelte, und die Zinnen auf Mauern und Türmen deutlich den Charakter einer wehrhaften Trutzburg. Das anschließende Bild „Entwicklung des Hafens" war mit der Parade der Schiffsmodelle einer der beeindruckenden Höhepunkte des Festzugs, der zugleich auch auf Hamburgs Zugehörigkeit zur Hanse anspielen sollte. In der damaligen populären Geschichtsschreibung hatte sich die Auffassung durchgesetzt, die mittelalterliche Hanse sei so etwas wie ein Vorgeschmack auf die 1871 endlich erreichte Einigung des Deutschen Reichs gewesen; speziell auf dem Gebiet des Handels hätte sie die Zollpolitik Bismarcks gewissermaßen vorbereitet, der sich 1888 auch endlich Hamburg angeschlossen hätte. Die Auseinandersetzungen, die es darum in Hamburg gegeben hatte, waren jetzt vergessen. Die Stadt feierte sich als treue Bündnispartnerin im neuen Deutschen Reich, das wiederum als direkter Nachfolger des alten Heiligen Römischen Reichs gesehen wurde, für das – wie angeblich auch nun wieder – die freien Städte, und darunter besonders die Städte, die dem von den Bürgern organisierten Hansebund angehörten, die unerschütterliche Stütze gewesen sein sollten. Entsprechend war auch 1890 in die sogenannte Hamburg-Hymne, das 1828

Diese Gruppe griff dasselbe Thema für die Gegenwart auf. Modelle des Dampfers „Deutschland" und des Fünfmasters „Potosi" wurden von Reedereiflaggen begleitet. Dazu kam ein allegorischer Wagen mit dem thronenden Merkur und Reliefs vom Brooktor als Zeichen des Hamburger Zollanschlusses. Hermann de Bruycker, Entwurf zum Festzug 1909, Bild 20: „Hamburgs Handel und Schiffahrt".

Ein Festzug als Bilderchronik

gedichtete Lied „Stadt Hamburg an der Elbe Auen",[17] eine neue Strophe eingefügt worden:

*In Kampf und Not bewährt aufs Neue
Hat sich der freien Bürger Treue
Zur Tat für Deutschlands Ruhm bereit
Wie in der alten Hansezeit.*

Die spätere Gruppe „Hamburgs Handel und Schiffahrt" innerhalb der Bilder, die Hamburgs Stellung im neuen Deutschen Reich vorführen sollten, griff denn auch in der Präsentationsform von Schiffsmodellen und der Kostümierung rund um den allegorischen Festwagen bei einigen Figuren auf das Spätmittelalter zurück, um diese Tradition erneut zu betonen.

Das als wichtigster Beitrag Hamburgs zur Hanse im Gedächtnis bewahrte Ereignis folgte dann im Festzug auch gleich als nächste Gruppe nach den mittelalterlichen „Hafenbildern": die Gefangennahme Klaus Störtebekers, die die Festzeitung als „Glanzpunkt aus Hamburgs Geschichte" kommentierte,[18] wobei das geenterte Seeräuberschiff mit den gebrochenen Masten wiederum einen malerischen Blickfang bilden und zusammen mit dem finster dreinblickenden Piraten den Zuschauern ein wohliges Grausen bescheren durfte.

Hamburgs Weg zur Neuzeit

Den unmittelbaren Bezug vom Einst zum Jetzt, den die Geschichtsphilosophen und Kunsttheoretiker für die Historienmalerei wie für die Festzüge forderten, lösten zwei weitere Bilder ein, die durch die chronologische Abfolge getrennt, thematisch und gestalterisch aber eindeutig als Parallele konzipiert waren: die an das Störtebekerbild anschließende Gruppe der „alten Zünfte" und die „Innungen zur Jetztzeit" innerhalb der zeitlich dem neuen Kaiserreich zuzuordnenden Szenen. Ämter- und Innungsfahnen sowie mitgeführtes Zunftgerät und Arbeitsutensilien präsentierten in beiden Bildern die Vielfalt der in Hamburg ansässigen

Dieses Bild beschwört eine friedliche spätmittelalterliche Welt, in der die Handwerkerzünfte – für Hamburg müsste es korrekterweise „Ämter" heißen – ihr Brauchtumsgerät mit sich führen und zugleich ihre Bereitschaft zeigen, als verantwortungsvolle Bürger ihren Teil zur Verteidigung der Stadt beizusteuern. Tatsächlich aber gärte es in dieser Zeit unter den Angehörigen der Ämter, die sich vom Rat benachteiligt fühlten. Hermann de Bruycker, Entwurf zum Festzug 1909, Bild 13: „Die alten Zünfte von 1376".

Ein wehender Fahnenwald bezeugt die Blüte und das Traditionsbewusstsein des modernen Hamburger Handwerks und verbindet es mit den alten „Ämtern". Auch die mitgeführten Produkte, Geräte und Embleme beziehen sich noch auf die herkömmlichen Gewerke und lassen die Industrialisierung und ihre neuen Probleme außer Acht. Nur auf dem Wagen mit der Personifikation der Arbeit klingt mit ihrer Thronwange schon das Maschinenzeitalter an. Hermann de Bruycker, Entwurf zum Festzug 1909, Bild 25: „Die Innungen zur Jetztzeit".

Gewerke. Lediglich die Festwagen zeigten ein unterschiedliches Selbstverständnis. Der Wagen der „Jetztzeit" war eine für Festzüge typische Allegorie „Triumph der Arbeit" mit einer Personifikation der Arbeit, umgeben von Personen, Gerätschaften und Produkten, die sowohl das traditionelle Handwerk wie auch Kunstgewerbe, Technik und modernen Industriebetrieb verkörperten.[19] Die „alten Zünfte" führten dagegen auf dem Wagen den Nachbau eines Stadttores mit sich, das sie als verantwortungsbewusste Bürger bewachten und verteidigten, womit sie die wichtige Schutzfunktion innehatten, aus der nach ihrer Auffassung auch ihr Mitbestimmungsrecht im politischen Regiment der Stadt abzuleiten war.

Die Idealvorstellung von der freien Stadt, in der alle Bürger gleiche Rechte und Pflichten hatten, schwang auch mit bei der ersten Szene des nächsten Bildes, mit dem Hermann de Bruycker die Jahrhunderte zwischen dem Mittelalter und der Franzosenzeit zu überbrücken suchte. Die Reformation hatte für Hamburg eben nicht nur religiöse, sondern auch einschneidende verfassungsrechtliche Auswirkungen, und so war es nur folgerichtig, dass die Festzugsarrangeure auf dieses Ereignis mit der Einholung des Reformators Johannes Bugenhagen durch den Hamburger Rat verwiesen. Im Zuge der kirchlichen Neuordnung wurden damals auch die politischen Verhältnisse in der Stadt einer Umstrukturierung unterworfen, die in den sogenannten Langen Rezess von 1529 mündete und weitestgehend bis 1860 Gültigkeit behalten sollte. Zwar gab es fortan über die Bürgerlichen Kollegien gewisse Mitspracherechte gegenüber dem Rat, doch von einer wirklichen Gleichberechtigung aller Hamburger konnte noch lange keine Rede sein; das Recht zur Mitwirkung an den politischen Entscheidungen setzte die Zugehörigkeit zur Erbgesessenen Bürgerschaft, also den Besitz von Grundeigentum, voraus, und damit waren auch die folgenden Jahrhunderte hindurch durchschnittlich neunzig Prozent der Hamburger Bevölkerung von jeglicher politischer Befugnis ausgeschlossen. Selbst die Verfassungsreform von 1859, die eine gewählte Volksvertretung – die bis heute so genannte Bürgerschaft – einsetzte, änderte daran nur wenig, da über das zur Wahl qualifizierende Bürgerrecht nur eine wiederum weitgehend durch die Höhe des zu versteuernden Besitzes privilegierte soziale Schicht verfügte. An diese politische Ungleichheit erinnern zu müssen, war für einen Festzug, der das in allen historischen Zyklen dieser Zeit unverzichtbare Thema der Reformation nicht aussparen konnte,[20] also ziemlich heikel, zumal 1909 die Situation besonders brisant war, weil drei Jahre zuvor das Bürgerschaftswahlrecht in Hamburg durch einen Bürgerschaftsbeschluss, den sogenannten Wahlrechtsraub, erneut weiter eingeschränkt worden war. Dass Hamburg mit der im Langen Rezess zudem festgeschriebenen Einheit von Kirche und Staat und damit der Verankerung des strengen Luthertums als Grundlage der staatlichen Ordnung in der Folge unter den Zwang zur religiös intoleranten Haltung geriet, war ebenfalls ein dunkler Fleck in der doch strahlend zu präsentierenden Vergangenheit.

So erschien es denn opportun, auf die weniger umstrittenen Folgen der Reformation für das Hamburger Schulwesen und die Sozialfürsorge auszuweichen und diesen Aspekt im harmlosen Aufzug des „Waisengrüns", dem vom 17. bis zum 19. Jahrhundert alljährlich begangenen Fest der Waisenkinder, darzustellen, das sich als zweite Szene des Bildes dem Einzug Bugenhagens anschloss. Die historischen Tatsachen beschönigte dann auch die dritte kleine Szene: die Kutsche der dänischen Königin Anna Catharina, die ihren Gemahl König Christian IV. zur Erbhuldigung 1603 nach Hamburg begleitete. Der König allerdings durfte im Festzug wohlweislich nicht in Erscheinung treten, denn die von ihm befohlene Erbhuldigung der Stadt beruhte auf dem von ihm verfochtenen Anspruch, Hamburg sei nach wie vor Teil seines Landes und er sei ihr rechtmäßiger

Herrscher.²¹ Tatsächlich war die Reichsunmittelbarkeit Hamburgs 1603 noch unklar und wurde erst 1618 durch ein Urteil des Reichskammergerichts der Stadt offiziell zuerkannt, dem sich Dänemark jedoch erst 1768 im sogenannten Gottorper Vergleich fügen sollte. Es handelte sich also bei dem Besuch der Königin keineswegs um ein für Hamburg erfreuliches Ereignis, doch um es dem Charakter eines Festzugs anzupassen, wurde die Szene auch in den Kommentaren in der Festzeitung und im Festzugsalbum zu einer positiv zu wertenden Episode aus Hamburgs Geschichte stilisiert. So schrieb Arthur Obst im Vorwort zu dem Album: „Trotz alledem [gemeint sind die Gefahren, die Dänemarks Ansprüche für Hamburg bedeuten konnten] versuchte sich der Rat stets freundlich mit dem mächtigen Nachbarn zu verhalten. Allemal wenn Dänemarks König sich in der Nähe der Stadt blicken ließ, eilten ihm Bürgermeister oder Ratsherren entgegen, um ihm Geschenke darzubringen und den guten Willen der Stadt zu bezeugen. Wenn gar ein König seinen Besuch in Hamburgs Mauern ankündigte, so fand sich der Rat bereit, glänzende Turniere, Banketts auf dem Einbeckschen Hause, feierliche Gottesdienste zu veranstalten. […] Namentlich der letzterwähnte Besuch [Christians IV. 1603] wurde glänzend begangen."

Mit der festzugsgemäßen Umdeutung einer einstmals der Stadt aufgezwungenen Festlichkeit zu einem friedlichen und glanzvollen Bild konnte der Festzugsausschuss dem großen Zug wenigstens eine weitere pittoreske Szene einreihen, zumal die dem Mittelalter folgenden Jahrhunderte den planenden Verantwortlichen ansonsten arm an darstellenswerten Ereignissen schienen. Es mangelte nach ihrer Auffassung in der Geschichte Hamburgs während des 16., 17. und 18. Jahrhunderts einfach an Begebenheiten, die sich in leicht fassliche und effektvolle Gruppen umsetzen ließen. Erst die Zeit der napoleonischen Kriege versprach mit dem hamburgischen Corps des Rittmeisters Hanfft und den Kosaken des Generals Tettenborn

Die religiösen Auseinandersetzungen und sozialen Spannungen des 16. und 17. Jahrhunderts wurden im Festzug durch das Motiv der feierlichen Einholung des Reformators Johannes Bugenhagen und den Aufmarsch zum Fest der Waisenkinder völlig verharmlost. Mit dem Einzug der Königin zur Erbhuldigung 1603 wurde auch die seit Jahrhunderten schwelende Auseinandersetzung mit Dänemark um den reichsfreien Status Hamburgs nur gestreift und zum positiven Ereignis verklärt. Hermann de Bruycker, Entwurf zum Festzug 1909, Bild 14: „Einzug Bugenhagens, Hamburger Waisengrün, Einzug der Königin von Dänemark".

Ein Festzug als Bilderchronik

An die für Hamburgs Entwicklung so entscheidende Epoche des 17. und 18. Jahrhunderts mit dem Ausbau des Michaeliskirchspiels, dem Gottorfer Vertrag, der Gründung der Oper und Lessings Aufenthalt wurde im Festzug nicht erinnert. Da es nach Meinung der Veranstalter in dieser Zeit keine darstellerisch interessanten Ereignisse gab, ging die Geschichte der Stadt im Festzug erst mit der Franzosenzeit Anfang des 19. Jahrhunderts weiter. Hermann de Bruycker, Entwurf zum Festzug 1909, Bild 15: „Hamburg zur Franzosenzeit".

In der Darstellung des Einzugs von General Tettenborn in Hamburg 1813 werden vor allem die positiven Aspekte betont. Verschiedene militärische Abteilungen weisen zwar auf Kämpfe hin, im Mittelpunkt aber stehen der Einzug des russischen Generals und die unter ihm organisierte Bürgerbewaffnung, aus der sich das Bürgermilitär entwickelte. Nur einige Gestalten am Rande deuten auf die Belastungen und Vertreibungen hin, unter denen die Bürger während dieser Zeit zu leiden hatten. Hermann de Bruycker, Entwurf zum Festzug 1909, Bild 16: „Einzug Tettenborns 1813 und Torwache".

wieder beeindruckende Bilder, die dann auch unmittelbar der Karosse der dänischen Königin folgten, obwohl zwischen den beiden Ereignissen 210 Jahre lagen. Auch die „Franzosenzeit" Hamburgs erfuhr in dieser Auswahl der Aspekte eine letztlich positive Bewertung. Sie betonte den patriotischen Einsatz der Hamburger Bürger zur Rettung von Volk und Vaterland und feierte den Einzug Tettenborns am 18. März 1813 als wirkliche Befreiung von der französischen Besetzung, obwohl diese Aktion tatsächlich nur eine kurze Episode war und nach der zwei Monate später erfolgten Rückkehr der Franzosen erst die bedrückendsten Tage für die erneut besetzte Stadt begannen. Doch Tettenborns Einzug hatte für die Hamburger trotz der zunächst gering erscheinenden militärischen Bedeutung und der dadurch ausgelösten scharfen Strafmaßnahmen durch die französischen Besatzungstruppen eine nicht zu unterschätzende Signalwirkung. Die ganz im Geiste des 19. Jahrhunderts verfasste und viel benutzte Hamburger Chronik des Schriftstellers Friedrich Clemens Gerke, die in literarischer Form dazu beitrug, ihren Lesern ein bestimmtes Bild von Hamburgs Geschichte einzuprägen, und die auch bei der Konzeption des Festzugs 1909 herangezogen wurde, beschrieb diese Wirkung in nahezu hymnischer Manier: Es „brach der für Hamburg ewig unvergeßliche 18. März herein; ein Tag, wie ihn von gleicher Wonne verherrlicht, unsere alte Hansamutter noch nicht an ihren Kindern erlebt hatte und so bald wohl nicht abermals erleben wird. [...] Doch das Wort verstummt in seiner Ohnmacht der Nachwelt, ein würdiges Gemälde der reinsten und allgemeinsten Bürgerbegeisterung aufzubewahren."[22] Dass in diesem Zusammenhang auch das Bürgermilitär auftrat, das tatsächlich in Konsequenz der Besatzungszeit und der Kriege gegen Napoleon die alte Bürgerwache abgelöst hatte, entsprach zugleich dem neuen militärischen Bewusstsein des Kaiserreichs von 1871. Den Abschluss dieser Gruppe bildete ein Wagen, auf dem ein Stadttor mit Wachgebäude

Ein Festzug als Bilderchronik

nachgestaltet war, das auf eine der Aufgaben des Bürgermilitärs anspielte, in der Behäbigkeit der die Szene vervollständigenden Soldaten jedoch jeglichen kriegerischen Gedanken verdrängte. So glich die Darstellung der für die Hamburger äußerst leidvollen Franzosenzeit im Festzug eher einer gemütlichen biedermeierlichen Militärparade. Lediglich am Rande durften einige ärmliche Gestalten an das harte Los der von den Besatzern ausgeplünderten und vertriebenen Bevölkerung erinnern.

Anders verfuhren die Festzugsarrangeure bei dem chronologisch letzten Ereignis, dem ein eigenes Bild gewidmet war: dem Großen Hamburger Brand von 1842. Der Aufbau auf dem Wagen zeigte eine sehr realistische Nachbildung von Trümmern eines abgebrannten Hauses, und den Hintergrund füllte ein Gemälde mit dramatischen Feuersgluten und Rauchwolken aus, inmitten derer sich die charakteristische Brandruine der Nikolaikirche abzeichnete. „Weißkittel" (Spritzenleute), Brandwachen und Bürgermilitär folgten mit einer alten Feuerspritze und erinnerten somit an das vergebliche Bemühen, die Feuersbrunst einzudämmen. Hier wurde also tatsächlich das verheerende Geschehen ungeschönt nachgezeichnet, so wie es die Zeitgenossen 1842 erfahren mussten. Im einführenden Text des Festzugsalbums bediente sich der Kommentator allerdings wieder der später üblichen, ins Positive gewendeten Interpretation: „Anstatt aber die

Bürger zu entmutigen, flammte die Katastrophe die Tatkraft der Bürger neu an; die Stadt entstand bald aus ihren Trümmern wieder, in die Straßen zog ein neues Leben ein, die Verfassung wurde revidiert, und Hamburg befand sich auf dem Wege, eine moderne Großstadt zu werden." Der Bericht ging also über das Leid schnell hinweg, während der Brand im Festzug als effektvoller, düsterer Kontrast genutzt wurde. Erstaunlicherweise spielte der Künstler nicht auf die für den sich schnell entwickelnden „Mythos" um das Brandgeschehen besonders prägende Errettung der neuen Börse an, die sonst immer wieder, von mystischem Licht umstrahlt und unversehrt inmitten der Flammen, als wunderbare Verheißung der Wiedererstehung Hamburgs aus den Ruinen dargestellt wurde.[23] Ebenso verzichtete er auf die Allegorie, mit der des Brandes im sogenannten Phönixsaal des neuen Rathauses mit dem Gemälde von Arthur Fitger gedacht wird, wo Hammonia unter dem Symbol des aus seiner Asche neugeborenen Vogels Phönix, verjüngt wie dieser, mit einem blühenden Rosenzweig über die Trümmer der Stadt hinwegschreitet.

Der Brand machte, entsprechend dieser Deutung, den Weg frei für die Entwicklung Hamburgs zur modernen Großstadt, und letztlich schloss sich der Festzugsausschuss in der Konzeption der weiteren Abteilungen dieser – ohne Emotionen betrachtet nicht einmal falschen – Beurteilung der Konsequenzen an, die Hamburg aus der Katastrophe zog. Dem Brandbild folgten noch elf weitere Gruppen, von Hermann de Bruycker auf dreizehn Bilder verteilt, die den Zuschauern das farbenprächtige und abwechslungsreiche Leben zeigten, wie es nun für das Hamburg der neuen Zeit charakteristisch sein sollte. Die Jetztzeit geriet zur Feier des Fortschritts; die neue Technik, der weltweite Handel im Schutz des Kaiserreichs, das blühende Gewerbe bestätigten in diesen Bildern ebenso wie die malerischen Gruppen der Landbewohner und Sportverbände oder der Wagen der Gartenkunst das Selbstverständnis der Stadt als florierendes Gemeinwesen, in dem es allen Bürgern wohlerging. Zugleich propagierten sie mit einigen wenigen Anspielungen auf die Vergangenheit, veranschaulicht durch deutliche Parallelen zu früheren Festzugsgruppen,[24] dass dieses Wohlergehen einer Geschichte geschuldet sei, die durch die Jahrhunderte hindurch von der Freiheit und dem Selbstbestimmungsrecht der Bürger geprägt gewesen sei. Dieses Selbstverständnis wurde im Festzug von 1909 im Einklang mit den Interessen des neuen Deutschen Reichs, aber unterschwellig auch im möglichen Gegensatz dazu präsentiert. Damit war der Boden bereitet für neue Mythen um Hamburgs Sonderstellung im 20. Jahrhundert.

Ungeschönt wird der Brand von 1842 dargestellt, der ein Drittel der Stadt zerstörte. Der Wagenaufbau orientiert sich an zeitgenössischen Quellen und lässt keinen Zweifel, welche Not das Feuer für die Hamburger bedeutete. Mit dieser Gruppe endete der geschichtliche Teil des Festzugs. Hermann de Bruycker, Entwurf zum Festzug 1909, Bild 17: „Der Große Brand von 1842".

Ein Festzug als Bilderchronik

Nach Gruppen, die sich den Kontakten des Deutschen Reichs zu fremden Kontinenten zuwandten (mitsamt der problematischen Kolonialherrschaft, die selbstverständlich positiv und als profitabel für Hamburg gesehen wurde), kehrten die letzten Motive des Festzugs wieder zu speziellen Hamburger Themen zurück. Den Auftakt machten mehrere Gruppen, die das bunte ländliche Leben rund um Hamburg vorführten wie hier im Vordergrund die Tracht der Vierlande. Hermann de Bruycker, Entwurf zum Festzug 1909, Bild 26: „Hamburgs Landgebiete".

Schon um 1900 begriff sich Hamburg als „Sportstadt". Folglich waren zwei Bilder des Festzugs den verschiedenen Sportarten gewidmet, die auch bis heute eine wichtige Rolle in Hamburg spielen. Während auf dem ersten Bild der traditionelle Pferdesport dominierte, versammelten sich auf dem zweiten, hier gezeigten Bild der Automobil-Club, die Radfahrer und natürlich die Vertreter aller Wassersportdisziplinen. Gemäß dem Anlass des Festzugs schlossen sich die Schützen an. Hermann de Bruycker, Entwurf zum Festzug 1909, Bild 29: „Hamburger Sport".

Künstlerisch verknüpfte das letzte Bild Anfang und Ende des Zuges miteinander, doch blieb der geschichtliche Aspekt dieses Mal erstaunlicherweise ausgespart, obwohl die Liebe zu Parks und Gärten, Pflanzenzucht und Blumen spätestens seit der Barockzeit zu den herausragenden Merkmalen Hamburgs gehörte. Lediglich nach Art eines Blumenkorsos wurde die florale Pracht der vier Jahreszeiten vorgestellt. Hermann de Bruycker, Entwurf zum Festzug 1909, Bild 30: „Die Gartenkunst in Hamburg".

Ansgar, Störtebeker und die Hanse. Geschichtsbilder und Geschichtsmythen

Ralf Wiechmann

Die Deutung von Vergangenheit und Gegenwart, also der Grad, die Art und der Inhalt des Geschichtsbewusstseins, ist von vielen Faktoren abhängig. Sind im Mittelalter die Träger eines Geschichtsbewusstseins ausschließlich als Personen aus dem Kreis gebildeter, schriftkundiger Kleriker oder Mönche zu identifizieren,[1] tritt seit der Aufklärung ein Wandel ein, der mit der Einführung der allgemeinen Schulpflicht weite Bevölkerungsteile einbezieht. Nun wird Geschichtswissen zum Allgemeingut. Gerade aber weil Geschichtsschreibung bereits „reflektierter Umgang mit Geschichte"[2] ist, sind Geschichtsdarstellungen damit auch immer abhängig von dem Wissen um Geschichte. „Die Geschichte ist die stets problematische und unvollständige Rekonstruktion dessen, was nicht mehr ist"[3]. Zugleich ist gerade die Darstellung des Gegenständlichen unmittelbar abhängig von den vorhandenen Quellen, vor allem von den zugänglichen oder überhaupt bekannten Objekten. Wenn also im Festzug des 16. Deutschen Bundesschießens in Hamburg am 11. Juli 1909 in thematisch gebundenen Gruppen unter dem Motto „Die Entwicklung Hamburgs vom Fischerdorf zur Welthandelsstadt" bestimmte Ereignisse zur hamburgischen Geschichte dargestellt werden sollten, standen die Festzugsarrangeure vor dem Problem, wie denn dies in einer dreidimensionalen Form zu bewerkstelligen sei. Neben der Frage nach dem Was, also welche Ereignisse denn zu berücksichtigen seien, stand die Frage nach dem Wie, nämlich in welcher Form diese Darstellungen zu realisieren wären. Konkret musste man sich also mit den realen Gegenständen, der Kleidung, den Gebäuden, den Schiffen, den Waffen, eben mit allen Objekten befassen, die dafür darzustellen waren. In diesem Zusammenhang stellt sich dann die Frage, wie es denn mit dem Wissen um gerade diese Realien bestellt war. In einer Zeit, in der die Wissenschaft der Archäologie in Norddeutschland und vor allem in Hamburg nach Anfängen in der Mitte des 19. Jahrhunderts zwar nicht mehr in den Kinderschuhen steckte, aber von einer gereiften Systematik noch entfernt war, ist besonders der Bedeutung von archäologischen Bodenfunden ein großer Stellenwert zuzumessen.

Historische und archäologische Forschung in Hamburg in der zweiten Hälfte des 19. Jahrhunderts

Das Zusammenstellen und die Auswertung von Archivalien im Sinne einer historischen Stadtgeschichte hat in Hamburg eine lange Tradition. Bereits die von dem seit 1553 als Syndicus eingestellten Adam Tratziger (um 1523–1584) verfasste Stadtchronik[4] liefert, trotz einiger irrtümlicher Stellen, die bereits im 17. Jahrhundert von Peter Lambeck kritisiert wurden, zuverlässige Nachrichten zur Geschichte Hamburgs von 800 bis 1555.[5] Obwohl Tratzigers Chronik bereits im 16. Jahrhundert durch Abschriften Verbreitung fand, erfolgte ihr erster Druck erst im Jahr 1740. Die Hamburger Chronik von Wolffgang Henrich Adelungk (1649–1710) wurde bereits im Jahr 1696 gedruckt.[6] Ausgehend von Überlegungen zum Alter der Stadt, für die er Karl den Großen als Gründer nennt, beschreibt Adelungk in seiner chronikalisch angelegten Darstellung neben der Stadtentwicklung und der Geschichte des Domes auch wichtige außen- und innenpolitische Ereignisse. Berichtet wird über die Reformation, den Dreißigjährigen Krieg sowie die Konflikte zwischen Rat und Bürgerschaft. Angeführt werden darüber hinaus die Bautätigkeit, die Hanse, das Seeräuberunwesen, aber auch ungewöhnliche Ereignisse wie Seuchen, Unwetter und Feuersbrünste. Selbst Missgeburten und Himmelserscheinungen finden Erwähnung. Für das Mittelalter bis zum 17. Jahrhundert stützt sich Adelungk vor allem auf Albert Krantz (um 1448–1517), Peter Lambeck (1628–1680) und Adam Tratziger. Deutlich wird seine Kenntnis antiker Autoren und sein an Cicero geschultes Geschichtsverständnis, wenn er in seiner Vorrede schreibt: „Die glaubwürdige Geschichts=Erzehlungen / spricht er [d. i. Cicero] / sey der vergangenen Dinge Zeuge / der Wahrheit Licht / der Gedächtniß Leben / des Lebens Lehrmeisterin / und des Alterthums Anzeigung und Entdeckung."[7] Zugleich zeigt sich hier die verbreitete Auffassung der Geschichte als Lehrmeisterin (magistra vitae).

Nach längerer Pause erschien als nächste Publikation zur frühen Hamburger Stadtgeschichte eine Festschrift anlässlich der Errichtung des Denkmals „auf dem vormaligen Marien Magdalenen Kloster-Kirchen Platze, nunmehrigen Adolfs-Platze" am 12. August 1821. Sie zeigt eine Vignette, die verdeutlicht, wie man sich zur damaligen Zeit die Hammaburg im Jahr 834 vorstellte: Eine kleine steinerne Burganlage mit Türmen, Zinnen und einer Kirche in einer maritimen Landschaft.[8]

Seit den 1830er Jahren wurde den Zeugnissen der Vergangenheit nicht nur von Privatpersonen eine immer größere Bedeutung zuerkannt, auch von staatlicher Seite erhielten wissenschaftliche Forschungsvorhaben zunehmend Unterstützung. Durch die akribische Auswertung der schriftlichen Quellen seit der Gründung des Vereins für Hamburgische Geschichte[9] im Jahr 1839, vor allem durch den Archivar und Vorstand des Vereins Johann Martin Lappenberg, erlebte die hamburgische Geschichtsschreibung einen ungeheuren Wissenszuwachs. Das von Lappenberg herausgegebene Urkundenbuch, 1842 erschienen, vereinte fast 950 Urkunden der Stadt und des Hamburger Domkapitels bis zum Jahr 1300 und des hamburgischen Erzbistums bis zum Jahr 1227. Nun lagen die urkundlichen Grundlagen für die älteste Geschichte Hamburgs fast vollständig und in einer für die damalige Zeit mustergültigen Weise ediert vor.[10] In der zweiten Hälfte des 19. Jahrhunderts festigte sich das an den schriftlichen Quellen orien-

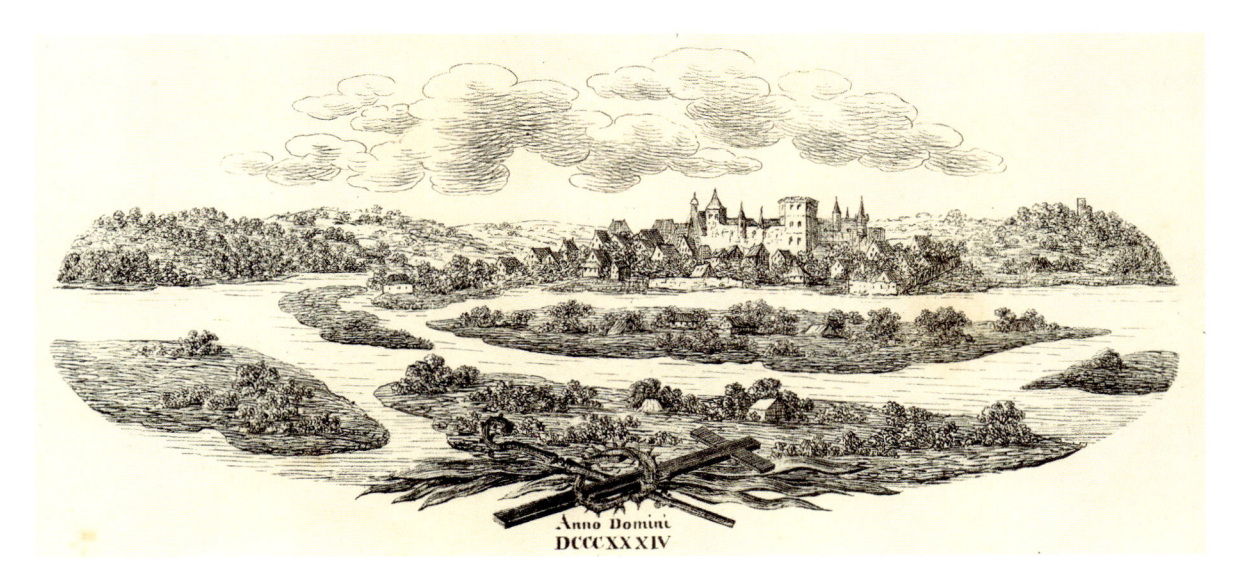

Über das Aussehen der Hammaburg, des Kerns der künftigen Stadt, gibt es bis heute widersprüchliche Ansichten. Auch die Erkenntnisse aus den archäologischen Grabungen können noch keine gesicherten Ergebnisse vermitteln. So bietet die Hammaburg für die Mythenbildung geradezu einzigartige Voraussetzungen. In der Vignette „Die Hammaburg 834" aus der Festschrift zum Denkmal auf dem Adolphsplatz von 1821 erscheint sie völlig ahistorisch als eine weitläufige stolze Burg mit zahlreichen Türmen, umgeben von vielen spitzgiebeligen Häusern inmitten der Flussniederung.

tierte Gerüst der Geschichtsschreibung weiter. So stellte Ernst Heinrich Wichmann 1887 die wichtigsten Jahreszahlen aus der hamburgischen Geschichte von 811 bis 1886 zusammen.[11] Dieser kurzen chronologischen Aufzählung ließ er 1889 eine „Hamburgische Geschichte in Darstellungen aus alter und neuer Zeit" folgen.[12] In einer eher essayistischen Form hatte bereits 1885 Carl Mönckeberg, Pastor zu St. Nikolai in Hamburg,[13] eine Geschichte der Freien und Hansestadt zusammengestellt.[14]

Den Forschungsstand deutlich voranzutreiben gelang vor allem deshalb, weil der Verein für Hamburgische Geschichte von Beginn an einen breit angelegten, interdisziplinären Forschungsansatz pflegte. So war für die Arbeitsweise des Vereins seine Aufgliederung in acht Sektionen bestimmend – die historische, die statistisch-topografische, die biografische, die artistische, die kirchengeschichtliche, die juristische, die literarische und die merkantilistische.[15] Vor allem die Verbindung mit der topografischen Sektion erwies sich als sehr fruchtbar. So konnte schon Wilhelm Kollhoff in seinem auf Veranlassung der Oberschulbehörde verfassten und für den Geschichtsunterricht an den höheren Schulen gedachten „Grundriß der Geschichte Hamburgs" (1888) in der zweiten Auflage aus dem Jahr 1889 darauf hinweisen: „Zum richtigen Verständnis der Geschichte Hamburgs ist eine klare Anschauung der topographischen Verhältnisse erforderlich; diesem Zwecke dienen die von Herrn E. H. Wichmann entworfenen, unter dem Titel: ‚Atlas zur hamburgischen Geschichte' herausgegebenen Karten, welche ein deutliches Bild von der allmählichen Entwicklung der Stadt geben."[16] Wichmann wiederum stützte sich damals auf die historisch-topografische Arbeit von Franz Heinrich Neddermeyer, die bereits rekonstruierte Grundrisse der Stadt von 1071 sowie aus dem 13. und 16. Jahrhundert enthielt.[17] Auch Cipriano Francisco Gaedechens'[18] „Historische Topographie der Freien und Hansestadt Hamburg und ihrer nächsten Umgebung von der Entstehung bis auf die Gegenwart" aus dem Jahr 1880[19] enthält drei Karten. Eine ist eine Rekonstruktion der Stadt im Jahr 1320, eine weitere ein Übersichtsplan mit farbig markierten Umrissen der Stadtgrenzen in den Jahren 900, 1300, 1560, 1650 und 1880.

Zwar hatte sich durch die verschiedenen Fachrichtungen der wissenschaftlichen Forschung der Kenntnisstand zur mittelalterlichen Geschichte Hamburgs insgesamt sehr stark verbessert, doch das Frühmittelalter, vor allem die eigentliche Stadtgründungsphase im 9. Jahrhundert als Missionsstützpunkt des Nordens unter Ansgar bis zur Zeit der Schauenburger um 1100, war immer noch, bis auf wenige Daten, unbekanntes Terrain. Dies sollte sich erst mit dem Einsetzen der archäologischen Forschung ändern.

Die früheste archäologische Beobachtung hat um 1480 der Domdekan, Syndicus der

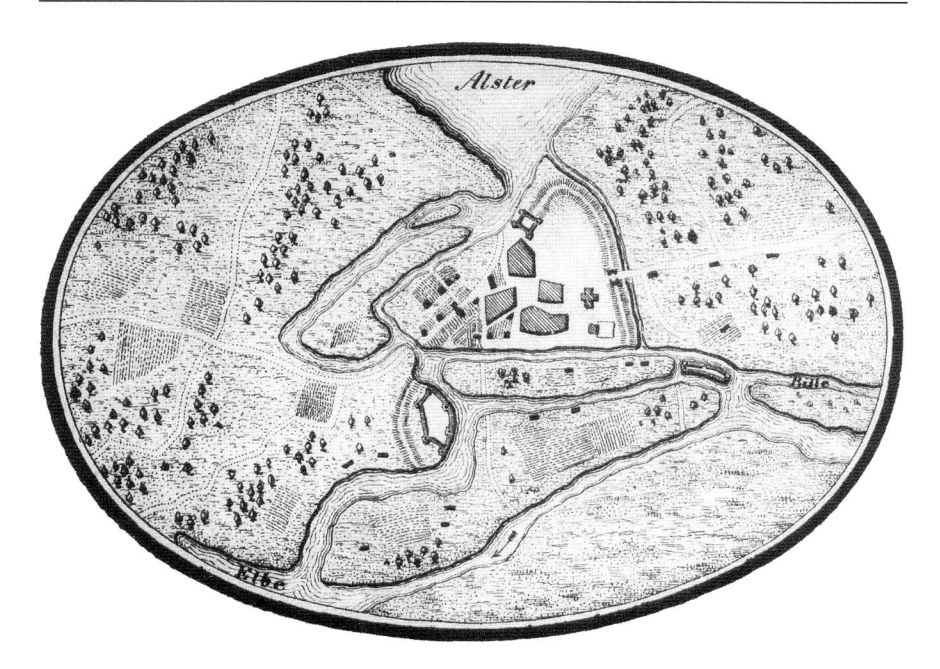

Auf diesem Plan der Stadt Hamburg im Jahr 1071 aus Franz Heinrich Neddermeyers „Topographie der Freien und Hanse-Stadt Hamburg" (1832) sind auf dem Hügel zwischen Alster, Elbe und Bille die vermutete Wallanlage zur Landseite, der Burgkomplex und die Kirche zu erkennen. Die Darstellung entsprang mehr der Fantasie als tatsächlichen Erkenntnissen.

Stadt Hamburg, Gelehrte und Geschichtsschreiber Albert Krantz in seinem postum veröffentlichten Werk „Metropolis" (1590) überliefert. Er schrieb nämlich von einem Fundament eines Rundturmes auf dem Gelände der 11. Kurie, heute Schopenstehl 11.[20] In den folgenden Jahrhunderten war das Interesse dann gering. Erst für den Verein für Hamburgische Geschichte spielte die Altertumskunde wieder eine Rolle, wenngleich das allein auf die Stadt und die unmittelbare Umgebung begrenzte Arbeitsgebiet eine ausgedehnte Ur- und Frühgeschichtsforschung nicht zuließ. So hielt Lappenberg im Frühjahr 1840 einen Vortrag „Ueber einige bei Bergedorf gefundene Alterthümer", in dem er auf die Bedeutung der Bodenfunde hinwies: „Doch ist bei dem häufigen Aufwühlen des alten städtischen Bodens, welchen [!] die neue Baulust veranlaßte, der Zeitpunkt nicht ungeeignet, darauf aufmerksam zu machen, daß auch jener Rücksicht auf die Ueberreste der Vorzeit einige Beachtung zu widmen ist."[21] Dagegen notierte noch der zur merkantilistischen Sektion des Vereins gehörende Jurist und spätere Senator Gustav Heinrich Kirchenpauer in seinem Tagebuch 1842: „Ich lebe und webe in heidnischen Alterthümern – alte Grabhügel, alte Schenkkrüge, alte Schwerdter und Lanzenspitzen! Ich begreife nicht, warum die Sachen mich interessieren – wahrscheinlich Eitelkeit, es ist eins der wenigen Felder, auf welchen noch wenig geleistet und noch viel zu leisten ist – aber man muß Zeit und Muße dazu haben; ich werde also doch nichts leisten – und was nutzt es auch? Was mir und was der Welt?"[22]

Trotzdem erfolgten im Lauf des 19. Jahrhunderts dann Beobachtungen größerer Befundzusammenhänge, so Hausgrundrisse und Gerbergruben an der Großen und Kleinen Johannisstraße, die auch als solche erkannt wurden.[23] Selbst vorgeschichtliche Funde wurden durchaus bemerkt. So schreibt Gaedechens, im Bereich des engeren Stadtareals seien „[...] keine Überbleibsel mehr vorhanden, doch hatte sich bis zu Anfang dieses Jahrhunderts ein Hügelgrab im Inneren des St. Petrikirchspiels erhalten, welches ungefähr 30 Schritte von der Paulstraße, auf den Raboisen lag".[24] Bei Bauarbeiten für die südlichen Kaianlagen des damaligen Freihafenkanals (heute Zollkanal), am südlichen Ende des heute verfüllten „Kleinen Fleets", nahe der Kibbeltwiete sind im Jahr 1885 „die fast vollständigen Ueberreste eines Schiffes gefunden worden, welches eine Länge von 38 1/2 Fuß und eine Breite von fast 10 Fuß hatte".[25] Es handelte sich dabei um ein in Klinkerbauweise gefertigtes Flachboot ohne Kiel mit teilweise erhaltener Innenwegerung, dessen Plankengänge mit Nieten wie bei einer Kogge zusammengehalten wurden. Die entsprechenden Archivalien zu den Fundparzellen ließen den Schluss zu, dass es sich dabei vermutlich um ein mittelalterliches Schiff des 15. Jahrhunderts gehandelt hat. Leider ist dieser wichtige archäologische Fund verloren, denn: „Nachdem das Schiff längere Zeit bloß gelegen hat, ward ein Versuch gemacht, dasselbe zu heben, doch misslang der Versuch; das Schiff fiel gänzlich auseinander."[26] Offensichtlich war man sich der Bedeutung von archäologischen Bodenfunden in wachsendem Maße bewusst, denn als kurz danach beim Neubau des Rathauses Baureste entdeckt wurden, die dem ehemaligen Johanniskloster zugewiesen werden konnten, wurden diese Beobachtungen 1888 zum ersten Mal in einer eigenständigen Publikation veröffentlicht.[27] Auch zu Beginn des 20. Jahrhunderts standen archäologische Untersuchungen immer im Zusammenhang mit bestimmten Bauvorhaben in der Stadt. So gelang es im Zuge der Ausschachtungsarbeiten für den U-Bahnbau in den Jahren 1908–1910, im Bereich der Mönckebergstraße vielfältige Befunde zu dokumentieren, allen voran Fundamentreste „[...] des ‚neuen Steintors', welches als Ersatz des am Ende der Steinstraße gelegenen ‚alten Steintors' im Jahre 1617 nach den Plänen des Hauptmanns v. Valkenburgh erbaut wurde [...]"[28] Das besondere Interesse galt dem Verlauf der mittelalterlichen Stadtbefestigung, deren Graben durch die Erdarbeiten durchschnitten worden war. Diese wurden dann auch ausführlich dokumentiert.[29] Sowohl im Bereich des mittelalterlichen Stadtgrabens als auch in Brunnen und Senkgruben barg man verschiedene Funde. Neben Keramikscherben sind Holzteller, Gläser und Objekte aus Leder zu nennen, von denen ein Etui mit wachsbezogenen Schreibtäfelchen[30] hervorzuheben ist. Trotzdem musste Walter Hansen noch 1926 feststellen, dass die archäologischen Arbeiten weiter intensiviert werden müssten, weil „bisher nur spärliche Nachrichten und Funde erhalten sind, die über die Geschichte der ersten Stadtbefestigung Aufschluß zu geben vermögen".[31]

1839 wurde der Verein für Hamburgische Geschichte gegründet, und seine „Artistische Sektion" begann mit der „Sammlung Hamburgischer Alterthümer". Mit der Sammlung verband sich über das eigentliche wissenschaftliche Interesse an den Realien hinaus die Gewissheit, dass mit den Objekten auch ein politisches Bewusstsein gefördert werden könne. Die Sammlung sollte zur Bildung eines hamburgischen Traditionsbewusstseins, einer eigenen Identität dienen. So heißt es in der von Wilhelm Heyden im Jahr 1887 verfassten Denkschrift an den Senat, in der um geeignete Räume für die Sammlung nachgesucht wurde: „Die Umwälzungen, welche die Neuzeit in politischer wie in sozialer Beziehung gebracht hat, die außerordentliche Erleichterung der Bewegung der Bevölkerung können den Einzelnen unter uns nur zu leicht vergessen lassen, daß er nicht nur Deutscher, sondern auch Hamburger ist. Nur der Staat steht auf sicherem, gefestetem Boden, der sich auf wirklich treue, ihm mit ganzer Seele anhängende, wenn es sein muß auch zu Opfern bereite Bürger stützen vermag, und wenn Hamburg neben der gewaltig emporstrebenden Reichshauptstadt seine ihm gebührende Stellung bewahren, nicht zu einer Provinzialstadt herabsinken will, so muß es seine Eigenart möglichst zu bewahren suchen. Hierzu ist die Pflege seiner Geschichte von hoher, ja höchster Bedeutung."[32] Auf diese Bedeutung der Altertumssammlung wies 1892 auch Wilhelm Hildemar Mielck hin. Zudem verfolge sie sogar noch ein höheres Ziel: „Sie soll und wird erziehen und bilden, sie wird zur Nacheiferung anspornen, sie weckt den Patriotismus und macht gute Deutsche und gute Hamburger." Polemisch äußerte er sich dann gegenüber den anderen Museen: „Ihr Besuch wird jedenfalls hierzu besser helfen als das Anschauen guter Bilder, das Studium der Schöpfungen des Kunstgewerbes, das Besehen ausgestopfter Bälge und federgeschmückter Karaibenwaffen."[33] Auch Alfred Lichtwark, der Direktor der Hamburger Kunsthalle, betonte noch einmal die politische Dimension, als er 1904 einen Vorwurf gegen die mangelnde Unterbringung der Sammlung erhob: „Der Staat tut für die Pflege dieser Gesinnung eigentlich nichts. Er unterstützt wohl die Sammlung hamburgischer Altertümer, aber er hat darüber hinaus noch keinen Ehrgeiz für dieses Museum gezeigt, das in gewissem Zusammenhang sein wichtigstes genannt werden darf, denn es ist vor allen anderen berufen, Liebe und Hingebung zu wecken, Einsicht und Verständnis für die Lebensbedingungen unseres Staatswesens zu verbreiten und jede Anhänglichkeit zu stärken. Daß diese Empfindungen im Herzen des Einzelnen die Wurzeln alles Guten sind, das bei uns geschehen könnte, geschehen müßte, wird kaum viel bedacht. Es ist nicht zuviel gesagt, daß die Pflege der Sammlung hamburgischer Altertümer zu den politischen Angelegenheiten unseres Staatswesens gehört."[34]

Gehörnte Helme und geflügelte Krieger

Als das Bundesschießen in Hamburg 1909 veranstaltet wurde, war durch den Festzug nicht ein lückenloser oder sogar kritischer „Geschichtsunterricht" angestrebt. Die Auswahl der Szenen war bestimmt durch die dekorativen Möglichkeiten und sollte zugleich die wachsende Bedeutung Hamburgs im alten Deutschen Reich wie im neuen Kaiserreich von 1871 hervorheben. Nachdem die Herren des Festausschusses und ein Herold an der Spitze den Festzug des 16. Deutschen Bundesschießens zu Hamburg eröffnet hatten, folgten Standartenreiter mit den Fahnen der 26 Bundesstaaten des Deutschen Reichs und der offizielle Festwagen mit der sitzenden Hammonia; Schimmelreiter sowie junge Frauen und Männer mit Blumen stellten „Das Erwachen Hamburgs" dar (Abb. S. 44–49). Erst danach begannen die mit Festwagen und Begleitfiguren szenisch dargestellten historischen Themen des Mittelalters. Die insgesamt acht Bilder gliederten sich wie folgt: Hamburg als Fischerdorf, Jagdzug der alten Sachsen, Die Hammaburg, Einführung des Christentums, Wikingerschiff, Herzog Bernhard II. und Entstehung des Hafens, Weiterentwicklung des Hafens, Störtebekergruppe.

Der Wagen, der Hamburg als Fischerdorf darstellt, folgt nahezu in allen Details dem Entwurf von Hermann de Bruycker. Die Hütte, ein gedrungener Bau mit Flechtwänden und Reetdach, ist an einer Langseite mit einer großen torähnlichen Öffnung versehen, durch die „ein alter Barde an der Feuerstätte"[35] zu sehen ist. Voraus laufen mit Schwert und Schild bewaffnete Krieger, die auf dem Kopf Hörnerhelme tragen. Die Darstellung stützt sich auf die Annahme, dass es eine Vorgängersiedlung zur ansgarzeitlichen Hammaburg gegeben haben müsste: „Ohne Zweifel befand sich auf dem Platze des alten Hamburgs schon weit früher ein größerer bewohnter Ort, denn die Lage an einem schiffbaren Nebenfluß der Elbe, an der Grenze der Geest und der Marsch und an dem der Elbe zunächst liegenden Uebergang über die Alster mußte schon früh eine Niederlassung veranlaßt haben."[36] Einen eindeutigen Beleg gab es im Jahr 1909 jedoch nicht. Allerdings sind während der archäologischen Untersuchungen im Bereich des späteren Domareals zwischen 1947 und 1957 durch Reinhard Schindler Spuren einer früheren Ansiedlung entdeckt worden. Es

Das Bild einer hamburgischen Ursiedlung im Festzug zum 16. Deutschen Bundesschießen ist reine Fantasie. Die Fischerhütte auf dem Gefährt projiziert den Typ des niederdeutschen Hallenhauses in eine primitive Frühform, die sich so nicht belegen lässt. Ebenso gehören die Hörnerhelme und Schilde zur damals gängigen Vorstellung von den alten Germanen, haben aber mit der historischen Realität nichts zu tun.

Hermann de Bruycker, Entwurf zum Festzug 1909, Bild 5: „Hamburg als Fischerdorf".

handelt sich um Keramikscherben und Steinartefakte der sogenannten Trichterbecherkultur (ca. 4300–2800 v. Chr.), einer jungsteinzeitlichen Kulturstufe, die mit den ersten sesshaften Bauern in Mitteleuropa in Zusammenhang steht.37

Ein weiterer archäologischer Befund, der auf eine Besiedlung vor der ansgarzeitlichen Hammaburg deutet, wurde erst 1982 entdeckt. Es handelt sich um zwei konzentrisch verlaufende Spitzgräben. Die ringförmig angeordneten Gräben hatten einen Innendurchmesser von 48 und 65 Meter und waren im Norden von einer Erdbrücke durchbrochen. Im südlichen Teil, oberhalb des steilen Hanges zum Reichenstraßenfleet brechen beide Gräben ab. Da nur die unteren Teile dieser Anlage erhalten sind, kommen für die Rekonstruktion zwei Modelle in Frage. Zum einen ist an eine Befestigung zu denken (ein kleiner Ringwall oder auch ein Turmhügel), die möglicherweise mit der fränkischen Eroberung des Niederelberaumes in Verbindung stand. Zum anderen könnte es sich auch um einen Kult-, Versammlungs- oder Marktplatz gehandelt haben. Die Datierung dieser Anlage ist mit Unsicherheiten behaftet. Vermutlich gehört sie dem 8. oder frühen 9. Jahrhundert an.38

Streufunde von Keramik lassen erkennen, dass auf dem Sporn zwischen Alster und Bille vom 6. bis zum späten 8. Jahrhundert eine sächsische, offensichtlich noch unbefestigte Siedlung bestand.39

Mit den erst seit den Nachkriegsgrabungen bekannten Nachweisen einer frühen Besiedlung im Bereich der späteren Hammaburg hat die Festzugsszene „Hamburg als Fischerdorf" nichts zu tun. Das Bauernhaus orientiert sich eher an den in Norddeutschland damals weitverbreiteten niederdeutschen Hallenhäusern. Auch schon in diesem Teil des Festzugs wird auf die freiheitliche Grundordnung und auf die demokratischen Wurzeln Hamburgs hingewiesen. So heißt es in dem Reimkommentar zu diesem Bild:40

Das ist das erste winz'ge Glied der Kette,
Ein in sich abgeschlossen'ner [!] Staat
Beruf und Bürgerschaft und an der Feuerstätte
Der alte Barde, bildet den Senat.

Frei erfunden sind, neben den Schilden, die es in dieser Form im 8. Jahrhundert nicht gegeben hat, die Hörnerhelme der vorauslaufenden Krieger. Hörnerhelme sind ein fester Bestandteil vieler Wikingerdarstellungen – und zugleich ihr größter Irrtum.41 Wikingerzeitliche Helme mit Hörnern hat es nie gegeben. Wikinger trugen meist schlichte, eng anliegende, spitzkonische Helme mit einem Nasenschutz.42 Die Entstehung dieses weitverbreiteten Mythos wird mit spektakulären Helmfunden in dänischen Mooren im 18. und 19. Jahrhundert erklärt. So sind die beispielsweise in Viksø auf Seeland entdeckten Helme mit gedrehten Hörnern und kugeligen Augen versehen, sodass sie einem Tierkopf ähneln.43 Diese Helme stammen aus der Bronzezeit in Skandinavien (1800–500 v. Chr.) und fanden bei Zeremonien Verwendung. Sie sind als die einzig im Norden erhaltenen Bestandteile der mitteleuropäischen Urnenfelder-Paradeausrüstung anzusehen. Ihre genaue Funktion bleibt unklar, vermutlich wurden sie bei profanen Paradekämpfen oder bei rituellen Anlässen getragen und sind mit speziellen Kulthandlungen in Verbindung zu bringen.44 Warum nun diese Funde mit der mittelalterlichen Bewaffnung kombiniert wurden, ist unklar. Das im frühen 19. Jahrhundert bei Weitem noch nicht gefestigte Chronologiegerüst spielt hier sicherlich eine Rolle – Objekte unterschiedlicher Zeitstellung wurden schlichtweg völlig falsch datiert. Es wurde auch die Vermutung geäußert, dass eine Fehlinterpretation eines Grabfundes mit stark beschädigtem Helm und Trinkhörnern zu diesem Fehler geführt habe. Die verschiedenen Objekte habe man als zusammengehörig angesehen. Festzuhalten bleibt: Hörnerhelme sind der größte historische Irrtum hinsichtlich der Wikinger.45

Der nächste Teil des Festumzugs mit dem „Jagdzug der alten Sachsen" zeigt eine Jagdgesellschaft, die reich mit Beute beladen ist. Auf einem von Ochsen gezogenen Karren liegen erlegt Elch und Hirsch, ein Eber wird an einer Stange getragen. Diese Szene ist, wie aus dem Reimkommentar ersichtlich, vor allem als eine Allegorie auf die Schützenkunst zu verstehen:[46]

*So führt der Jagdzug uns der alten Sachsen
Zum Ursprung deutscher Schützenkunst zurück.
Derselbe Geist, der Speer gelenkt und Bogen,
Der Elch und Hirsch in wilder Flucht erlegt,
Seit tausend Jahr ist jeder ihm gewogen,
Der Schützenkunst und Schützentugend pflegt.*

Die Armbrust, die nach der Darstellung von de Bruycker einer der Jäger schultert, hat für das mittelalterliche Schützenwesen eine große Rolle gespielt. Armbrüste dienten zudem als Kriegswaffe und bei der Jagd. Allerdings erreichte die Armbrust erst im Hochmittelalter über Byzanz Mitteleuropa und kam mit ihrer größeren Durchschlagskraft im Vergleich zum Bogen erst allmählich im 13. Jahrhundert zur wirksamen Verwendung.[47] Für Hamburg ist eine Darstellung auf der Abbildung P (Van Schiprechte) des Hamburger Stadtrechts von 1497 zu nennen, auf der ein Armbrustschütze vor der Neuen Burg dargestellt ist.

Der geflügelte Helm, der wohl von den antiken Vorstellungen des geflügelten Merkur beeinflusst ist, und für den es, ähnlich wie für den Hörnerhelm, keinen Beleg gibt, ist schon im 19. Jahrhundert toposhaft als Attribut für germanische Krieger verwandt worden.[48] Er findet seine ins Gigantische gehende Übersteigerung im Hermannsdenkmal auf der 386 Meter hohen Grotenburg bei Detmold. Es ist das Wahrzeichen des Teutoburger Waldes und ehrt Hermann den Cherusker, den „Befreier Germaniens" in der Varusschlacht im Jahr 9 n. Chr. gegen

Zeitgenössischen Theaterausstattungen der damals modischen Germanendramen folgend, kombiniert diese Festzugszene einer altsächsischen Jagdgesellschaft Kostümdetails aus unterschiedlichen Zeiten mit fantastischen Elementen. Der gepflegte Waldweg, die edlen Pferde und die wohlgenährten Ochsen und Hunde entsprechen außerdem in keiner Weise der Lebenswirklichkeit der Bewohner im Gebiet um Hamburg vor der Gründung der Hammaburg. Hermann de Bruycker, Entwurf zum Festzug 1909, Bild 6: „Jagdzug der alten Sachsen".

die Römer.⁴⁹ Das Denkmal ist das Lebenswerk des Baumeisters Ernst von Bandel (1800–1876).⁵⁰ Unmittelbar nach den Befreiungskriegen entworfen, war es als Symbol einer wiederzuerlangenden nationalen Einheit geplant. Bandel widmete sein ganzes Leben und künstlerisches Wirken der Idee, mit diesem Bauwerk ein allgemeingültiges Nationalsymbol zu schaffen. Das 1838 begonnene und erst 1875 vollendete Denkmal sollte das Bekenntnis einer freiheitlichen Ordnung nationalen Zuschnitts zum Ausdruck bringen.⁵¹ Auch im Festzug von 1909 bedienten sich die Hamburger des überlieferten Archetyps des siegesgewissen Germanen.

Karl der Große – mythischer Gründervater Hamburgs

Die ältesten konkreten historischen Daten zum Bau der Hammaburg sind spärlich. Nach Abschluss der Kämpfe mit den Sachsen beschloss Karl der Große im Jahr 804, die Elbe als Grenze seines Reichs festzulegen. Der Plan, mit dem von ihm abhängigen Abodritenfürsten Thrasko eine Pufferzone zwischen dem fränkischen und dänischen Reich zu errichten, scheiterte, weil der Dänenkönig Göttrik die Slawen besiegte und seinen Machtbereich über die nordelbischen Gaue auszudehnen begann. Als Gegenmaßnahme beschloss Karl, die Grenze zu den Dänen bis an die Eider vorzuverlegen. Deshalb besetzte Graf Egbert Nordelbien und legte 810 an der Stör die Burg Esesfelth an. Im Zuge dieses Vorstoßes wurde seit 811 eine weitere Burg, vermutlich die Hammaburg, errichtet. In jedem Fall wird diese 831 als schon bestehende befestigte Anlage, als Verwaltungsmittelpunkt und Missionszentrum für den Norden genannt.⁵² Wie diese Burganlage genau ausgesehen hat, wissen wir nicht. Die Befunde auf dem Domplatz stammen im Wesentlichen aus einer Zeit nach der Zerstörung durch die Wikinger im

Für das Thema „Mittelalter" im Programm zur Ausmalung des Rathaus-Festsaals konnte der Bau der Hammaburg für viele Wettbewerbsteilnehmer zum zentralen Motiv werden. Der Mythos vom Stadtgründer Kaiser Karl dem Großen spielte dabei ebenso hinein wie der christliche Missionsauftrag. Der Maler J. Voß präsentierte die Burg 1899 in seinem Entwurf „Erbauung der Hammaburg" als gewaltiges steinernes Bauwerk, dessen architektonische Form eher in das Spätmittelalter zu datieren wäre.

Jahr 845. Das bedeutet, dass entweder ausgedehnte Planierungsarbeiten in diesem Bereich den archäologischen Nachweis für die frühe Burgphase nicht möglich machen oder sich die Klosterburg Ansgars an einer anderen Stelle befunden haben muss. In jedem Fall wird es eine Holz-Erde-Konstruktion mit Wall, Graben und Palisade gewesen sein. Im Gegensatz zu den historisch überhöhten Darstellungen von J. Voß und Ferdinand Keller, die in ihren Entwürfen für die Ausmalung des Rathaussaals mit Zinnen und Türmen bewehrte Burgen aus Stein zeigen, ist zu betonen, dass es zu dieser Zeit in Norddeutschland noch keine steinernen Burgen gab. Aus den schriftlichen Quellen sind über die Hammaburg des 9. Jahrhunderts keine Beschreibungen überliefert. In der Lebensbeschreibung des ersten Hamburger Bischofs Ansgar, der Vita Ansgari, zwischen 865 und 876 von seinem Nachfolger, dem Hamburg-Bremer Bischof Rimbert verfasst, wird zwar von einer Burg, einer Kirche und einem Kloster gesprochen, diese werden jedoch nicht näher beschrieben.[53]

Frühe Darstellungen der Hammaburg zeigen die topografische Lage auf dem Geestkern am Zusammenfluss von Alster und Bille. Ausgehend vom ersten Vorstoß Karls des Großen ins Gebiet an der Elbe, wo er im großen Stil Sachsen aus Nordalbingien ins Frankenland deportieren ließ, fertigte Christian Wohlers im Jahr 1789 einen „Grundriß vom alten Hamburg zur Zeit Carls des Großen Anno 803" an. Der von Ludwig Loeser Wolf 1816 als Kupferstich herausgegebene Plan gibt die topografischen Verhältnisse, obwohl das Siedlungsareal zu weit ausgedehnt ist, erstaunlich gut wieder. Während sogar die spätere Neue Burg und die Alsterburg einigermaßen richtig lokalisiert wurden, liegt die Widenburg nicht an der sonst vermuteten Stelle.[54] Zwar besitzt die Karte keinen Quellenwert, lässt aber deutlich das Bemühen erkennen, die bekannten historischen Daten zu ordnen. Festzuhalten bleibt

Ferdinand Kellers Entwurf „Die Hammaburg" für den Wettbewerb von 1899 kombiniert mehrere Vorgänge um die Hammaburg zu einer fast mystischen Szene. Während für den rechts aufragenden, noch nicht vollendeten Bau, der offenbar für die historisch angesetzte Zeit von 803 allzu riesige Dimensionen annehmen soll, noch die Steinquader von dem Ochsenkarren herangeschafft werden, bahnt sich vom sturmgepeitschten Wasser aus bereits der Wikingerüberfall von 845 an.

jedoch: Karl der Große hatte 804 die Region bereits wieder verlassen, um sich nach Köln zu begeben. Nordelbisches Gebiet – und damit Hamburg – hat er vermutlich nicht betreten. Mit der Gründung der Hammaburg hat er deshalb nichts zu tun. Trotzdem spielte das Jahr 803 immer wieder als frühes Gründungsdatum Hamburgs eine Rolle. So auch bereits im Jahr 1803, als man die tausendjährige Jubelfeier der Stadt beging. Zu diesem Anlass wurden zwei silberne Medaillen herausgegeben. Die eine ist von Loos in Berlin geprägt worden und zeigt den Jungfernstieg auf der einen und die unter einer tausendjährigen Eiche sitzende Hammonia auf der anderen Seite.⁵⁵ Die andere Medaille wurde ebenfalls in Berlin von dem königlichen Hofmedailleur Abrahamson geschlagen und gibt auf der Vorderseite die Vorstellung wieder, die man zu Beginn des 19. Jahrhunderts über die bescheidenen Anfänge Hamburgs vor der Errichtung der Hammaburg hatte. An einem Fluss stehen drei kleine Hütten – kurioserweise mit Fenstern und Schornsteinen, davor im Strom einige kleine Boote. Die Überschrift lautet: IM VERTRAUEN AUF GOTT. Im Abschnitt: HAMBURG 803.⁵⁶

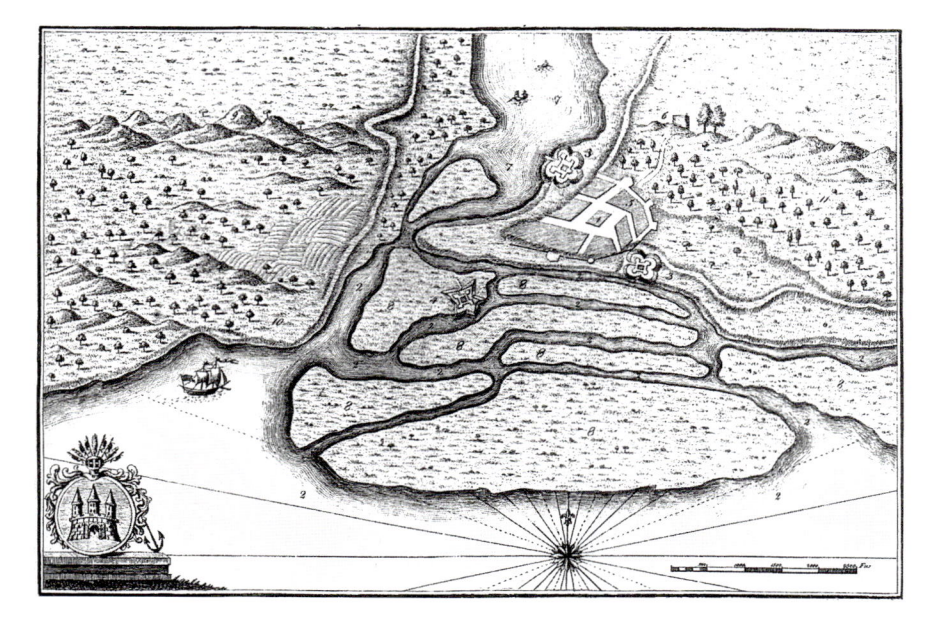

Karl der Große als mythischer Gründungsvater Hamburgs ist auch ein wiederkehrendes Motiv auf den verschiedenen Entwürfen für die Ausmalung des großen Festsaals im Hamburger Rathaus. So stellt Friedrich Geselschap 1898 die Unterwerfung der Sachsen durch Karl den Großen einer Missionierungsszene gegenüber, bei der Bischof Ansgar neben Einheimischen sogar vor Chinesen und einer Gesandtschaft des Abbasidenkalifen Harun al-Raschid (763–809)⁵⁷ predigt (Abb. S. 28/29 unten). Auch für den zweiten Wettbewerb für die Ausmalung des Rathaussaals im Jahr 1899 spielte dieses Thema eine wichtige Rolle. So zeigen die Entwürfe von Ludwig Dettmann, Woldemar Friedrich, Ferdinand Keller, Hieronymus Christian Krohn und Otto Marcus die Einführung des Christentums mit Tauf- und Segnungsszenen immer in Anwesenheit Karls des Großen.⁵⁸ Selbst die dann durch Hugo Vogel ausgeführten Gemälde im Rathaus im Jahr 1909 enthalten immer noch das gleiche Motiv, wenngleich hier ein stärkerer Symbolgehalt zum Tragen kommt. Mit dem so stolz, etwas abseits auf dem Pferd sitzenden König muss nun nicht mehr zwangsläufig Karl der Große gemeint sein. Hier könnte man eher – historisch korrekt – an Karls Sohn und Nachfolger Ludwig den Frommen denken, der Ansgar den Missionsauftrag für den Norden erteilte.

Im Jahr 1810 wurde eine weitere Medaille geprägt. Sie gedenkt der „vor 1000 Jahren stattgefundenen Zerstörung der Hamburg durch die Wilzen im Jahr 810".⁵⁹ Die ebenfalls durch Abrahamson produzierte Silbermedaille wurde zu Weihnachten 1809 verkauft und stellt auf der Vorderseite die Ruinen einer zerstörten, aus großen Steinquadern erbauten Burg dar, die von der durch dicke Wolken dringenden Sonne angestrahlt

Abraham Abrahamson, Medaille auf die tausendjährige Jubelfeier der Gründung Hamburgs, 1803.

Ludwig Loeser Wolf gab 1816 diesen „Grundriß vom alten Hamburg zur Zeit Carls des Großen Anno 803" heraus, den Christian Wohlers 1789 angefertigt hat. Wohlers' Karte entspricht zwar den zu seiner Zeit bekannten topografischen Gegebenheiten um 800, doch das Siedlungsareal ist zu groß und es sind Gebäude angegeben, die in dieser frühen Besiedlungsphase noch gar nicht existierten.

wird. Die Umschrift lautet: DER DU BETRÜBTE TRÖSTEST, im Abschnitt steht: HAMBURG 810. Die Zuweisung der Begebenheit beruht auf einem historischen Irrtum. Die fränkischen Annalisten des 9. Jahrhunderts berichten, dass Karl der Große um das Jahr 808, während seines Feldzugs gegen die Sachsen, zwei Kastelle angelegt hat, von denen der Name des einen Kastells, Hochbuoki, überliefert ist. Noch in der ersten Hälfte des 19. Jahrhunderts war man geneigt, diesen Ort mit Hamburg zu identifizieren.[60] Inzwischen ist dieses Kastell bei Höhbeck-Vietze auf dem südlichen Steilufer am Elbübergang nach Lenzen lokalisiert. Das Kastell Höhbeck ist das einzige auf Karl den Großen zurückgehende fränkische Kastell in Deutschland. Nach den Schriftquellen wurde es im Jahr 810 von den Wilzen, einem slawischen Stamm, erobert und zerstört, aber 811 bereits wieder aufgebaut.[61] Auf den wiederum fälschlich für Hamburg angenommenen Wiederaufbau im Jahr 811 durch Karl den Großen entstand dann sogar noch eine von Abrahamson geschnittene Medaille mit allegorischen Darstellungen.[62]

Hammaburg und Heidentempel

Der Festzug von 1909 zeigte nach den Sachsen als nächste Gruppe die Hammaburg. Die dargestellten Bauten erinnern an ein Fort im Westen der USA zur damaligen Zeit und orientieren sich sehr deutlich an der Darstellung der Hammaburg von Wilhelm Heuer aus den Jahren 1842/44 mit dem Titel „Muthmaßliche Ansicht des ersten Ao. 808 erbauten Kastell's, die Hammaburg, nebst der Marien- (späteren Dom-) Kirche" – der erste Versuch einer realistischen Darstellung der Hammaburg. Heuer, einer der bekanntesten und fleißigsten Lithografen für hamburgische und norddeutsche Motive,[63] ver-

Abraham Abrahamson, Medaille auf die fälschlicherweise mit Hamburg verbundene Zerstörung des Kastells Höhbeck, 1810.

Im Festzug von 1909 durfte die Hammaburg ebenfalls nicht fehlen. Im Entwurf von Hermann de Bruycker präsentiert sich die Burg wiederum als steinerner Bau, umgeben von einem Palisadenzaun, an den sich ein hölzernes Kirchlein anfügt. Die blumenbekränzte Jugend symbolisiert den „Morgen" der neuen Epoche. Die von rechts kommenden fränkischen Reiterscharen erinnern an den legendären Gründer Karl den Großen. Hermann de Bruycker, Entwurf zum Festzug 1909, Bild 7: „Die Hammaburg".

Ansgar, Störtebeker und die Hanse. Geschichtsbilder und Geschichtsmythen

Wie diese Fotopostkarte vom Festzug 1909 zeigt, wurde der Entwurf de Bruyckers für die Gruppe der Hammaburg tatsächlich getreu ins Dreidimensionale umgesetzt, wobei allerdings aus statischen Gründen das Turmdach nicht ganz so spitz geriet. Mit den begleitenden Kriegern waren hier eher die ortsansässigen Sachsen gemeint, während die zur fränkischen Eroberertruppe gehörenden Reiter aus patriotischen Gründen nicht mehr erschienen.

Die Vorlage für die im Festzug vermittelte Vorstellung der Hammaburg war die 1844 in der Hamburger Chronik von Friedrich Clemens Gerke veröffentlichte Lithografie von Wilhelm Heuer, „Mutmaßliche Ansicht der Hammaburg" (1843). Als Baujahr wurde im Buch wie auf der Illustration das Jahr 808 angegeben, und es wurde mit der Gestalt eines Legaten Kaiser Karls namens Otho verbunden. Das tatsächliche Gründungsdatum der Hammaburg und damit der Stadt Hamburg ist bis heute umstritten.

legt seine Befestigungsanlage an den Rand eines kleinen Gewässers. Die eigentliche Burg besteht aus einem quadratischen Turm mit Spitzdach und Erkern, an den sich seitlich ein mehrgeschossiger, längerer Flügel mit Satteldach anlehnt. Offensichtlich sind diese Gebäude aus Steinquadern erbaut. Umgeben ist die steinerne Burg von einer Palisade aus dicken Holzbohlen, die durch ein Tor mit Satteldach zu durchschreiten ist. Unmittelbar außerhalb der Palisade steht eine kleine Holzkirche – der spätere Dom. Hinter der Burg gruppieren sich mehrere Häuser in einer offenen, unbefestigten Siedlung, in denen die ansässige Bevölkerung lebt. Netze sind zum Trocknen aufgehängt, kleine Fischerboote liegen im Wasser. Aus Ermangelung genauer Kenntnisse der frühmittelalterlichen Hammaburg verbirgt Heuer sehr geschickt die Gebäude hinter knorrigen, dicht belaubten Bäumen.

Trotzdem hat er mit dieser Darstellung einen Topos geschaffen, der offenbar den Nerv der Zeit traf. Denn nicht nur Hermann de Bruycker nahm das Motiv für den Entwurf zu dem Festzugswagen auf, sondern auch Carl Gehrts' Entwurf für den großen Festsaal des Rathauses im Jahr 1898[64] geht eindeutig auf diese Vorlage zurück – wenngleich hier der Turm aus Holzstämmen in Blockbautechnik besteht (Abb. S. 28/29 oben). Dagegen stellen die anderen Künstler, die die Entwürfe zur Ausmalung des Rathaussaals 1899 schufen, so Gustav Adolf Closs, Woldemar Friedrich und Otto Marcus, die Erbauung des Mariendomes nahezu als hochmittelalterliche Großbaustelle dar. Einzig Hieronymus Christian Krohn weicht davon ab und zeigt eine kleine Kirche in Blockbautechnik. Schon Neddermeyer hatte 1832 betont, dass die Kirchen vor dem Bau von Erzbischof Bezelin (um 1040) aus Holz bestanden,[65] sodass es nicht verwundern muss, wenn Heuer eine kleine hölzerne Kirche im Bau zeigt. Das in Blockbautechnik dargestellte Kirchlein ist mit einem mittig sitzenden Dachreiter versehen und steht außerhalb der eigentlichen Befestigungsanlage.

Die Kirche wurde schon damals als Zeichen einer deutlichen Siedlungskontinuität verstanden, weil man annahm, dass an dem Ort des altsächsischen Siedlungsplatzes auch eine heidnische Kultstätte vorhanden war. So ist deshalb schon auf der Karte von Wohlers aus dem Jahr 1789 unter 6. ein „Opferplatz der alten heidnischen Bewohner" eingezeichnet. Auch unter den verschiedenen Szenen zur hamburgischen Geschichte, zu denen Heuer für das Hamburgische Gedenkbuch von Friedrich Clemens Gerke aus dem Jahr 1844[66] Lithografien anfertigte, gehört eine, die eine „Familie heidnischer Sachsen unweit des Opferplatzes an der Alster vor Begründung Hamburgs" zeigt. Das Standbild im Hintergrund scheint eine tierköpfige Gottheit anzudeuten. Dazu passend mutmaßt Gaedechens 1880: „Wahrscheinlich war der Ort aber auch der Verehrung heidnischer Gottheiten geweiht, denn die Erbauung einer christlichen Kirche und die Bevorzugung derselben lassen schließen, daß sich hier ein in besonderem Ansehen stehender Heidentempel befand. Wohlweislich setzten die alten Missionare die Kirchen an die Stellen der zerstörten Götzentempel und die Heiligen an den Platz der heidnischen Götter."[67] Sehr pointiert wird hier also die Überwindung der heidnischen Sachsen durch die christlichen Franken dargestellt.

Diese schematische Sichtweise ist wohl durch die ausschließliche Kenntnis schriftlicher Quellen hervorgerufen. Tatsächlich betrieb Karl der Große die Christianisierung Sachsens in den Sachsenkriegen zwischen 772 und 804 mit drakonischen Maßnahmen.[68] Inzwischen wissen wir, dass im Niederelbegebiet bereits ab dem letzten Viertel des 8. Jahrhunderts mit dem Aufbau eines zunächst zwar noch weitmaschigen Kirchennetzes begonnen wurde, dass die Missionierung aber intensiv ausgeübt und die Integration dieses Raumes vorangetrieben wurden. Trotzdem lässt sich an den Funden und Befunden des Gräberfeldes von Ketzendorf, vermutlich zum ehemaligen

Mosidigau gehörend,⁶⁹ ablesen, dass man sich nur zögernd dem neuen Glauben zuwandte.⁷⁰ So wurde die Forderung Karls des Großen, nur noch bei den Kirchen und nicht mehr bei den Grabhügeln der Heiden zu bestatten, erst mit einiger Verzögerung erfüllt. Für einen eindeutig belegten sächsischen Kultplatz fehlt im Bereich der Hammaburg bislang jeglicher Nachweis.

Auch die so oft geäußerte These, dass die Kirche des Bischofs Heridag, die Erzbischof Amalar von Trier spätestens 812 weihen ließ, in Hamburg zu lokalisieren sei, ist fraglich. Die Nachricht über die Kirche Heridags könnte auch mit der Pfarrkiche in Schenefeld zu verbinden sein.⁷¹ Später errichtete Ansgar eine „ecclesia miro opere", die 845 beim Wikingerüberfall zerstört wurde.⁷² Obwohl im Bereich der Befestigungsanlage auf dem Domplatz Pfostenstandspuren einer Holzkirche nachgewiesen wurden, die genau in der direkten Verlängerung der jüngeren Domfundamente und „somit eine ‚Fluchtkontinuität' zwischen der Nordwand des Domes aus dem 12. Jahrhundert und einer älteren, bisher nicht datierten Holzkirche bezeugen",⁷³ gehört diese Holzkirche vermutlich nicht in die Zeit Ansgars, sondern unmittelbar vor den Bau des Bezelin-Domes – das heißt in das 10./11. Jahrhundert. Wie eine solche Kirche aussah, zeigen die Befunde, die bei der Ausgrabung der Kirche in Tostedt, Kreis Harburg, zutage traten. Es handelt sich dabei um ein rechteckiges Gebäude mit eingezogenem Chor. Die Pfosten, die in Tostedt ähnliche Maße wie in Hamburg zeigen und auch in einem ähnlichen Abstand gesetzt wurden, deuten auf eine Rahmenkonstruktion, in der die senkrecht gestellten Planken einer Stabwand eingefügt waren.⁷⁴ Einen Dachreiter, wie auf der Lithografie von Heuer angenommen, hat es vermutlich nicht gegeben. Eher ist mit einem einzeln stehenden Pfosten zu rechnen, der die Läuteglocke trug.⁷⁵ Bemerkenswert ist, dass die Darstellung des Dachreiters von

In den für die Ausmalung des Rathaus-Festsaals entworfenen Darstellungen zur Christianisierung des Hamburger Gebietes hat Karl der Große ebenfalls seine Auftritte, obwohl ziemlich sicher ist, dass er nie bis hierher vorgedrungen ist. Vor dem Hintergrund der Elblandschaft überwacht bei Gustav Adolf Closs' Entwurf „Einführung des Christentums" (1899) der Kaiser das kniende, allseits von bewaffneten Kriegern umgebene Volk.

Heuer sich toposhaft bis in die 1970er Jahre bei der Rekonstruktion der hölzernen Marienkirche wiederfindet.⁷⁶

Der nächste Teil des Festzugs ist der „Einführung des Christentums" gewidmet. Dargestellt ist eine Prozession von Klerikern in Messgewändern, die ein Modell einer Kirche tragen. Danach folgt unter einem Baldachin Bischof Ansgar im Ornat. Am Schluss gehen die „ersten Handwerker Hamburgs". Ansgar als „Missionar des Nordens" spielt nicht nur für die Hamburger Stadtgeschichte, sondern für die gesamte Christianisierungsgeschichte Norddeutschlands und Skandinaviens eine gewichtige Rolle.⁷⁷ Über Ansgars Herkunft ist nichts überliefert. Bekannt ist, dass er als Waise in der Klosterschule in Corbie (an der Somme, etwa zwanzig Kilometer östlich von Amiens) aufwuchs, wo er bereits mit dreizehn Jahren die Tonsur empfing. Von 822 bis 826 wirkte er dann im Kloster Corvey an der Weser als erster Schulmeister und Volkserzieher.

Seine erste Missionsreise nach Dänemark erfolgte 826. Im Jahr 830/831 reiste er sogar bis nach Birka in Mittelschweden, worauf er 832 in Rom von Papst Gregor IV. zum Erzbischof ernannt wurde. Der Historiker und Geograf Adam von Bremen (gest. zwischen 1081 und 1085) schreibt dazu in der zwischen 1072 und 1076 entstandenen „Hamburgischen Kirchengeschichte" (I, 16): „Da freuten sich der Kaiser und seine Großen mit dem hl. Ansgar über die Errettung der Heidenvölker, und sie dankten Christus von Herzen. Dann hielt der fromme Caesar eine allgemeine geistliche Synode ab, bestimmte zur Verwirklichung der Pläne seines Vaters die nordelbische Stadt Hamburg zur Mutterkirche für alle Barbarenvölker, für die Dänen, Schweden, Slaven und andere Nachbarstämme ringsum, und zum ersten Erzbischof dieses Stuhles ließ er Ansgar weihen. Das geschah im Jahre des Herrn 832, dem 18. des Kaisers Ludwig, dem 43. des Bischofs Willerich von Bremen. Er empfing

Noch deutlicher ist der Hinweis auf den hinter der Christianisierung stehenden militärischen Druck auf dem Entwurf von Woldemar Friedrich, „Einführung des Christentums" (1899). Bischof und Mönche wenden sich dem berittenen Kaiser zu, dessen Krieger im Vordergrund gefesselte Heiden abführen, und auch die Aufmerksamkeit des Volks rechts ist weniger auf die Taufe als auf die Kämpfe und Gefahr andeutenden brennenden Gebäude und Schiffe gerichtet.

die Weihe durch Bischof Drogo von Metz, den leiblichen Bruder des Caesars; Bischof Otgar von Mainz, Ebo von Reims, Hetti von Trier und andere assistierten und leisteten Beistand, auch die Bischöfe Willerich von Bremen und Helmgaud von Verden, denen sein Sprengel vorher anvertraut gewesen war, erklärten ihr Einverständnis; Papst Gregor IV. erteilte kraft apostolischer Vollmacht durch Verleihung des Palliums seine Bestätigung." Zu betonen ist dabei, dass Ansgar nur persönlich als Erzbischof ernannt wurde und das Pallium erst 864 erhielt. Die Aufwertung war folglich an seine Person, nicht an den Ort gebunden.

Vorher kam es nach dem Tod Kaiser Ludwigs des Frommen 840 und der Reichsteilung von 843 zu einem Machtvakuum im Norden des fränkischen Reichs, das Wikingerscharen dazu nutzten, das nahezu ungeschützte westliche Frankenreich anzugreifen. 845 erfolgte auch ein Angriff auf Hamburg – gerade als sich Diözese und Mission „lobenswert und gottgefällig" entwickelten. Der Überraschungsangriff machte es unmöglich, Männer zur Verteidigung zusammenzuziehen, und so wurden Burg und Wik gründlich geplündert und gebrandschatzt. Die Kirche, der Klosterbau und kostbare Bücher wurden ein Raub der Flammen. Einzig die Reliquien des hl. Remigius und der Reimser Bischöfe Sixtus und Sinicius, Geschenke Ebos von Reims, konnten gerettet werden. Die Geistlichen zerstreuten sich auf der

Flucht, Ansgar selber entkam ohne Kutte nur mit größter Mühe. Zwar wüteten die Plünderer drei Tage, aber in dieser knappen Zeit können sie die Befestigungen kaum zerstört haben.[78]

Sicherlich bedeutete der Wikingerüberfall eine Zäsur in der Stadtgeschichte, aber die Siedlungskontinuität brach nach Ausweis der archäologischen Funde nicht ab. Problemlos hätte man das Kloster und die Kirche wieder aufbauen können, aber am 24. August 845 starb Bischof Leuderich von Bremen, und es bot sich an, sein Bistum mit dem Erzbistum Hamburg zusammenzulegen. Ab dem 1. Oktober 848 erfolgte eine formale Wiederherstellung der Diözese Hamburg und eine personale Verbindung mit Bremen.

De Bruycker präsentiert Ansgar und das ihm vorangetragene Dommodell nach dem Vorbild Bornemanns. Der Schutz der Prozession durch Krieger zeigt, dass Hamburg nicht ohne Kampf zum religiösen Zentrum des Nordens wurde. Hermann de Bruycker, Entwurf zum Festzug 1909, Bild 8: „Einführung des Christentums".

In der Folgezeit leitete Erzbischof Ansgar die Hamburg-Bremer Erzdiözese und sein Missionswerk von Bremen aus. Papst Nicolaus I. bestätigte 864 diese Vereinigung und erhob Hamburg zum erzbischöflichen Sitz, was voraussetzt, dass der zerstörte Dom in Hamburg wieder aufgebaut worden sein musste. Möglicherweise ist dies die Kirche, die wir mit den Pfostenstandspuren auf dem Domplatz fassen. In seinen letzten Lebensmonaten versuchte Ansgar, die so erreichte Organisationsform als Rückhalt der nordischen Mission politisch abzusichern. Hamburg stand dabei aber im Schatten. Als Ansgar 865 in Bremen verstarb, wurde er im dortigen Dom bestattet. Während der Ausgrabungen von 1973 bis 1976 entdeckte man zwar sein Grab, fand es aber leer. Wir wissen nicht, wie er ausgesehen hat.

Für den Festzug griff man auf Vorlagen zurück, die in Hamburg vorhanden waren. Dabei handelt es sich um ein Votivbild, das der 1457 verstorbene Leiter des Domkapitels, der Dompropst Johannes Middelmann, für den Dom stiftete und das Hans Bornemann (nachgewiesen in der Zeit von 1448 bis 1469; gest. vor 1474 wohl in Hamburg) um 1460 malte. Es zeigt den Heiligen mit Mitra und Pallium, der in der Hand ein Modell der Domkirche trägt.[79] Sehr ähnlich sieht auch eine Holzskulptur aus, die aus dem Umkreis der Werkstatt von Bernt Notke stammt und um 1480/83 entstand.[80] Der Mariendom wird dabei in seiner zeitgenössischen gotischen Gestalt dargestellt. Genau diese Form erhielt er auch für den Festumzug in Hamburg. Die Figur Ansgars im Festzug orientiert sich sehr deutlich an den hochmittelalterlichen Vorbildern. Die Missionierung des Nordens, mit Ansgar als hochstilisierter Leitfigur, wird hier extrem verkürzt dargestellt. Von Hamburg aus wurde, aus der Sicht des frühen 20. Jahrhunderts, die Christianisierung Nordeuropas betrieben. Mehr noch, von Hamburg aus wurde gleichsam die Zivilisation in die heidnische Welt getragen, wobei nationale Untertöne nicht fehlen durften. So fand das

In Hans Bornemanns Votivtafel mit dem heiligen Ansgar (um 1460, St. Petri, Hamburg) kniet der Dompropst Johan Middelmann als Stifter des Bildes vor dem heiligen Ansgar, dem ersten Bischof von Hamburg, der als „Apostel des Nordens" galt. Ansgar präsentiert ein Modell des Hamburger Doms, wie es der Architektur einer späteren Bauphase entspricht und fortan zum Vorbild für alle historisierenden Ansgar-Darstellungen wurde.

Bundesschießen an einem Ort statt, wo „einst Ansgar sein bescheiden Kirchlein baute und sich glücklich schätzte, deutsche Kultur ins Slavenland tragen zu dürfen […]."⁸¹ Aus heutiger Sicht ist dies mit deutlicher Skepsis zu betrachten, denn nach dem Überfall der Wikinger 845 und dem Rückzug Ansgars nach Bremen fanden zwar noch Missionsreisen statt, und es kam auch zur Gründung von Kirchen in Haithabu, Ribe und Birka, aber trotzdem muss die fränkische Mission in der zweiten Hälfte des 9. Jahrhunderts zunächst als gescheitert angesehen werden. Noch war die heidnische Gegenbewegung zu stark, als dass sich das Christentum hätte durchsetzen können.⁸²

Wikingerschiff – die Seemacht Hamburg in den Anfängen

Der Überfall und die Zerstörung des Missionsstützpunktes und der Siedlung durch die Wikinger im Jahr 845 stehen, obwohl eher eine Zäsur für die Missions- als für die Siedlungsgeschichte, auch heute noch weitaus stärker im Blickpunkt des Interesses als beispielsweise die Zerstörung der Stadt durch die Slawen in den Jahren 1066 und 1072. Dies mag daran liegen, dass dieses Ereignis so detailreich, einprägsam und ausführlich in der Vita Anskari erzählt wird und dadurch schlaglichtartig in einem besonderen Licht erscheint. Nun war der eigentliche Kampf um die Hammaburg, wie auch die Entwürfe von Hieronymus Christian Krohn und Paul Düyffcke für die Ausmalung des Rathaussaals 1899 erkennen lassen, schwer zu visualisieren. In jedem Fall wollte man im Jahr 1909 aber auf die Wikinger als Motiv im Festzug nicht verzichten, weshalb ein Wagen als „Wikingerschiff" gestaltet wurde. Neben dem Bezug zum Jahr 845 wird mit diesem Motiv allegorisch zugleich der Anspruch Hamburgs als frühe Seemacht deutlich herausgestellt. Hierzu heißt es im Reimkommentar:⁸³

In Paul Düyffckes Entwurf „Einführung des Christentums" von 1899 für den Rathaus-Festsaal ist ein jugendlicher Kaiser in der traditionellen Haltung des weisen Richters mit voreinandergestellten Beinen, das Schwert über die Knie gelegt, der Mittelpunkt. Neben der Predigt links spielt die rechte Szene auf einen Überfall von Burg und Kirche an, der wohl als Überfall der Wilzen 810 auf Höhbeck gedeutet werden muss, das nach der einheimischen Überlieferung mit Hamburg identifiziert und 811 angeblich von Karl dem Großen wieder aufgebaut wurde.

Nun dämmert schon das Frührot jener Sonne,
Die heut' bis zu den fernsten Häfen strahlt,
Es lockt des Meer's geheimnisvolle Wonne,
Die Reiz und Zauber fremder Zonen malt.
Wikinger sind's, die frisch mit keckem Wagen,
Dem Dämon Ozean sich anvertraut.
„Wikingerschiff!" Die Seemannsherzen schlagen
Noch heut' bei diesem meerumrauschten Laut.
Und daß sie nicht vergeblich nordwärts fuhren,
Zeigt der gefangenen Nomaden Schaar;
Des Märchentiers gigantische Konturen
Stellt die Romantik jener Zeiten dar.

Die romantischen Vorstellungen sind besonders im Wikingerschiffmotiv gut zu erkennen, wobei die Meerjungfrau vor dem Bug des Schiffes als schaumgeborene Aphrodite ebenso Anklänge an antike Motive erkennen lässt wie die gemalten Delfine an den Seitenbannern. Insgesamt ist das Schiff gut getroffen, wenngleich der Ausguck am Mast schiffsarchäologisch nicht belegt ist. Wie ein Wikingerschiff aussah, war damals durchaus bekannt. Schon 1867 stieß man bei Ausgrabungen eines Grabhügels in Tune (Rolvsøy in Østfold, Norwegen) auf ein Schiff, das zur reichen Grabausstattung eines Mannes gehörte. Auch wenn die restlichen Grabbeigaben nicht erhalten sind und das um 900 zu datierende Schiff damals nur sehr stark beschädigt geborgen werden konnte, ist das Tune-Schiff in die Literatur eingegangen. In die gleiche Zeit gehört das in Gokstad (Sandefjord, Provinz Vestfold, Norwegen) im Jahr 1880 geborgene Langschiff. Der dort bestattete, zirka sechzigjährige Mann lag in seinem Bett in einer hölzernen Grabkammer. Das über der Grabkammer liegende, aus Eiche gebaute Schiff ist 24 Meter lang und fünf Meter breit. Es bot damit 32 Ruderern Platz. Das seitlich angebrachte Steuerruder konnte im flachen

Der Überfall der Wikinger im Jahr 845, der die junge Gründung fast völlig zerstörte, galt als eines der einschneidenden Ereignisse der hamburgischen Geschichte. Im Festzug von 1909 stand jedoch nicht das Schicksal der geplünderten Stadt im Mittelpunkt, sondern ein malerisches, weitgehend sogar der Realität entsprechendes Schiff mit einem von romantisierenden Geschichtsvorstellungen geprägten Meeresfabelwesen und den Mannen des Seekönigs. Hermann de Bruycker, Entwurf zum Festzug 1909, Bild 9: „Wikingerschiff".

Wasser hochgeklappt werden. Außenbords hingen zu beiden Seiten jeweils 32 hölzerne Schilde, die schwarz und gelb angemalt waren.

In der Reihe der ergrabenen Wikingerschiffe ist allen voran das sogenannte Osebergschiff zu nennen, das in Oseberg (bei Tønsberg, Provinz Vestfold) am Oslofjord im Jahr 1904 freigelegt wurde. Das zwischen 815 und 820 erbaute Eichenholzschiff ist 21,58 Meter lang und 5,10 Meter breit. Die zum Grabinventar der darin bestatteten norwegischen Fürstin gehörenden dreißig Ruder lassen erkennen, dass das Schiff nicht nur gesegelt, sondern auch gerudert werden konnte. Bug und Heck des Schiffes sind prächtig im typischen Tierstil verziert, was darauf hindeutet, dass das Osebergschiff offensichtlich als königliches Schiff diente, mit dem die Küstenregion besegelt werden konnte.[84]

Auch wenn das heutige Schiffsmuseum (Vikingskipshuset) in Bygdøy in Oslo, in dem die drei Schiffe präsentiert werden, teilweise 1926/1932 beziehungsweise endgültig erst 1957 fertiggestellt wurde, wurden die Schiffe zunächst vorübergehend in Gebäuden der Universität Oslo aufbewahrt und dort gezeigt.[85] Das Gokstad-Schiff, obwohl nicht so aufwendig gestaltet, galt als das seetüchtigste von den dreien und wurde nachgebaut. Die Kopie segelte im Jahr 1893 anlässlich der Weltausstellung in New York und Chicago von Bergen nach New York, was angesichts der Tatsache, dass die Ausstellung des 400. Jahrestages der Entdeckung Amerikas durch Kolumbus gedachte, sicherlich einige Aufmerksamkeit verbuchen konnte. In jedem Fall war man sich in Hamburg über die Gestaltung eines Wikingerschiffes für den Festzug im Klaren – auch wenn sich die Plankengänge des Schiffes nicht so elegant zum Bug hin hochschwingen und das Steuerruder fälschlicherweise mittig am Heck angebracht war.

Etliche Ausgrabungen in Norwegen hatten dafür gesorgt, dass um 1900 bereits bekannt war, wie ein Schiff der Wikingerzeit tatsächlich ausgesehen hatte. Das 1880 aus einer Grabkammer in Gokstad geborgene Langschiff segelte als Nachbau 1893 zur Weltausstellung nach New York. Hans Bohrdt, „Das Gokstad-Schiff vor New York", 1893.

Von der gräflichen Burg zur selbstständigen Stadt

Schwieriger für die Gestalter des Festzugs war die Darstellung der Gründung der selbstständigen Stadt. Dazu rückte Hermann de Bruycker den Sachsenherzog Bernhard II. (geb. nach 990, gest. 1059) in den Blickpunkt. In Ermangelung geeigneter Bildquellen gestaltete er zum einen Träger, die das Modell einer wehrhaften steinernen Burg mit trutzigem Burgfried und angrenzenden Gebäuden schultern, zum anderen Männer, die einen großen Findling – den Grundstein – auf einem kleinen Karren transportieren. Die Gruppe wird von bewaffneten Rittern eskortiert.

Die Bautätigkeit des Herzogs ist durch Adam von Bremen deutlich belegt. Dieser schreibt, dass, herausgefordert durch die neuen Bauten des Erzbischofs Bezelin, der ein steinernes Gebäude mit festen Türmen und Bollwerk errichtete, auch der aus dem Hause der Billunger stammende Bernhard, der in Nordelbingen begütert war und als reich und mächtig galt, ein festes Haus erbauen ließ. „So stand nach dem Wiederaufbau des Ortes auf der einen Seite des Domes die Bischofspfalz, auf der anderen die Hofburg des Herzogs."[86] Von dieser vermutlich zwischen 1035 und 1043 fertiggestellten Burg wurden beim Bau des neuen Rathauses an der Südwestecke des heutigen Rathausmarktes 1888 Reste entdeckt, die Ernst Heinrich Wichmann als Fundamente der Alsterburg identifizierte. Wie diese ausgesehen hat, wissen wir nicht. Das Fundament bestand aus einem Pfahlrost von 14 Metern im Quadrat, auf dem Feldsteine lagen, die Mauerzüge von vier Meter Stärke bildeten. Da die damals geborgenen Funde nicht mehr erhalten sind, ist die Datierung dieser Anlage schwierig. Bedeutsam ist, dass die Zwischenräume der Feldsteine mit Ziegelsteinbrocken ausgefüllt waren. Da der Backsteinbau für Norddeutschland erst für das 12. Jahrhundert belegt ist, kann der Bau nicht in das 11. Jahrhundert gehören. Allerdings wissen wir durch die Schilderungen des Pfarrers Helmold (vor 1125–nach 1177), in seiner 1162–1172 verfassten Slawenchronik, dass die Burg 1126 durch die Frau des Grafen Adolf I. von Schauenburg, der inzwischen als Lehnsmann der Welfen das Erbe der Billunger übernommen hatte, erneuert wurde. So kann es sich hier nur um den Nachfolgebau handeln, der allerdings wiederum 16 Jahre später durch Truppen Heinrichs von Badewiede zerstört wurde. Dass diese Burg an der gleichen Stelle wie der Vorgängerbau stand, kann vermutet, aber nicht zweifelsfrei belegt werden. Sicher ist dagegen, dass sich mit der Alsterburg erstmals der Typ der rechteckigen Turmburg in Norddeutschland nachweisen lässt.[87] Dieser Burgentyp wird dann in späteren Bauten wie Neuwerk und Ritzebüttel weitere Verbreitung finden.

Adam von Bremen berichtet weiter, dass der Herzog um 1066 seine alte Turmburg aufgab und sich eine neue Festung zwischen

Die Gründung der Neuen Burg war die eigentliche Geburtsstunde der künftigen florierenden Handelsstadt. Über das Aussehen der Neuen Burg ist bis heute nichts Genaues bekannt; die Chroniken berichten lediglich von einem „festen Haus", wodurch sich auch der Künstler zu seinem Modell für den Festzug von 1909 inspirieren ließ. Die Gruppe mit dem Anfang der „Schiffsparade" weist auf die damit beginnende Entwicklung des Hafens hin. Hermann de Bruycker, Entwurf zum Festzug 1909, Bild 10: „Herzog Bernhard II. und Entstehung des Hafens".

Alster und Elbe errichten ließ.[88] Folgt man der Chronologie Adams, kann es sich bei diesem Herzog jedoch nicht, wie im Festzug ausgewiesen, um Bernhard II. handeln, sondern nur um seinen Sohn, Herzog Ordulf (gest. 1072). Zu dieser Zeit war Bernhard II. bereits fünf Jahre tot, und die Kämpfe mit den Slawen waren neu aufgelebt. Im Jahr 1909 gab es zwar schon Vorstellungen, wo die Neue Burg zu lokalisieren sei, die durchaus richtig waren, über das Aussehen ließen sich jedoch keinerlei Aussagen machen. Erst im Winter 1953/54 wurde jenseits der Alsterfurt eine Ringwallbefestigung entdeckt, die auf der in die Alster hineinragenden Landzunge liegt, die heute im Osten mit der halbkreisförmig am Ufer des Nikolaifleets gelegenen Straße mit dem alten Namen „Neue Burg" abschließt. Es handelt sich hierbei um einen ovalen Ringwall von etwa 100 Meter Innendurchmesser, der an seiner Sohle 15 bis 17 Meter breit war. Riesige Holzmassen mussten für diesen an seinen Außenseiten aus Baumstämmen geschichteten Wall herangeschafft werden. Grobe Schätzungen belaufen sich auf etwa 50 000 Holzstämme, 300 000 Heideplaggen und fast zwei Millionen Marschsoden, die für den Bau Verwendung fanden. Im Inneren des Walles oder, insofern die bis in die frühe Neuzeit erhaltene Parzellenaufteilung als Hinweis auf eine frühere Rundform der Holz-Erde-Burg gewertet werden kann, in unmittelbarer Nähe wird eine Turmburg bestanden haben.[89] Darauf deuten die tief liegenden, 1845 bei dem Neubau der Nikolaikirche freigelegten Fundamentreste aus Feldsteinen und Pfahlrosten der mittelalterlichen Nikolaikirche, die hier 1195 gegründet wurde. Inwieweit die Turmburg möglicherweise im Kirchturm der später an dieser Stelle erbauten Nikolaikirche fortlebt, kann nicht entschieden werden.

Die Burganlage hat vermutlich den Slawenüberfällen von 1066 und 1072 standgehalten und wurde, nach dem Tod Ordulfs, Sitz des Grafen Heinrich und dessen Sohns Gottfried, die sich Grafen von Hammaburg nannten. Im Jahr 1111 wurden die Grafen von Schauenburg mit Stormarn und Holstein belehnt. Es sollte aber noch bis 1188 dauern, bis unter den Schauenburgern ein erneuter Ausbau des Areals stattfand. Auf diese sogenannte Neustadt bezieht sich dann auch das berühmte Barbarossa-Privileg mit dem Ausstellungsdatum 7. Mai 1189. In dieser für Hamburg so wichtigen Urkunde garantiert der Kaiser den Siedlern der Neustadt unter anderem freie Schifffahrt auf der Elbe von Hamburg bis zur Mündung sowie die Freiheit von Heeresfolge und Landesverteidigung. Gerhard Theuerkauf konnte nachweisen, dass inhaltliche Bestandteile und die Zeugennamen am Ende des Barbarossa-Privilegs ebenso zweifelhaft sind wie das aufgeführte Datum. Das gesamte Schriftstück stammt vermutlich aus der Zeit zwischen 1225 und 1226.[90] Die Altstadt zog daraus insofern Nutzen, als die für die Neustadt geltenden Rechte auch hierher übertragen wurden.

Da die bisherigen archäologischen Untersuchungen nur drei Wallschnitte und nicht das Innere des Burgwalles umfassten, lässt sich über das reale Aussehen der Burg nicht viel sagen. Auch das Fundgut ist noch nicht ausgewertet. So ist dieser exponierte Platz mit sehr vielen Interpretationsmöglichkeiten behaftet. Möglicherweise befinden sich an dieser Stelle noch ältere Siedlungsschichten des 9. und 10. Jahrhunderts.[91] Dies spielte jedoch für den Festzug von 1909 keine Rolle. Hier ging es um die stolze Darstellung der Stadt. Selbstbewusst und repräsentativ – so wollte man die Anfänge der selbstständigen Stadt sehen und vermitteln.

Die Hanse und Störtebeker

Was mit der Darstellung des Wikingerschiffes bereits anklang, setzte sich mit den folgenden Bildern des Festzugs weiter fort, nämlich die Entwicklung des für Hamburg so elementar wichtigen Hafens. Der Reimkommentar lautet dazu:[92]

*Jetzt war es an der Zeit, ein Heim zu schaffen
Für fremde Schiffe, die als Gäste nah'n
Mit frischem Mut, mit Gold und Geisteswaffen
Schickt Hamburg sich zum Riesenwerke an.
Den Sendlingen aus aller Herren Länder
Eilt's Schutz zu bieten, Rast und festen Hort.
So wird Hammonia zum Segenspender,
Wer hier die Anker wirft, hat sichern Port.*

Dazu wurden von Schiffern und Seeleuten verschiedene Schiffsmodelle getragen. Beginnend mit dem ältesten und kleinsten Schiff, das mit seinem drachenköpfigen Steven noch deutlich an die Wikingerschiffe erinnert, erstreckt sich die Folge über sechs Modelle bis hin zu hochbordigen, mehrmastigen Schiffen. Im Sinne einer typologischen Reihe werden die Schiffe immer größer und komplizierter. Dabei sind besonders die älteren drei Schiffstypen, aus Ermangelung geeigneter Vorlagen, nicht gut getroffen. Das erste Drachenschiff zeigt neben dem überdimensionierten Drachenkopf am Bug zudem noch eine eigenwillige geschweifte Heckgestaltung. Das zweite Schiff soll wohl einen zweimastigen Holk des 15. Jahrhunderts darstellen. Dazu fehlen ihm jedoch das entsprechende Bug- und Heckkastell. Auch das dritte Schiff, offensichtlich eine Kogge des 14. Jahrhunderts, zeigt zwar die charakteristische Form, es fehlen aber die typischen starken Querbalken, deren Enden außen aus der Bordwand herausragen. Etwas genauer dargestellt, aber immer noch stark stilisiert, sind die jüngeren Schiffstypen, nämlich eine um 1500 zu datierende Karacke, eine schwer bewaffnete Galeone der Zeit um 1550 sowie zuletzt eine weitere Galeone, die bereits dem 17. Jahrhundert angehört. Die sehr repräsentative Abfolge von Schiffen symbolisierte nicht nur, welche Bedeutung der Hafen für die aufstrebende Hansestadt hatte, sondern versinnbildlichte zugleich das Wachsen der Stadt – ohne dass auch nur ein Bild oder ein Modell der Stadt gezeigt worden wäre. Trotzdem hatten mittelalterliche Häuser beim Fest zum Bundesschießen 1909 einen festen Platz. Zwar waren in Hamburg nach den tief greifenden Veränderungen des 19. Jahrhunderts infolge des Brandes von 1842 fast alle Fachwerkhäuser des 15. und 16. Jahrhunderts verschwunden, aber der Festzug führte zum Abschluss auf die Festwiese, die von Oberingenieur Sperber und Baumeister Goebel als mittelalterliche Stadt gestaltet war.[93] So zogen die Darsteller durch ein großes, bogenförmiges Tor mit Wehrgang, um dann auf dem eigentlichen Festplatz weitere mittelalterlich anmutende Bauten vorzufinden – so die riesige (100 mal 30 Meter!), durch einen Turm bekrönte Hauptfesthalle, den wie ein romanischer Kreuzgang gestalteten Schützenehrenhof oder das sogenannte, mit zwei Ecktürmen und vorgeblendetem Laubengang versehene „Bratwurstglöck-

Diese offizielle Postkarte vom 16. Deutschen Bundesschießen in Hamburg 1909 zeigt den Haupteingang der Festhalle. Das Mittelalter war für die Träume von einer großen Vergangenheit für die Zeit um 1900 die beliebteste Epoche. Da Hamburg in seinem Stadtbild aber kaum noch mittelalterliche Bauten vorweisen konnte, wurde die Festwiese mit Hallen und Restaurants als mittelalterliche „Stadt" inszeniert, in der die Gotik wieder auferstand, die in Norddeutschland speziell als Stil der Hansezeit empfunden wurde.

lein". Hier ließ man das Mittelalter, das ansonsten von der „Freien und Abrissstadt Hamburg"[94] vor allem mit dem Ausbau des Hafens und der Errichtung des Freihafengebietes überall vehement und nahezu systematisch im Stadtbild ausgemerzt worden war, noch einmal in romantischer Verklärung hochleben. Zwar hatte man noch 1888 bei der Erbauung der Straßenbrücke über die Norderelbe die beiden Brückenenden als mittelalterliche, in Backstein ausgeführte Stadttore gestaltet, die den Eingang zur Stadt symbolisieren sollten,[95] ansonsten hatte man sich nach der Jahrhundertwende, im Zuge der radikalen Modernisierung der Innenstadtviertel, eher einem deutlich zeitgemäßeren Baustil zugewandt.[96] Trotzdem war der Rückgriff auf die Backstein- und Fachwerkarchitektur im Zuge der Festlichkeiten des Bundesschießens durchaus gewollt, verband sich doch hiermit geradezu das Fundament der traditionsreichen Hansestadt. Zugleich hatte sich bereits seit 1871 die Auffassung von der Hanse als Städtebund – als „Hansabund" – mit kräftig deutsch-nationalen Tönen verbreitet. Hinzu kam, dass mit der Reichsgründung ein patriotischer Gegenwartsbezug spürbar wurde, der das Thema „Die Hansa als deutsche See- und Handelsmacht" mit der von Kaiser Wilhelm II. angestrebten Wiederherstellung der alten deutschen Seegeltung verknüpfte.[97]

In diesem Zusammenspiel verwundert es nicht, dass neben den Schiffsmodellen als Symbol des wachsenden Hafens, der Prosperität des Handels und des Wagemuts auch bestimmte historische Persönlichkeiten im Festzug des Bundesschießens anzutreffen waren. Zu Heroen hochstilisiert standen sie für die prägenden und unbedingt einzuhaltenden Werte der alten Hansestadt. Explizit genannt werden Ditmar Koel (1500–1563), der als Kapitän ein erfolgreicher Seeräuberjäger und von 1548 bis 1563 Bürgermeister von Hamburg war; Berent Jakobsen Karpfanger (1622–1683), Kapitän des hamburgischen Konvoischiffes „Wapen von Hamburg I", das die Handelsschiffe der Hansestadt vor den Piraten der nordafrikanischen Barbareskenstaaten schützen sollte; sowie Albert Krantz, Historiker, Theologe und Rechtswissenschaftler. Krantz wurde Professor und 1482 Rektor der Universität Rostock und erlangte auch akademische Grade in Mainz und Perugia. 1493 kehrte er nach Hamburg zurück und wurde dort 1508 Domdekan. Besondere Bedeutung hat er als „Geschichtsschreiber des Nordens" für die Geschichte Niedersachsens, Skandinaviens und Osteuropas, insbesondere für deren Kirchengeschichte.

Eine der schillernden Figuren in diesem Zusammenhang ist Klaus Störtebeker,[98] dem im Festzug sogar ein eigener Wagen gewidmet wurde. Der selbst heute noch als „Robin Hood der Nord- und Ostsee"[99] angesehene Kaperfahrer dient hier als „Antiheld", denn seine Gefangennahme steht für die durchsetzungsstarke und erfolgreiche Seemacht Hamburg. Der Reimkommentar lautet dazu:[100]

Der Jugend Herz schlägt auf in hellen Schlägen,
Ein Stück Romantik naht mit Sang und Klang;
Dem alten Störtebecker gilt es, der verwegen
Als Mordgesell vor Hamburgs Tore drang.
Die Zeit enthüllt sich dämmerhaft den Blicken,
Da friesischer Piraten kecke Schaar,
Nach Beute lüstern, dicht vor Hamburg rücken,
Das lange Spielball ihrer Willkür war,
Bis endlich an der Helgoländer Düne
Hamburger Tüchtigkeit den Sieg erstritt.
Wir seh'n im Geiste, wie so mancher Hüne
Am Galgen dann schmachvollen Tod erlitt.

Angelehnt an das zum 300. Jahrestag der Hinrichtung irrtümlich im Jahr 1701 statt 1700 herausgegebene Flugblatt[101] werden der gefangene Störtebeker und seine Gesellen vom Rat, Bürgermeister Nikolaus Schoke und Ratsherr Hinrich Jeneveld, dem Henker und weiteren Bewaffneten in einem Triumphzug durch die Stadt geführt. De Bruycker zeigt in seinem Entwurf Störte-

Die Gefangennahme Störtebekers war als Bild im Festzug von 1909 natürlich unvermeidlich. Das Schiff des Seeräubers bot den entscheidenden Blickfang – im Gegensatz zu den zu Fuß daherkommenden gefesselten Piraten. Störtebekers Gestalt folgt ganz dem vermeintlichen Porträt, das zu Beginn des 16. Jahrhunderts entstand und seit Ende des 17. Jahrhunderts als Konterfei Störtebekers bezeichnet wurde. Tatsächlich stellt es den Vertrauten Maximilians I., Kunz von der Rosen, dar. Hermann de Bruycker, Entwurf zum Festzug 1909, Bild 12: „Störtebekergruppe".

beker mit Halsring und einem geschlitzten Gewand und orientiert sich durch die Kleidung sehr deutlich an dem populären Stich des Augsburger Kupferstechers Daniel Hopfer aus dem 16. Jahrhundert. Der immer wieder in Ermangelung eines anderen Bildnisses benutzte Stich gibt allerdings gar nicht den berühmten Piraten, sondern Kunz von der Rosen wieder, der ein enger Vertrauter Kaiser Maximilians I. war.[102]

Auch Störtebekers Schiff, geentert, mit gebrochenem Mast und zerrissenen Segeln in den Hafen geschleppt, geriet zu einem Theaterrequisit. Hatte de Bruycker in seinem Entwurf zumindest ansatzweise die richtige Gestalt eines Holk getroffen, wenngleich das Rettungsboot am Heck in keiner Weise der historischen Realität entspricht, ließ man für den Festzug zwar das Rettungsboot weg, stattete aber das Schiff nun mit einem Kanonendeck und geöffneten Geschützluken aus – ein mittelalterliches Schlachtschiff sozusagen. Nun waren bereits, neben den geläufigen Fernwaffen wie Armbrust und Langbogen, seit 1384 erste Feuerwaffen auf Koggen zum Einsatz gekommen,[103] ansonsten sind jedoch auf den Schiffen des 14. Jahrhunderts mit den „schießenden Werken" überdimensionale Armbrüste oder einfache Wurfmaschinen, sogenannte Bliden gemeint. Auch führte man bereits 1385 beim Kampf gegen Seeräuber „Donnerbüchsen" mit.[104] Jedoch lernte man erst im Laufe des 15. Jahrhunderts, dass schwere Geschütze Takelage und Rumpf des gegnerischen Schiffes bereits aus der Ferne stark beschädigen konnten. Die Erfindung der verschließbaren Stückpforten, die ab 1493 belegt sind, und der Aufstellung

Die verschiedenen Stationen des Kampfes gegen Störtebekers Vitalienbrüder waren seit Langem ein beliebtes Thema der Illustrationen zu Hamburgs Geschichte. Während Wilhelm Heuer für seine Lithografie „Störtebekers Gefangennahme" von 1842/1844 die Szene des Siegs vor Helgoland mit einem derangierten, aber wild blickenden Störtebeker wählt (Bild links), schreitet der Gefangene bei Carl Gehrts' „Einbringung Störtebekers in Hamburg" von 1877 in gepflegter Gewandung im Hamburger Hafen vom Schiff (Bild oben). Das Vorbild des angeblichen Porträts ist in beiden Darstellungen unverkennbar.

von Kanonen im Batteriedeck, eröffnete eine neue Dimension im Seegefecht.[105] Um eine realistische Darstellung der Vitalienbrüder ging es im Festzug jedoch keinesfalls. Versatzstücke des sagenhaften Nachlebens Störtebekers wurden hier zu einem Bild komponiert, das eine romantische, abenteuerliche Geschichte erzählte. Das stark bewaffnete Schiff sollte deutlich machen, wie mächtig der Feind gewesen war, der überwunden wurde. Diese Aussage steht damit in direkter Beziehung zu dem mahnenden Fingerzeig, der sich aus der Inschrift auf dem Grabstein des größten Hamburger Seehelden und Störtebeker-Jägers, Simon von Utrecht,[106] herauslesen lässt: „Hier siehst Du die Gebeine des Bürgermeisters Simon ruhen. Möge die Nachwelt den tapferen Taten unserer Vorfahren nacheifern, damit die Ehre der Stadt nicht falle."[107]

Das Störtebekermotiv findet sich auch bei den Entwürfen von 1898 für die Ausmalung des großen Festsaals im Hamburger Rathaus. Friedrich Geselschap lässt zum einen das wilde Kampfgetümmel vor Helgoland lebendig werden, zum anderen visualisiert er den Zug der gefangenen Seeräuber, die, mit Trommlern und Pfeifern an der Spitze, in die Stadt hineingeführt werden (Abb. S. 30/31). Damit steht der Entwurf dem bekannten Störtebeker-Flugblatt von 1701 nahe, auf dem ebenfalls zeitlich hintereinanderliegende Ereignisse gleichzeitig dargestellt sind. Zudem finden sich dort auch ähnliche Bildelemente wie das Seegefecht und der von Musikanten angeführte Zug der Gefangenen. Schon 1877 hatte Carl Gehrts das von Wilhelm Heuer bereits für das zwischen 1842 und 1844 von Friedrich Clemens Gerke herausgegebene Gedenkbuch in einer Lithografie verarbeitete Thema „Störtebekers Gefangennehmung im Seetreffen bei Helgoland" wieder aufgenommen. Seine Zeichnung mit dem Titel „Einbringung des Seeräubers Klaus Störtebeker in Hamburg", nach der auch kolorierte Holzschnitte gefertigt wurden, zeigt den Moment, in dem der gefesselte Störtebeker vom siegreichen Hamburger Schiff über eine Planke an Land gebracht wird. Das grimmige Gesicht des Seeräubers trägt dabei die Züge des bekannten Porträts des Kunz von der Rosen.

Für den Entwurf für die Ausmalung des Rathaussaals von 1898 hat Gehrts das Motiv weiterentwickelt (Abb. S. 30). Er verlegte das Geschehen unmittelbar in den alten Hafen am Nikolaifleet, wo sich der Kran, die im Bild extra ausgewiesene Waage und das Niedergericht befanden. Störtebeker wird mit auf dem Rücken gefesselten Händen über eine Planke an Land gebracht. Der strahlende Sieger, Simon von Utrecht, wird vor versammeltem Volk begrüßt. Bei aller Detailgenauigkeit der dargestellten Personen, der abreisenden Seefahrer, der exotischen Kaufleute, der amtierenden Ratsmänner bis hin zu den fasziniert-neugierigen Frauen im Hintergrund, hat Gehrts nicht bedacht, dass nur Schiffe mit legbarem Mast unter die Hohe Brücke in das Nikolaifleet einfahren konnten. Die großen Koggen und Holks mussten außerhalb der Stadt festmachen. Nur kleineren Schiffen war die direkte Einfahrt möglich. Die Gefangenen hätten also umgeladen und mit einem deutlich kleineren Schiff in die Stadt gebracht werden müssen – was allerdings bei Weitem nicht so imposant darstellbar gewesen wäre. In der Übersteigerung der damaligen geschichtlichen Ereignisse wird Geschichte hier zum lebendigen Mythos, der zugleich eine identitätstiftende Funktion hatte. So schreibt der aus Livland stammende Julius von Eckardt (1836–1908) mit den Augen eines „Butenminschen" in seinen postum erschienenen Lebenserinnerungen: „Das hamburgische Gemeinwesen stellte sich allenthalben als so altbegründet, so festgefügt und so eigentümlich beschaffen dar, daß darüber nur mitreden durfte, wer über die geschichtlichen Grundlagen und den Gang seiner Entwicklung einigen Bescheid wußte."[108] Geschichtsmythen dienten dabei als Vorbild für das menschliche Verhalten und verliehen dem eigenen Dasein Bedeutung und Wert.

Der sündige Stadtteil.
Der Ruf St. Paulis und seine Entstehung

Ortwin Pelc

Es gibt weltweit wohl kaum eine Stadt, bei deren Nennung vielen Menschen als Erstes und mitunter Einziges einer ihrer Stadtteile einfällt – und noch dazu ein Vergnügungsviertel. Zwar hat London sein Soho, und auch andere Großstädte besitzen Vergnügungsviertel, diese machen aber nur einen kleinen Teil des Rufs dieser Städte aus. Dagegen werden Hamburg und St. Pauli mit der Reeperbahn – zumindest außerhalb der Stadt – oft in einem Atemzug genannt. Diesen Ruf besitzt St. Pauli nicht erst durch die Filme und Lieder von Hans Albers. Bereits zu Beginn des 20. Jahrhunderts hatte dieser Stadtteil seinen hohen Bekanntheitsgrad erreicht. Im Jahr 1907 schrieb Alfred Müller-Förster, der Dramaturg des Ernst-Drucker-Theaters (heute: St.-Pauli-Theater), den Text des Liedes „Auf der Reeperbahn nachts um halb eins". Der Text fiel dem Komponisten Ralph Arthur Roberts in die Hände, der gerade am Neuen Operetten-Theater probte, und er komponierte dazu eine Walzermelodie. Das Lied wurde erstmals 1911 in der Revue „Rund um die Alster" öffentlich gesungen und geriet zu einem solchen Erfolg, dass es seitdem als eine Art Hymne von St. Pauli gilt.[1] Der damalige Ruf des Stadtteils beruhte allerdings nicht nur auf den Vergnügungen „nachts um halb eins", er hat vielfältigere Ursachen, die im Folgenden untersucht werden sollen.

Vergnügungsstätte vor den Toren

Eine der Ursachen für die Sonderrolle St. Paulis als Stadtteil und Vergnügungszentrum ist seine Lage und historische Entwicklung zwischen den beiden Städten Hamburg und Altona. Die Hamburger Wallanlagen aus den 1620er Jahren und die Große Freiheit gleich hinter der Stadtgrenze des benachbarten dänischen Altona lagen etwa 800 Meter voneinander entfernt. Dieses Gebiet, der Hamburger Berg, gehörte seit dem Mittelalter zum Hamburger Landgebiet und besaß einen eigenen Rechtsstatus. Aufgrund der geringen Entfernung zwischen den beiden Städten herrschte hier reger Verkehr. Am nahen Elbufer entstanden Tranbrennereien und Ölmühlen, Seilmacher legten schon im 17. Jahrhundert zwischen Hamburg und Altona ihre langen Reeperbahnen an. Außerhalb der Stadtmauern mussten sich Gewerbe ansiedeln, die in der Stadt nicht gern gesehen wurden oder zu viel Platz beanspruchten. Der hiesige, 1797 eingerichtete Krankenhof ging aus dem Pesthof von 1605 hervor, ebenfalls eine Institution, die nicht innerhalb der Stadtmauern erwünscht

Im Festzug von 1909 erschien St. Pauli bewusst als harmloses Vergnügungsviertel, mit „Trichter", „Elisium-Theater", dem Kasperle-Theater vom Spielbudenplatz, einem Moritatensänger sowie Händlern und Gauklern. Hermann de Bruycker, Entwurf zum Festzug 1909, Bild 18: „St. Pauli mit Kasperle-Theater".

war. Für die Bewohner des Hamburger Bergs wurde bereits 1682 eine eigene Kirche, St. Pauli, gegründet, die allerdings zur Hauptkirche St. Michaelis in der Hamburger Neustadt gehörte. Nachdem der Hamburger Berg 1830 den Status einer Vorstadt erhalten hatte, wurde er nach dieser Kirche St. Pauli-Vorstadt genannt.

Im 18. Jahrhundert gewannen Freizeit und Ausflüge in die Natur für die Bürger immer mehr an Bedeutung. Besonders an den Sonntagen vergnügte man sich bei Spaziergängen auf oder vor den Wallanlagen. Die Befestigungen hatten damals ihren Verteidigungscharakter weitgehend verloren, ihr Unterhalt wurde als zu kostspielig angesehen, sodass eine Umnutzung diskutiert wurde. Der Hamburger Berg war für Ausflüge besonders gut geeignet, da sich von hier eine herrliche Aussicht über die Elbe bot. Es lag gleichzeitig nahe, dass aufgrund des regen Ausflugverkehrs vor dem Millerntor allerlei Vergnügungen angeboten wurden; es traten mobile Schausteller, Seiltänzer, Gaukler und Kunstreiter auf, seit 1795 wird hier der Spielbudenplatz erwähnt. Die hölzerne Schankwirtschaft aus dem Jahr 1805 wurde aufgrund ihres Spitzdaches „Trichter" genannt.

Die Engländerin Dorothy Wordsworth schrieb 1798: „Die Spazierwege zwischen Hamburg und Altona sind sehr anmutig. Eine große, baumbepflanzte Platzanlage, von Kieselsteinwegen durchschnitten.

Der sündige Stadtteil. Der Ruf St. Paulis und seine Entstehung

Musik, Kuchen, Obst, Wagen, Fußgänger jeglicher Art. Eine recht schöne Ansicht des Schiffsverkehrs, von Altona und den Türmen Hamburgs […] Während die Sonne noch freundlich schien, mußten wir beständig blinzeln und unsere Augen zur Kirchuhr erheben; denn um halb 7 werden die Tore geschlossen, und nach dieser Zeit kommt keiner mehr in die Stadt hinein. Dieser Gedanke beeinträchtigte das Vergnügen unseres Abendspaziergangs sehr. So etwas verfolgt einen, lang bevor die Zeit herum ist."[2]

In einer Beschreibung Hamburgs aus dem Jahr 1808 wird deutlich, wie weit entwickelt das Vergnügungsgewerbe auf dem Hamburger Berg bereits war, dass zugleich aber auch noch die anderen Gewerbe eine Rolle spielten: „Der Hamburger-Berg liegt im Westen der Stadt und besteht aus einer ansehnlichen Menge von Häusern, die in ziemlicher Ordnung, besonders in neueren Zeiten, gebaut sind und theils an dem niedrigen Ufer der Elbe, theils auf einer höher gelegenen sandigen Fläche etwa 400 Schritte von Hamburg entfernt liegen und sich bis dicht an Altona erstrecken, wo die Grenze durch einen kleinen Graben bestimmt ist […] In den letzten zehn Jahren hat sich dieselbe sehr vergrößert und es sind mehrere neue Straßen angebaut worden. Ihre Bewohner sind größtentheils Schiffer und Schiff-Bauer, Handwerker und eine Menge Schenk- und Bordell-Wirthe, die hauptsächlich für das Bedürfnis der Matrosen sorgen, welche hier das Summum bonum ihres Lebens-Genusses im Brantwein, beim Tanz und in den Umarmungen feiler Nymphen der niedrigsten Klasse suchen und finden […] Noch befinden sich in dieser Vor-Stadt das große hamburgische Hospital, der Kranken-Hof und an dem Ufer der Elbe die Hanf-Magazine und die Thran-Brennereien. Letztere verpesten im Sommer, wenn der Thran gebrannt wird, die ganze umliegende Gegend und verbreiten weit umher einen äußerst widrigen Geruch."[3]

Recht offen beschreibt der Autor die spätere Vorstadt beziehungsweise den zukünftigen Stadtteil schon zu Beginn des 19. Jahrhunderts als ein Gebiet mit einer Mischung aus Wirtschaftsbetrieben und Vergnügungsstätten und macht den Bezug zum Hafen und zur Seefahrt deutlich. Er formuliert damit ein – damals in jeder Form – „anrüchiges" Image dieses Gebiets, das sich in den folgenden Jahrzehnten zwar vielfältig differenzierte, in den Grundzügen aber bis in das 20. Jahrhundert erhalten blieb.

Die französischen Truppen, die seit 1806 die Stadt Hamburg besetzt hielten, machten dieser Entwicklung allerdings vorerst ein Ende, als sie 1814 alle Gebäude vor den Hamburger Wällen niederbrannten, um freies Schussfeld für die zur Festung ausgebaute Stadt zu haben. Alle Häuser auf dem Ham-

Der später als Reeperbahn bezeichnete Weg auf dem Hamburger Berg war die Hauptverbindung zwischen Hamburg und Altona und wurde schon am Ende des 18. Jahrhunderts als „anmutiger Spazierweg" beschrieben. Zum Wahrzeichen wurde der 1805 errichtete „Trichter" mit seinem charakteristischen Spitzdach, der als Schankwirtschaft den Flanierenden Erfrischungen bot. 1813 von der französischen Besatzung zerstört, wurde er 1820 wieder aufgebaut. Ludwig Loeser Wolf, „Der Hamburger Berg mit dem ‚Trichter'", 1808.

burger Berg einschließlich der Kirche fielen dieser Maßnahme zum Opfer. Nach dem Abzug der französischen Truppen im selben Jahr blieb ein gebäude- und baumloser Hamburger Berg zurück.

Wegen der aber nach wie vor günstigen Lage zwischen Hamburg und dem dänischen Altona an der Elbe erfolgte der Wiederaufbau der Vorstadt mit ihren Vergnügungsstätten in nur wenigen Jahren. Bereits 1820 lebten hier rund 6000 Menschen, und im selben Jahr öffnete auch der „Trichter" wieder. Von nun an erlebte der Vergnügungsbetrieb auf dem Hamburger Berg eine stetige Erweiterung, eng angelehnt an das Wachstum der Hafen- und beginnenden Industriemetropolregion Hamburg-Altona.

Um den „Trichter" herum sammelten sich in den 1820er Jahren weitere Schaugeschäfte. In einem „Optisch Belwider" konnten zahme und wilde Tiere, eine Nachbildung des Totentanzes aus der Lübecker Marienkirche und Panoramen bestaunt werden. Letztere wurden in Hamburg erstmals 1799 gezeigt und entwickelten sich bis zum Ende des 19. Jahrhunderts zu einem beliebten Unterhaltungsmedium und guten Geschäft auf St. Pauli. Sie waren ein vergleichsweise „seriöses" Vergnügen, das auch der angesehene Bürger aus Hamburg und Altona mit seiner Familie unbesorgt besuchen konnte. Ein erstes Panorama – es zeigte die Stadt Wien – gab es auf dem Hamburger Berg bereits 1807, ein weiteres mit einer Ansicht

Nach 1820 erlebte St. Pauli, bis 1830 noch allgemein Hamburger Berg genannt, als Vergnügungsmeile mit festen Etablissements einen erneuten, von nun an unaufhaltsamen Aufschwung. Vor den Toren der Stadt erging sich die Hamburger Bevölkerung ebenso wie der Gast von außerhalb in seiner Freizeit. Peter Suhrs Lithografie „Der Spielbudenplatz" (um 1830) zeigt eine unüberschaubare vielköpfige Menschenschlange, aus der sich im Vordergrund die „Fremden" durch ihre Kleidung abheben: die Seeleute, die Landbewohner, aber auch schon die „leichten Mädchen".

Der sündige Stadtteil. Der Ruf St. Paulis und seine Entstehung

von Hamburg und Altona folgte 1811. Die Brüder Suhr, die in der ersten Hälfte des 19. Jahrhunderts zu den bekanntesten Hamburger Künstlern zählten, fertigten zwischen 1812 und 1857 Panoramen mit unterschiedlichen Motiven an, darunter 1823 das „Panorama einer Reise von Hamburg nach Altona und zurück", das unter anderem den Hamburger Berg mit seinen Spielbuden und Gastwirtschaften sowie einer Vielzahl von Spaziergängern, Reitern und Kutschen zeigt. Darüber hinaus bot der Hamburger Berg den Brüdern Suhr immer wieder Motive für einzelne Lithografien, zum Beispiel das Gedrängel kurz vor der Torsperre am Millerntor.[4] Um 1850 kamen auch bewegliche Panoramen auf. Gezeigt wurden eine Fahrt auf dem Mississippi oder eine Reise durch Europa, eine Ballonfahrt über Amerika, eine Nordpol-Expedition und Schlachtenbilder. 1862 hatte eine geschickt beleuchtete bewegliche Aussicht vom Berg Rigi in der Schweiz großen Erfolg und sprach sich herum.[5] Große Panoramen – oft mit Schlachtenszenen –

Der „Optisch Belwider" gehörte zu den frühen, erfolgreichen Schaugeschäften auf St. Pauli, die mit den beliebten Panoramen, wilden Tieren und Nachbildungen zahlreicher weltbekannter Attraktionen die Sensationslust des Publikums befriedigen konnten. Sie galten aber als seriöse Unterhaltung, zumal sie auch als „Bildungserlebnis" ausgelegt werden konnten. Johann Friedrich Wilhelm Jacobi, „Der Optisch Belwider", 1825.

standen bis um 1900 auf dem nahen Heiligengeistfeld. Neben diesen festen Gebäuden auf dem Spielbudenplatz entwickelte sich ein mobiler Schaustellerbetrieb mit Karussells, Kaspertheatern, Seiltänzern sowie vielen Buden und Zelten, die ständig wechselten. Bezeichnend für die Zugänglichkeit St. Paulis ist die Entwicklung der dortigen Beleuchtung. Wer auf den unbefestigten Wegen im Dunkeln sicher gehen wollte, mietete sich am Millerntor oder am Nobistor einen Laternenträger. 1831 gab es dann in St. Pauli zwölf feststehende Laternen und 191 Ölleuchten, 1841 waren es bereits 103 Laternen und 283 Leuchten. Um das Durcheinander der ambulanten Vergnügungsbetriebe am Spielbudenplatz in eine gewisse Ordnung zu bringen, legte die Hamburger Stadtverwaltung hier im Jahr 1840 Bauplätze für feste Gebäude an, die zugleich Konzessionen für Vergnügungsbetriebe erhielten. Finanzkräftige Schausteller konnten nun in diese dauerhaften Gebäude einziehen und ihr Programm wetterunabhängig anbieten. Die Entscheidung zur festen Etablierung dieses Vergnügungsviertels hatte sofort einen Gründungsboom weiterer Betriebe zur Folge: 1840 wurde das Elysium-Theater am Spielbudenplatz 23 eröffnet, im folgenden Jahr entstanden hier der Circus Gymnasticus mit Platz für 3000 Besucher, die Orientalische Halle[6] und das Urania-Theater.

Die Betreiber dieser Theater und Varietés wurden nicht müde, sich attraktive Ausstattungen und Programme für ihre Häuser auszudenken. Sie boten verkleidetes Personal, exotische Stimmungen, besondere Illuminationen und Feuerwerke. Fast alle Mittel waren recht, um Besucher nach St. Pauli zu locken. Im Hamburger Stadttheater feierte zum Beispiel die schwedische Sängerin Jenny Lind seit 1845 sensationelle Erfolge, von denen auch die Theatermacher auf St. Pauli profitieren wollten. Der Direktor des Hammonia-Theaters engagierte deshalb ebenfalls eine Sängerin und pries sie 1846 in Zeitungsanzeigen unter dem Pseudonym „Jenny Bind" an. Sie wurde angekündigt „mit Polka-Stiefeln, Sporen und Hut à la Leipzig bei einer Gas-Illumination von 140 Lichtern".[7] Tatsächlich waren die Opernvorstellungen der Sängerin sehr gut besucht, und zwar nicht nur aus Neugier der Besucher, sondern auch – wie die zeitgenössischen Kritiker bescheinigten – weil sie durchaus gut sang. Zahlreichen Zuschauern wurden so erlebnisreiche Veranstaltungen geboten, die den Bekanntheitsgrad des Vergnügungsviertels St. Pauli steigerten.

Die Vorstadt wächst

Um die reinen Vergnügungsstätten herum entstanden in den 1840er Jahren weitere Betriebe, die ihre Einnahmen durch die Besucher des Vororts erzielten. 1841 wurde die erste Bäckereifiliale eines Betriebes aus der Hamburger Innenstadt, Bauers Konditorei, am Spielbudenplatz eröffnet, 1849 folgte in der Nähe das Caféhaus Ludwig. In den 1850er Jahren wurden hier die ersten Fotoateliers eingerichtet. Aber auch ganz andere Branchen entdeckten, dass mit exotischen und fremdartigen Dingen auf St. Pauli Geld verdient werden konnte. Als dem Fischhändler Gottfried Carl Hagenbeck, der sein Geschäft in der heutigen Lincolnstraße hatte, 1848 mehrere Seehunde geliefert wurden, stellte er sie in Holzbottichen gegen Gebühr zur Schau. Die lebenden Tiere erweckten so viel Interesse beim Publikum, dass er dieses Geschäft immer mehr ausweitete – 1852 zeigte er zum Beispiel einen Eisbären – und 1863 das Haus Spielbudenplatz 19 von der Menagerie Guy erwarb. Hier begann er nun einen schwunghaften Handel mit lebenden Tieren, die er eine Zeit lang dem Publikum zeigte und dann an Schausteller, Zirkusse und zoologische Gärten verkaufte. Sein Sohn Carl stieg in dieses Geschäft mit ein, erweiterte es um Tiere aus Übersee wie Elefanten, Giraffen und Löwen und verlegte es 1874 an den Neuen Pferdemarkt, wo er nun auch einen Tierpark betrieb und Völkerschauen veranstaltete. Als auch dort der Platz nicht mehr ausreichte, ließ Hagenbeck

Der sündige Stadtteil. Der Ruf St. Paulis und seine Entstehung

im preußischen Stellingen 1907 den heutigen großen Tierpark anlegen. Seine Schwester Christiane betrieb weiterhin auf St. Pauli einen Handel mit exotischen Vögeln.[8]

Seit 1868 gab es die „Naturalienhandlung, Muschelwaarenfabrik, verbunden mit einem Zoologisch-Ethnographischen Museum" der Familie Umlauff, die von der Witwe des Gründers mit ihren Söhnen – von denen einer ein Schwager Carl Hagenbecks war – 1889 am Spielbudenplatz in „Umlauffs Weltmuseum" umbenannt wurde. Hier wurden für St. Pauli, seine Nähe zum Hafen und die Bedürfnisse der nach Sensationen heischenden Besucher typische skurrile Mitbringsel aus Übersee gezeigt und verkauft, vom Käfer bis zum Wal, vom ausgestopften Gorilla bis zu Schmuck und Waffen. Und wie bei Hagenbeck gab es auch bei Umlauff seit 1890 Völkerschauen zu sehen, bei denen Vertreter sogenannter exotischer Völker ihre Sitten und Gebräuche dem Publikum vorführten.

In den 1850er Jahren setzte sich die Neuansiedlung von Unterhaltungsbetrieben auf St. Pauli fort. 1855 eröffnete Ernst Jakob Renz seinen „Olympischen Circus", aus dem eines der führenden Zirkusunternehmen entstand. Am Zirkusweg ließ er 1864 einen festen Zirkusbau errichten, der 1889 durch einen prächtigen Neubau ersetzt wurde und für weitere feste Zirkusbauten in anderen europäischen Städten als Vorbild diente. 1897 übernahm sein Konkurrent Paul Busch das Unternehmen und den Bau, der dann im Zweiten Weltkrieg zerstört wurde. 1858 pachtete Carl Schultze das Tanzlokal Joachimstal und gründete dort ein Sommertheater, das später als Carl-Schultze-Theater (Reeperbahn) eines der bekanntesten Operettenhäuser Hamburgs wurde.

Der traditionsreiche „Trichter", an den noch der Straßenname „Beim Trichter" erinnert, ist ein gutes Beispiel für die Konjunkturen eines Gastbetriebes auf St. Pauli; ähnlich erging es hier zahlreichen anderen Betrieben. Der „Trichter" war anfangs ein Ausflugslokal mit Billardsalon, offener Veranda und Garten. In den 1840er Jahren wechselten dann mehrmals die Besitzer, bis Theodor Mutzenbecher das Holzgebäude abbrechen ließ und dort „Mutzenbecher's Bierhalle" errichtete. Der geschäftstüchtige Gastronom veranstaltete nun Garten- und Promenadenkonzerte, artistisch-musikalische Darbietungen und – als etwas ganz Neues und entsprechend viel Besuchtes – Frühschoppen-Konzerte an den Sonntagvormittagen. Wie alle anderen Gastronomen auf St. Pauli musste er bei der stetig wachsenden Konkurrenz und den steigenden Ansprüchen des Publikums stets neue Unterhaltungsangebote machen und den sich wandelnden Zeitgeschmack genau beobachten. Nach weiteren Besitzerwechseln eröffnete hier 1889 „Hornhardt's Etablissement" und bot über zwanzig Jahre unter einer beeindruckenden Kuppel Sommernachtsbälle sowie Konzerte mit Feuerwerk. Von dem 33 Meter hohen Turm des „Trichters" hatte man einen weiten Blick über St. Pauli und die Elbe.

Nicht nur Hagenbecks Tierpark, sondern auch andere später weltberühmte Unternehmen, die mit tierischen und menschlichen Sensationen aufwarteten, hatten ihren Ursprung auf St. Pauli. Der 1855 eröffnete „Olympische Circus" von Ernst Jakob Renz war bald eine der beliebtesten Unterhaltungsstätten, aus dem sich der weit über Hamburgs Grenzen hinaus bekannte Circus Renz entwickelte. 1889 wurde der prächtige Neubau errichtet, der dann als Vorbild für viele feste Zirkusbauten in anderen Städten diente. Circus Renz, Foto um 1890.

Die neuen Vergnügungsstätten zehrten oft – und bis in das 20. Jahrhundert – von den bekannten Namen ihrer Vorgänger. Gerade in der zweiten Hälfte des 19. Jahrhunderts gelang es einigen der Gastronomie- und Theaterbetriebe auf St. Pauli, sich mit spektakulären Veranstaltungen und Unterhaltungsangeboten über Jahre einen überregionalen Ruf zu erwerben.

Diese rasch fortschreitende Entwicklung des Vergnügungsgewerbes auf St. Pauli wurde auch durch die verstärkte Präsenz von Ordnungshütern deutlich. 1840 gab es die erste Polizeiwache, 1852 wurde eine Garnisonswache am Spielbudenplatz eingerichtet, von der aus acht Polizeibeamte tagsüber den Stadtteil kontrollierten.[9] 1868 zog die Wache dort in ein 1854 erbautes klassizistisches Gebäude an der Ecke Davidstraße und Spielbudenplatz, weithin als Davidwache bekannt.[10]

Obwohl sich verschiedene Veranstaltungsbetriebe in der Vorstadt in den 1850er Jahren bereits etabliert hatten, eine breite Palette von Vergnügungen boten und bekannt waren, litten sie unter der nach wie vor herrschenden Torsperre, die den uneingeschränkten Zugang nach St. Pauli behinderte. Nachdem die Torsperre mit dem 1. Januar 1861 aufgehoben worden war, erlebte die Vorstadt einen weiteren Aufschwung. Vor allem nördlich der Reeperbahn entstand ein dicht besiedeltes Viertel, weiter gefördert durch die Einführung der Gewerbefreiheit im Jahr 1865. St. Pauli besaß zu der Zeit auch eine noch engere Anbindung an den Hafenbetrieb, denn schon seit 1839 gab es am Elbufer die Landungsbrücken für Dampfschiffe, und 1861 wurde hier ein Fischereihafen mit einem Großmarkt angelegt. Die Vorstadt wuchs im letzten Drittel des 19. Jahrhunderts parallel zum raschen Wachstum Hamburgs. Die Entwicklung der Hansestadt zum zweitgrößten Industriestandort Deutschlands und zum größten Hafen auf dem europäischen Kontinent wurde nach der Gründung des Deutschen Reichs 1871 noch beschleunigt. Die Einrichtung des Freihafens 1888 hatte ein beträchtliches Wirtschaftswachstum zur Folge, entsprechend wuchsen die Bevölkerung und die Besiedlung außerhalb der alten Wallanlagen. 1911 wurde Hamburg Millionenstadt. Im Jahr 1894 erhielt St. Pauli den Status eines Stadtteils mit allen Rechten, es besaß damals bereits rund 72 000 Einwohner.

Die Vielfalt des Vergnügens

Das Unterhaltungsgewerbe mit allen seinen Begleiterscheinungen profitierte von dieser rasanten Entwicklung Hamburgs. Im ehemals außerhalb der Stadt gelegenen St. Pauli war es nun schon seit Jahrzehnten so etabliert, dass es weit über Hamburg hinaus einen Ruf hatte. Der Standort St. Pauli bot sich für den weiteren Ausbau der Vergnügungsstätten an, denn der Bedarf an Freizeitunterhaltung bei Einheimischen und Fremden stieg. Von der dunklen Eckkneipe bis zur großzügigen Bierhalle, vom Imbiss bis zur eleganten Gaststätte, vom Varieté bis zum Theater entstanden neue Betriebe, alte wurden modernisiert und ausgebaut. Die Vielfalt des Unterhaltungsangebots stieg bis in die ersten Jahre des 20. Jahrhunderts. Hier können allerdings nur wenige Betriebe genannt werden, die den Ruf St. Paulis beförderten, allein schon deshalb, weil wiederholte Besitzer- und Namenswechsel der Häuser sowie rasch wechselnde Unterhaltungsangebote einen klaren Blick auf den Vergnügungsdschungel stark behindern. Einer der vielen Hamburger Reiseführer zeigt das Theaterangebot in der Innenstadt zum Beispiel im Jahr 1912 und erlaubt einen Vergleich mit den damaligen Spielstätten auf St. Pauli.[11] Es gab das traditionsreiche Stadttheater an der Dammtorstraße, das relativ neue Deutsche Schauspielhaus an der Kirchenallee, das Thalia Theater am Pferdemarkt und das Hansa-Theater als Varieté am Steindamm. Ungleich viel mehr Varietés gab es auf St. Pauli, hier fand man aber auch Theater, in denen bevorzugt Operetten,

Volksstücke, Possen und plattdeutsche Komödien aufgeführt wurden. Im Carl-Schultze-Theater wurde 1874 die „Fledermaus" gezeigt, und das Theater bekam einen deutschlandweiten Ruf als Spielstätte für Operetten. 1880 dirigierte hier Johann Strauß seine Walzer. Als 1893 Gerhart Hauptmanns „Vor Sonnenaufgang" Premiere hatte, war das Publikum von solchen sozialkritischen Dramen zunächst befremdet, es folgten aber Stücke von Henrik Ibsen, August Strindberg und Frank Wedekind, die zeigen, dass auf St. Pauli damals durchaus ernsthaftes Theater gespielt wurde. Das 1841 am Spielbudenplatz gegründete Urania-Theater erlebte wechselnde Direktoren und Namen – Actien-Theater, Varieté-Theater –, bis es ab 1884 unter der Leitung Ernst Druckers, dessen Namen es 1895 erhielt, mit Volksstücken überaus populär wurde. Das Stück „Thetje mit de Utsichten" wurde seit 1885 423-mal hintereinander gespielt, zu je über 1000 Aufführungen kamen in den 1890er Jahren die Stücke „Familie Eggers oder eine Hamburger Fischfrau", „Das Nachtjackenviertel" und „Zitronenjette". Seit jeher war dieses Theater Sprungbrett für die Karrieren später berühmter Schauspieler und Sänger gewesen, zum Beispiel für Therese Tietjens, die dann in den 1850er und 1860er Jahren an vielen Bühnen Europas spielte.[12]

Aus dem 1864 eröffneten Theater in der „Central-Halle" (Spielbudenplatz 1) wurde 1904 das Neue Operetten-Theater mit glanzvoll besetzten und ausgestatteten Operetten und Revuen. Die Revue „Rund um die Alster" wurde hier 365-mal aufgeführt, und die Gebrüder Wolf sangen ihre plattdeutschen Couplets. 1905 wurde im ehemaligen Zirkusgebäude Busch am Neuen Pferdemarkt das Schiller-Theater eröffnet, dessen Repertoire vom Drama über das Lustspiel bis zur Posse reichte. Im ehemaligen Konzerthaus Ludwig an der Reeperbahn 98 eröffnete 1910 das Hamburger Operetten-Theater und wurde 1914 in Neue Oper umbenannt.[13] Eine neue Art von Theater gab es in Hamburg seit dem Jahr 1900 und bezeichnenderweise auf St. Pauli: Das Lichtspieltheater (Kino), das Eberhard Knopf mit „laufenden Bildern" am Spielbudenplatz eröffnete.

Das Image und die Anziehungskraft von St. Pauli lebten damals aber auch von dem Ruf einzelner Protagonisten. Dem Humoristen Hein Köllisch gelang es, durch geistreiche Couplets ein großes Publikum in sein 1894 gegründetes „Universum" zu ziehen. In seinem Varieté am Spielbudenplatz lockte der „Kolossal-Mensch" Emil Naucke seit 1896 mit seinen 462 Pfund Gewicht die Besucher an. Als er 1900 starb, begleiteten Tausende von Hamburgern seinen Beerdigungszug.

Der Ruf St. Paulis in der Zeit des deutschen Kaiserreichs nach 1871 wurde zum einen durch seine Theater bestimmt, die durch ihre viel beachteten Aufführungen den Häusern in der Innenstadt durchaus Konkurrenz machten.[14] Die große Anzahl von Varietés, Singspielhallen, Manegen, Bierhallen und Gaststätten bot außerdem einem weitaus größeren Publikum Unterhaltung und trug sicher am meisten zu dem Ruf St. Paulis als Vergnügungszentrum bei. Von der seriösen Unterhaltung zum unseriösen Vergnügen waren die Übergänge fließend, zugleich lockten die Vielfalt und Unübersichtlichkeit der Amüsierbetriebe Kriminelle an. So konnte ein Besuch St. Paulis immer auch mit einem Hauch von Spannung verbunden sein, begab man sich doch in die Nähe illegaler Etablissements, riskierte einen Blick in unerlaubte Welten oder erlebte sogar etwas, was in der übrigen bürgerlichen Welt entrüstet abgelehnt wurde. Außer gediegener Unterhaltung versprach St. Pauli auch Abenteuer, was zu seinem Ruf erheblich beigetragen haben wird.

Die Anziehungskraft der Prostitution

Neben den Gastronomie- und Unterhaltungsbetrieben existierte auf St. Pauli auch immer die gewerbsmäßige Prostitution, denn

Das 1889 eingeweihte Konzerthaus Ludwig an der Reeperbahn 98 (im Zweiten Weltkrieg zerstört) wandte sich vor allem an ein bürgerliches Publikum. Neben Biersaal, Kegelbahnen, Speiserestaurant gab es den großen Konzertsaal, in dem die später in die Musikhalle verlegten „Volkstümlichen Konzerte" ihren Anfang nahmen. Eine besondere Attraktion war der Wintergarten mit den umrankten Tuffsteingrotten und dem über drei Etagen herabstürzenden Wasserfall. Holzstich nach Fotos von H. Nisle, 1890.

Der sündige Stadtteil. Der Ruf St. Paulis und seine Entstehung

das Gebiet, das außerhalb der beiden Städte, aber dennoch ganz in ihrer Nähe lag, bot sich dafür geradezu an. Schon Ende des 18. Jahrhunderts berichtete Jonas Ludwig von Heß in seiner Topografie Hamburgs: „Zwei sich in einem stumpfen Winkel begegnende Reihen Häuser, deren eine die hamburgischen Wälle, die andere aber den Eingang zur Stadt Altona ansehen, sind der Venus Cloacina geheiligt, und lachen durch die offenen Thüren und winken mit der Musik zerfiedelter Geigen die noch nicht ganz verarmten Vorbeigänger aus den Hefen des Volks an. Hier genießt der starke rohe Matrose die höchsten Freuden seiner Menschheit, und hat das Ziel alles ihm erdenkbaren Glücks erklettert, wenn er, in Gesellschaft seiner jauchzenden Brüder von Altona aus einem der dortigen vielen Bierhäuser taumelnd und lallend zurückkömmt, und hier in den Umarmungen einer industriösen Dirne um Gesundheit und den Lohn vieler mühsam durcharbeiteten Monden in einer Minute auf einmal berupft wird."[15]

So wurde der Ruf St. Paulis vom Beginn des Vergnügungsbetriebes an auch immer zu einem beträchtlichen Teil durch die dortige Prostitution bewirkt.

Die Zahl der Bordellbetriebe scheint mit der Zunahme des Vergnügungsbetriebs auf St. Pauli gewachsen zu sein, denn ein Teil der – männlichen – Besucher des Stadtteils wollte sein Vergnügen nicht auf Theater- oder Restaurantbesuche beschränken. Insbesondere an der Davidstraße waren seit der Mitte des 19. Jahrhunderts die Prostituierten anzutreffen, in Kneipen, wo die Kontaktaufnahme bei Musik und Getränken erfolgte, oder in großen Tanzlokalen, in denen die Mädchen Kammern für ihre Dienste besaßen. Die Namen dieser Etablissements waren gediegen unverfänglich: „Stadt London", „Goldener Engel", „Zum schwarzen Bären", „Adler" und „Zum Elefanten". Vor

Unter den zahlreichen Biergärten auf St. Pauli, die auch stets mit buntem Unterhaltungsprogramm aufwarteten, passte sich nach 1900 die ehemalige Vogtsche Singspielhalle dem neuartigen, für Hamburg „exotischen", modischen bayerischen Geschmack an. Der Biergarten vom Konzerthaus Oberbayern, Postkarte, um 1910.

1900 richtete der Gastronom August Piefo mit der „American Bar" die angeblich größte Bar Deutschlands ein, in der als besondere Neuartigkeit das bis dahin hierzulande unbekannte Mixen der Cocktails im Schüttelbecher von Bardamen zelebriert wurde. Postkarte, 1907.

dem Tanzlokal „Zu den vier Löwen" in der Davidstraße 8 befand sich zur Straße hin ein Zaun, hinter dem sich die Mädchen aufhalten durften und mit den Passanten ins Gespräch kamen. Drinnen befanden sich im Erdgeschoss der Tanzsaal, im Obergeschoss die Kammern der „Tänzerinnen". Auf der Vordiele warteten die Mädchen leicht bekleidet auf die Kunden.[16]

Da Verordnungen gegen die Prostitution nichts gefruchtet hatten, wurde dieses Gewerbe in Hamburg seit dem Beginn des 19. Jahrhunderts zwar nicht zugelassen, aber geduldet. Prostituierte mussten registriert sein, wenn sie nicht riskieren wollten, wegen gewerbsmäßiger Unzucht bestraft zu werden. Bordellwirte wurden verpflichtet, sie zu melden. Den Behörden ging es vor allem um die Bekämpfung von Krankheiten, und man wusste, dass Verbote nur die heimliche, nicht kontrollierbare Prostitution förderten. Auf dem Hamburger Berg gab es spätestens seit 1809 eine regelmäßige ärztliche Kontrolle der Prostituierten. Ein erstes Regulativ bestimmte 1847 das Verhältnis zwischen den Bordellwirten und den Prostituierten auf St. Pauli, da dieses Abhängigkeitsverhältnis oft zur Ausbeutung der Frauen führte. In den 1830er und 1840er Jahren betrug der Anteil der hier registrierten Prostituierten rund ein Fünftel bis ein Viertel der Hamburger Prostituierten. So arbeiteten 1834 zum Beispiel 120 Frauen in 18 Bordellen auf St. Pauli und 621 in Hamburg.[17]

Der Hamburger Senat überließ der lokalen Polizeiverwaltung die paternalistische Regelung und Kontrolle der Prostitution und zeigte sich damit gegenüber dieser Problematik recht gelassen. 1876 wurden die Hamburger Behörden jedoch durch Reichsgesetze gezwungen, Bordelle zu verbieten und strenge Kontrollen anzuwenden. Faktisch folgte nun nur ein Etikettenschwindel, die Bordelle wurden in „Beherbergungshäuser" umbenannt und ihre Zahl in Hamburg stieg.[18] In St. Pauli sank sie dagegen. 1876 wurden nur fünf Bordelle registriert, in denen sich allerdings überdurchschnittlich viele Frauen befanden, nämlich jeweils zwischen elf und 18. In der umfangreichen Forschung zur Prostitution in Hamburg wird vermutet, dass die Zahl der nicht registrierten „heimlichen" Prostituierten zunahm, denn der Bedarf in der wachsenden Metropole stieg. Ein Indiz dafür ist die in den 1890er Jahren rasch wachsende Zahl der „Wiener Cafés" mit Nachtkonzession, von denen es 1899 insgesamt 33 gab und in denen viele Prostituierte verkehrten. Seit den 1870er Jahren wurde in ganz Hamburg versucht, die Bordelle auf wenige Straßen zu konzentrieren. In der um 1800 angelegten Heinrichstraße auf St. Pauli – die später in Herbertstraße umbenannt wurde – lagen um 1890 tatsächlich etwa zwanzig Bordellbetriebe. Die Stadtverwaltung gestaltete die Straße um 1900 zur besseren Kontrolle der Prostitution zu einer Wohnanlage mit Toren an beiden Enden um, in der sich nun nur noch Bordelle befanden.[19]

Gruss aus Hamburg bei Nacht.
In den Blumen-Sälen.

Als Tanzlokale tarnten sich die größeren Etablissements, die mit den Räumen in den oberen Etagen tatsächlich als Bordelle dienten. Für die Kontaktaufnahme gab es die Tanzflächen im Erdgeschoss, die mit rassiger Musik und dem Ausschank von hochprozentigen Getränken für die nötige Einstimmung sorgen sollten. Tanzlokal auf St. Pauli, Postkarte, um 1900.

Der nach außen propagierten bürgerlichen Moral des 19. Jahrhunderts entsprechend wurde die Prostitution als verwerflich abgelehnt. Zugleich besuchte und bezahlte das bürgerliche männliche Publikum die Prostituierten nicht nur auf St. Pauli. Es ist ein lohnendes Forschungsfeld, die Prostitution auf St. Pauli im Rahmen von Urbanisierung, Kapitalisierung und bürgerlicher Sexualmoral weiter zu untersuchen, denn einerseits wurden diese Frauen als Randgruppe ausgegrenzt, andererseits spielte sich deren Wirken inmitten der bürgerlichen Gesellschaft ab.[20] In Stadtführern wurde St. Pauli deshalb nicht von ungefähr „St. Liederlich" genannt, auch wenn darin der Reiz des Verruchten mitklingen mag.[21] Für den Besucher St. Paulis war die Prostitution immer sichtbar, dies war eine Besonderheit gegenüber anderen Städten und machte einen Teil der Anziehungskraft dieses Stadtteils aus.

Es ist nicht von der Hand zu weisen, dass der weltweite Ruf St. Paulis bereits während des Kaiserreichs durch die Seeleute verbreitet wurde, die den Welthafen Hamburg besuchten. Immerhin stieg die Zahl der Seeschiffe, die nach Hamburg kamen, von 4795 im Jahr 1873 auf 16 427 im Jahr 1913, und entsprechend stieg die Zahl der Seeleute.[22] Damals konnte der Landurlaub durchaus mehrere Tage dauern, und es ist nur allzu verständlich, dass Seeleute sich nach wochenlanger harter Arbeit und ohne Freizeit auf See nach jeder Form von Vergnügen sehnten. Von solchen Wünschen motiviert und dazu noch mit der gerade ausgezahlten Heuer versehen, wird ein beträchtlicher Teil der Seeleute die Vergnügungsstätten St. Paulis besucht haben.

Es fällt auf, dass in den Beschreibungen St. Paulis aus dem 19. Jahrhundert die Prostitution in der Regel nur als Dienstleistung für die Seeleute genannt wird. Nun werden die Seeleute zwar einen maßgeblichen Kundenkreis für die Bordelle auf St. Pauli dargestellt haben, doch dürfte auch den Zeitgenossen nicht entgangen sein, dass die Besucher St. Paulis ein weitaus größeres berufliches und gesellschaftliches Spektrum abbildeten und wohl in ihrer Mehrheit von Land kamen. Vermutlich gebot jedoch die Rücksicht auf die bürgerlichen Leser den Autoren dieser Stadtbeschreibungen, allein den Seeleuten ein ausschweifendes Freizeitverhalten zuzugestehen. Timo Heimerdinger hat dabei auf den wichtigen Aspekt hingewiesen, dass der Landgang für den Seemann eine Ausnahmesituation darstellte, der Landbewohner den Seemann wiederum nie bei der täglichen Arbeit, sondern nur in dieser Ausnahmesituation wahrnahm. Dies führte durchaus zu verzerrten Bildern von Seeleuten und zu verfälschenden Verallgemeinerungen ihres Verhaltens.[23] Ein Seemann, dem bei seinen Vergnügungen auf St. Pauli ein Großteil seiner Heuer abgenommen wurde, wird auf See gegenüber seinen Mannschaftskameraden nicht unbedingt von dem kriminellen Milieu erzählt haben, dem er zum Opfer fiel. Er wird vielmehr seine Erlebnisse ausgeschmückt und damit auch vor sich gerechtfertigt haben. Er trug auf diese Weise zum Bekanntheitsgrad St. Paulis unter Seeleuten bei.

St. Pauli in der Werbung

St. Pauli erhielt seinen Ruf im 19. Jahrhundert nicht nur durch Mundpropaganda und freundliche Besprechungen dortiger Theateraufführungen, es gab auch eine aktive Werbung für die Annehmlichkeiten dieses Stadtteils. Die Hamburger Künstler des 19. Jahrhunderts entdeckten die attraktiven Sehenswürdigkeiten der Stadt als willkommene Objekte der Vermarktung. Eine preisgünstige Vervielfältigung ihrer Motive bot sich durch das neue Druckverfahren der Lithografie, dem in der zweiten Hälfte des 19. Jahrhunderts die Xylografie folgte. Der Hamburger Brand von 1842 war zum Beispiel eine überaus günstige Gelegenheit, das Sensationsbedürfnis der Menschen zu befriedigen: Innerhalb weniger Wochen wurden mehr als 500 Ansichten des Brandes und seiner Folgen angefertigt.[24] Auch der Besucher

St. Paulis wollte gern eine visuelle Erinnerung mitnehmen.

Die Unterhaltungsbetriebe auf St. Pauli nutzten jedes sich bietende Medium, um sich und ihre Programme bekannt zu machen. Dies waren seit den 1840er Jahren vor allem die Hamburger Zeitungen, in denen eine Vielzahl von Anzeigen erschien. Im Medienzentrum Hamburg war das Publikum also jederzeit gut über die neuesten Attraktionen in Theater, Varieté und Zirkus auf St. Pauli informiert. Gleichzeitig gab es Plakate, Programmhefte und Werbezettel, von denen sich jedoch nur wenige erhalten haben.

Als neues Werbemittel und preiswertes Souvenir verbreitete sich seit den 1890er Jahren die Postkarte. Zu dieser Zeit war St. Pauli ein Stadtteil mit zahlreichen etablierten Restaurants, Theatern und weiteren Vergnügungsbetrieben, von denen viele die Postkarte als Werbemittel einsetzten. So gibt es vor allem Außenaufnahmen der Betriebe bei Tag und Nacht, Ansichten der Reeperbahn und des Spielbudenplatzes, aber auch Innenansichten einiger Lokale sowie mehr oder weniger lustige Collagen und Witzkarten. Sie wurden von den Besuchern St. Paulis in alle Welt verschickt und trugen das Ihre zum Image des Stadtteils als Vergnügungszentrum bei.

In anderer Form transportierten die Stadtbeschreibungen und Stadtführer Hamburgs das Image St. Paulis. Dabei fällt auf, dass St. Pauli immer ein eigener Abschnitt oder sogar ein Kapitel gewidmet ist, dieser Teil der Stadt also immer als etwas Besonderes hervorgehoben wird.

Friedrich Georg Buek schrieb 1844: „Namentlich seit den letzten Jahren würdest Du den hamburger Berg in einem Glanze finden, wie Du Dir ihn vielleicht nicht hättest träumen lassen. Eine vortreffliche Chaussee ist an die Stelle jenes ‚knietiefen Sandweges‘ getreten; rechts davon steht eine lange, lange Reihe von etwa hundert Häusern, im Erdgeschosse lauter Kramläden, die mit den vorgeschrieben erbauten Facaden Front machen nach der Chaussee und links gegenüber ist eine ebenso lange Reihe geschmackvoller Gebäude zu Schaustellungen errichtet, die mit einem schönen Circus für Kunstreiter beginnt und mit dem Urania-Theater endet, das vor einigen Wochen eröffnet wurde. Westlich und südlich von diesen Spielbuden – nun da ist denn der alte hamburger Berg und die Matrosen sind wieder da und das Geschlecht ihrer Freundinnen ist nicht ausgestorben und in den ‚Vier Löwen‘ und einer Menge anderer Wirthschaftshäuser giebt es noch immer Grog und schmetternde Musik und Tanz und Eifersucht und oft blutige Raufhändel und spanische Messerstiche und ‚dänische Küsse‘. Ich mögte allerlei im Leben sein, aber nicht Polizeidiener in St. Pauli.

Friedlicher und sicherer, wenn auch nicht ruhiger, geht es vor den Spielbuden her, vor denen sich an Sonn- und Wochentagen Hunderte und Tausende drängen, um den Spektakel und die Aushängeschilder und Probestücke zu sehen. Die Carousellbuden sind immer angefüllt, auch manche andere Buden scheinen gute Geschäfte zu machen, und kaum bin ich der Lust widerstanden, meine alten Jugendfreunde, ein Marionettentheater zu besuchen, aber zu arg gellte mir in die Ohren das Charivari der unreinen Trompeten und Leierkästen, das Gekreisch der Ara's und Kakadu's und Affen, das Grunzen der Bären und das Stentor-Geschrei der Kirschen- und Käseverkäufer, der Martern meiner beleidigten Geruchsnerven nicht zu bedenken."[25]

Nur wenige Jahre später, 1852, schrieb P. F. L. Hoffmann: „Schon von Ferne schallt uns ein lautes Gesumme entgegen. Leierkasten, verstimmte Geigen, schmetternde Trompeten und schicksalsgeprüfte Harfenmädchen machen Musik, von der einem noch lange nach dem Genuße die Ohren klingen."[26] Er beschreibt sodann den „Trichter" und den Circus Gymnasticus, den St. Pauli-Circus und die Mohr'sche Naturalienhandlung sowie das Actien-Theater und fährt dann fort: „Kein Fremder sollte versäumen, in und vor diesen Häusern einige Stunden zuzubringen, denn alle Wunder der Welt sind hier zu schauen, als: Panoramen, Dioramen, Kosmoramen und Lichtbilder, Naturaliencabinette, anatomische Sammlungen, Menagerien und Seiltänzer, Hundekomödie und Marionettentheater, Guckkasten und Sterngucker, Traumdeuter und Electrisiermaschinen, Magier und Schicksalsräder; bunt gefiederte Papageien, welche mit der hoffnungsvollen Straßenjugend in Conflict geraten, rächen sich durch ihr unmelodisches Gekrächtze, Kakadus blähen ihren Federkamm auf und der Waschbär schaut mit philosophischer Ruhe auf seine fremdartige Umgebung. Alle diese Wunder verkünden sich durch lauten Trompetenstoß; in den Carousssels ertönt eine jauchzende Musik, in den Schnapsbuden Guitarre und Harfenklang, und dies alles ist von einer jubelnden Volksmenge umschwärmt.

Etwas weiter folgt nun derjenige Theil der Vorstadt, in welchem die Tanzböden der Matrosen den Schauplatz fortwährender Raufereien und Händel bilden. Schiffsleute aller Nationen, dicke Capitaine, Matrosen mit ihren auskalfaterten Kehlen und energischem Liebesdrange wandeln Arm in Arm mit den Priesterinnen der Venus vulgivaga, und wenn man diese enorme Volksmasse, besonders an Sonn- und Feiertagen, drängen und wogen sieht, da begreift man kaum, wie es möglich ist, dass einige Dragoner der Hamburgischen Garnison im Stande sind, diese Masse zum Theil roher Personen mit Leichtigkeit in Ordnung zu halten."

1891 veröffentlichte Johannes Meyer sein „heiteres culturhistorisches Lebensbild" mit dem Titel „St. Pauli, wie es leibt und lebt". Darin schildert er ausführlich alle Institutionen und Vergnügungslokale des Stadtteils. Da damals anscheinend ein Markt für solcherart Literatur bestand, beschrieb 1893 auch August Trinius ausführlich und launig St. Pauli in seinen „Hamburger Schlendertagen".[27]

C. Hentze ging in seiner „Heimatkunde für Schule und Haus", die 1905 bereits in der fünften Auflage erschien, sehr sachlich und freundlich auf St. Pauli ein. Er schrieb: „St. Pauli ist voll von Vergnügungslokalen. Wer vom Millerntor zur Reeperbahn geht, wird zunächst von den beiden großen Konzerthäusern und Konzertgärten, Konzerthaus Hamburg und Konzerthaus Hornhardt, zum Eintritt eingeladen. Dann lösen sich schöne Verkaufsläden mit großen und kleinen Bierwirtschaften ab. Hier und da steht ein Kaffeehaus oder ein Theater zwischen ihnen, und der Circus ist nahe dabei. Wenn der Hamburger Besuch von auswärts hat und demselben ein Stück des Hamburger Lebens zeigen will, so führt er ihn nach St. Pauli."[28] Wesentlich ausführlicher schildert Hentze dann jedoch die – unproblematischere – Hafenkante St. Paulis.

Die Cholera von 1892 mit den mehr als 8000 Todesopfern führte zu einem Rückgang des Tourismus in Hamburg, hatte aber auch zur Folge, dass nun ein Fremdenver-

Das Buch „St. Pauli, wie es leibt und lebt. Ein heiteres culturhistorisches Lebensbild" von Johannes Meyer erschien 1891. Die westliche Vorstadt hat über viele Jahrzehnte eine umfangreiche Literatur hervorgerufen, in der sachliche Beschreibungen, emotionale Reiseerinnerungen, abschätzige Be- und Verurteilungen, lockende Werbeversprechungen und genießerische Hymnen vielfältige Verbindungen eingehen. An dem Touristenmagnet St. Pauli polarisieren sich noch heute die Meinungen, doch der durch diese Literatur verbreitete Ruf wird der Vielschichtigkeit dieses Stadtteils nicht gerecht.

kehrsverein gegründet wurde, der aktiv für Hamburg und seine Attraktionen werben sollte.²⁹ Dieser Verein gab in zahlreichen Auflagen einen „Wegweiser", später „Führer" durch Hamburg heraus. 1905 heißt es darin: „Der Hamburger selber ist es gewesen, der diesem seit dem 1. Januar 1876 der Hansestadt einverleibten Stadtteil den wenig schmeichelhaften Kosenamen St. Liederlich verliehen hat, und wenn wir ihn etwas schonender St. Lustig nennen, kommen wir der Wahrheit am nächsten; denn lustig geht es hier überaus zu, so lustig vielleicht, wie nirgends wieder in der Welt, wenigstens nicht in solcher Massenlustigkeit, denn hier sind alltäglich viele tausende aufgeräumt und übermütig und – ein wenig liederlich so beiher ebenfalls, ohne in dem Gesamtbild an der Oberfläche störend hervorzutreten. Was das Volk sich auswählt, das genießt es auch in vollen Zügen, St. Pauli ist der packendste Beweis dafür. Wer zuerst einmal in dieses vielgestaltige Getriebe hineintaucht, der glaubt, ein Hexensabbat sei angebrochen, eine Fata Morgana spiegele sich in seinen Augen. Denn sinnbetörend ist der Lärm, das Durcheinander tausender Töne, blendend und verwirrend das Chaos von Farben, Bildern und Erscheinungen. Kritik und guter Vorsatz stehen hier entwaffnet, und ehe man sichs versieht, hat einen die Flut erfasst, und von ihr geschoben und getragen, schwimmt man dahin durch das unbekannte neue Meer von jauchzender Freude, Narrheit und Übermut."³⁰

In der siebten Auflage heißt es 1912: „St. Pauli! Vom Millertor bis über die Grenze Altonas entwickelt sich hier auf langgestreckter breiter Straßenreihe ein so buntes und bewegtes Leben und Treiben wie nirgendwo in Deutschland. Hier finden sich in buntem Durcheinander alle Arten von Vergnügungen, welche jedem Geschmack und Bedürfnis entgegenkommen: Verkaufsläden mit Muscheln, ethnographischen Gegenständen und exotischen Vögeln, die verschiedensten Sehenswürdigkeiten ganz nach Jahrmarktsart, Schiessbuden und Schnellphotographen, und eine ganze Reihe Singspielhallen, in welchen die Werke der leichten Muse zu Worte kommen, zahlreiche Lichtbildtheater, Bierhallen mit Zigeuner-, Matrosen- und Damenkapellen und Wirtschaften jeder Art. Diese Straße St. Paulis ist eine der amüsantesten Sehenswürdigkeiten Hamburgs, ein internationaler Tummelplatz, auf welchem sich Seeleute, Fremde und Hamburger jeden Standes und Geschlechts einträchtig nebeneinander bewegen."³¹ Dem Autor dieses Stadtführers ist die Begeisterung für St. Pauli und seine Vergnügungen anzumerken.

Die ausführlichen Beschreibungen St. Paulis als Vergnügungszentrum in mehreren Stadtführern dürfen nicht darüber hinwegtäuschen, dass in anderen Führern durchaus nur zurückhaltend auf diesen vielschichtigen Stadtteil eingegangen wurde. So empfiehlt „Richters Reiseführer" 1914 zwar sogar bei einem nur eintägigen Besuch der Stadt einen abendlichen Ausflug nach St. Pauli. In der Beschreibung des Viertels beschränkt er sich jedoch auf das Kaspertheater, zählt einige Theaterhäuser auf und meint, die Reeperbahn sei eine „ausgesprochene Vergnügungsgegend, in der sozusagen täglich Jahrmarkt ist". Hier herrsche „ein lebhafter internationaler Verkehr vergnügungsfroher Menschen jeden Standes".³²

Zu dieser Zeit, kurz vor dem Ersten Weltkrieg, besaß St. Pauli einen weltweiten Ruf als Vergnügungsviertel, der sich seit den 1840er Jahren entwickelt hatte und im letzten Drittel des 19. Jahrhunderts mit dem Wachsen Hamburgs zu einem Welthafen noch verstärkt wurde. Die Konzentration einer Vielfalt von Vergnügungen – auch anrüchiger und illegaler Art – auf einem relativ kleinen Raum scheint in der Welt einmalig gewesen zu sein und bewirkte, dass sich dieser Ruf St. Paulis durch das 20. Jahrhundert hindurch erhalten hat.

Gegenspieler, Musterknabe oder Problemkind des „Dritten Reichs"? Hamburg und der Nationalsozialismus – Mythen und Realitäten

Frank Bajohr

Dass jede Epoche ihre eigenen Mythen ausbildet, beweist die Gestalt des NSDAP-Gauleiters und Reichsstatthalters für Hamburg, Karl Kaufmann, hier auf einem Foto um 1933. Seine Haltung während der Zeit des Nationalsozialismus erfuhr nachträglich eine die Tatsachen entstellende Verschleierung.

Als die Hamburger Leser der „Welt am Sonntag" am 8. Mai 1955 – zehn Jahre nach der bedingungslosen Kapitulation des „Dritten Reichs" – ihre Zeitung aufschlugen, prangte ihnen der Name einer wohlvertrauten Person entgegen, die bis 1945 mit Reden, Aufrufen und Anordnungen fast täglich in den Spalten der Zeitungen vertreten gewesen war: „Vier Fragen an Kaufmann" hatte „Welt"-Journalist Helmuth Gerhard seinen langen Artikel betitelt, in dem er dem ehemaligen Hamburger NSDAP-Gauleiter und Reichsstatthalter Karl Kaufmann ausgiebig Gelegenheit gab, ein vorteilhaftes Bild seiner Person zu entwerfen, insbesondere seiner Rolle bei der kampflosen Übergabe Hamburgs am 3. Mai 1945.[1]

Der Auftritt Kaufmanns war insofern gewagt und unverfroren, als er an den zentralen Massenverbrechen unter nationalsozialistischer Herrschaft persönlich beteiligt gewesen war. So hatte er im September 1941 gegenüber Hitler persönlich darauf gedrängt, die Hamburger Juden in den Osten „evakuieren" zu lassen, und damit vermutlich die Entscheidung ausgelöst, sämtliche Juden aus dem „Altreich" zu deportieren.[2]

In jahrelanger Ermittlungstätigkeit hatte die Staatsanwaltschaft beim Landgericht Hamburg ein umfangreiches Sündenregister Kaufmanns zusammengetragen, das sich vor allem auf dessen Rolle bei der Verhaftung und Folterung politischer Gegner nach 1933 konzentrierte und den ehemaligen Gauleiter zahlreicher „Verbrechen gegen die Menschlichkeit" bezichtigte. Zu einem Prozess war es jedoch nicht gekommen, weil Kaufmann auf der Fahrt zum Kriegsverbrecherprozess in Nürnberg 1945/46, wo er als Zeuge der Verteidigung ausgesagt hatte, durch einen Autounfall verletzt worden war und seine Anwälte gegenüber dem Hamburger Landgericht erfolgreich auf der Verhandlungsunfähigkeit ihres Mandanten bestanden hatten. Kaufmann sei ein „todkranker Mann", hatten sie im August 1950 gegenüber der Öffentlichkeit verkündet,[3] die damals vermutlich nicht ahnte, dass der Todeskampf des ehemaligen Gauleiters volle zwei Jahrzehnte währen würde.[4]

Am 8. Mai 1955 meldete sich nun der Todkranke in dem besagten Artikel der „Welt am Sonntag" auf der medialen Bühne zurück, „grau geworden" und „ein wenig müde", wie der „Welt"-Journalist zu berichten wusste.[5] Ausgiebig stellte Kaufmann seine Sorge um das Wohl der Stadt und das freundliche Einvernehmen mit den Briten bei der Übergabe Hamburgs heraus, und unwidersprochen durfte er verkünden: „Heute bin ich überzeugt, daß Hamburgs bedingungslose Übergabe die Kapitulation in ganz Deutschland ausgelöst hat. Der Plan, erst Schleswig-Holstein, danach Dänemark und zuletzt Norwegen noch ein ganzes Jahr zu verteidigen, brach zusammen, weil mit Hamburg und seinem Hafen der wichtigste Eckpfeiler aus dem militärischen System herausgebrochen war."[6]

Eine solche Behauptung stellte natürlich die Tatsachen auf den Kopf und war selbst dann als kühn zu bezeichnen, wenn man den damaligen Kenntnisstand der Öffentlichkeit berücksichtigt. Denn natürlich gab es niemanden, der Anfang Mai 1945 die Fortsetzung des Kriegs für ein weiteres Jahr beabsichtigt hatte. Die kampflose Übergabe Hamburgs am 3. Mai 1945 war in vollem Einvernehmen mit dem Chef der Rest-Reichsregierung, Großadmiral Dönitz, erfolgt, zumal die angebliche „Festung Hamburg" zu diesem Zeitpunkt ihre militärische Bedeutung längst eingebüßt hatte, weil die britischen Truppen am 29. April die Elbe bei Lauenburg überquert und am 2. Mai bereits Lübeck eingenommen hatten, somit an Hamburg vorbei ungehindert nach Schleswig-Holstein vorgestoßen waren.

Nicht die Übergabe Hamburgs machte den Weg für die Kapitulation Deutschlands frei, sondern der Selbstmord Hitlers – jenes Mannes, dem der Hamburger Gauleiter über den Rundfunk noch am 1. Mai 1945 einen ehrenden Nachruf gewidmet hatte: „Was er uns alten Nationalsozialisten gewesen ist, was er für sein Volk erstrebt hat, das wird die Geschichte einmal von ihm künden. Was er uns hinterläßt, ist die unsterbliche Idee des nationalsozialistischen Reiches [...]."[7] Solche Fakten wären selbst für einen unbegabten Journalisten im Mai 1955 leicht zu ermitteln gewesen. Wenn die Ausführungen Kaufmanns unwidersprochen blieben, ja mit dem Gesamttenor des Artikels vollständig übereinstimmten, dann war dies sicher nicht einer verkappten rechtsradikalen Gesinnung des „Welt"-Journalisten oder einer besonderen PR-Begabung des ehemaligen Gauleiters geschuldet. Vielmehr entsprach die euphemistische Sicht der jüngsten Vergangenheit einem tief sitzenden Bedürfnis einer breiteren Hamburger Öffentlichkeit. Die abstruse Überhöhung, ja Verklärung der kampflosen Übergabe der Stadt hatte sich schon unmittelbar nach 1945 in der Tatsache niedergeschlagen, dass sich die erste Nachkriegspublikation zur Geschichte Hamburgs im „Dritten Reich" genau diesem Thema widmete: Das Buch „Das letzte Kapitel" von Kurt Detlev Möller, das wohl kaum ein geeignetes Passepartout für die vergangenen zwölf Jahre der NS-Herrschaft abgab und wohl auch deshalb Widerspruch unter den ehemaligen Gegnern des Nationalsozialismus hervorrief.[8] Doch selbst ehemalige NS-Gegner wie Hamburgs erster Nachkriegsbürgermeister Rudolf Petersen, der in der NS-Terminologie ein „jüdischer Mischling 1. Grades" gewesen war, strickten mit an Nachkriegslegenden um die kampflose

Die Meinung, Hamburg habe nur wenig Begeisterung für den Nationalsozialismus gezeigt, wie sie schon während und dann auch nach der Zeit des Dritten Reichs häufig geäußert wurde, lässt sich durch erhaltene Dokumente wesentlich schärfer differenzieren und damit widerlegen. Empfang Adolf Hitlers durch die Hamburger bei seinem Staatsbesuch am 17. August 1934.

Als offizielle Repräsentanten Hamburgs hießen Carl Vincent Krogmann, der Hamburger Bürgermeister für die gesamte Dauer des nationalsozialistischen Regimes (im Bild links), und der Reichsstatthalter Karl Kaufmann (rechts) Hitler am 17. August 1934 auf dem Flughafen Fuhlsbüttel willkommen, bevor sie ihn dann bei seiner „Triumphfahrt" durch Hamburg begleiteten.

Übergabe der Stadt, den vermeintlich gemäßigten Charakter der NS-Herrschaft in Hamburg und des zuständigen Gauleiters Kaufmann, dem Petersen in einer eidesstattlichen Aussage 1947 ein „gemäßigtes Benehmen" attestierte:

„Es mag unentschieden bleiben, ob das relativ gemäßigte Benehmen des Statthalters sein Verdienst oder die Folge des starken Einflusses der Lebensauffassung der gesamten hamburgischen Bevölkerung gewesen ist. Dieser mäßigende Einfluß der Bevölkerung hat sich stets gegenüber allen radikalen von außerhalb nach Hamburg eindringenden Elementen durchgesetzt. Es ist Tatsache, daß Hamburg nicht in dem Maße von den Verbrechen und Maßlosigkeiten des Nationalsozialismus betroffen worden ist, wie fast alle übrigen Teile des Deutschen Reiches. [...] Dieses im Interesse der Wahrheit und zur Ehre Hamburgs zu erklären stehe ich nicht an."[9]

Der Staatsbesuch vom 17. August 1934 gipfelte im Auftritt Hitlers im Festsaal des Rathauses, wo er vor dem großen Hafenbild von Hugo Vogel, das nach den fehlgeschlagenen früheren Wettbewerben um die Ausmalung seit 1909 als „Verherrlichung Hamburgs" die Stirnwand schmückt, die Hamburger auf sein Programm einschwören wollte. Hamburg war zu dieser Zeit aus wirtschaftspolitischen Gründen tatsächlich die Stadt, in der die Nationalsozialisten bei den Wahlen im Vergleich zum sonstigen Reichsgebiet am schlechtesten abschnitten.

Einer anderen Fama zufolge habe Hitler das anglophil-liberale Klima in Hamburg nicht gemocht und deshalb die Stadt weitgehend gemieden. Tatsächlich hatte sich Hitler in Hamburg so häufig aufgehalten wie in kaum einer anderen Großstadt: Zwischen 1925 und 1939 stattete er der Hansestadt 33-mal seinen Besuch ab.[10] Die nach 1945 weit verbreiteten Legenden um den gemäßigten Gauleiter, um den gemäßigten Charakter nationalsozialistischer Herrschaft, die Petersen als Fremdherrschaft „von außen nach Hamburg eindringender Elemente" bezeichnet hatte, und schließlich um die kampflose Übergabe der Stadt hatten mit historischer Realität wenig, aber umso mehr mit einer manifesten Schuldabwehr und einem impliziten Rechtfertigungsbedürfnis zu tun. Denn wenn der Gauleiter angeblich so gemäßigt gewesen war, und dies unter dem Einfluss der Stadt und der in ihr Tätigen, dann konnte es ja kein Verbrechen gewesen sein, Kaufmann zugearbeitet zu haben; ganz im Gegenteil war es sogar eine moralisch begründbare und durch reale Erfolge gerechtfertigte Pflicht, wie die unblutige Übergabe Hamburgs im Mai 1945 zu belegen schien. Die verschiedenen Legenden verschafften dem Nachkriegs-Hamburg ein gutes Gewissen und eine Art nachträglichen Freibrief für das Verhalten seiner Bewohner vor 1945 – darin exakt liegt der Grund für ihre außerordentliche Attraktivität.

Spurensuche

Wer den Ursprüngen der Legenden um das gemäßigt-liberale Hamburg unter nationalsozialistischer Herrschaft nachspürt, stößt auf einen überraschenden Befund: Sie grassierten nämlich bereits vor 1945 und hatten sich im Kern noch während des „Dritten Reichs" ausgeprägt. Dies zeigte sich beispielsweise in den Berichten, die der britische Generalkonsul in der Hansestadt, Lawrence Milner Robinson, in den 30er Jahren an die britische Botschaft in Berlin und das britische Außenministerium gesandt hatte. So zeichnete ein Bericht für Juni 1938 fast durchgängig das Bild einer Hamburger Sonderrolle im „Dritten Reich". In diesem behauptete der Generalkonsul, dass Hamburg „natürlich immer noch relativ gemäßigt in seiner Behandlung der Juden" sei, deren Verfolgung hier in einer „sichtbar milderen Form" als in der Hauptstadt Berlin verlaufe.[11] In anderen Berichten verwies Robinson auf die lange Tradition städtischer Selbstverwaltung und Unabhängigkeit in Hamburg, die dem nationalsozialistischen Führerprinzip diametral entgegengesetzt sei. „Hamburg has never been a whole-hearted supporter of National Socialism", ließ er in einem Bericht vom April 1938 verlauten.[12] Bereits im Juli 1936 war Hamburg in einem Schreiben an den britischen Außenminister Anthony Eden als „perhaps the least Nazi district in Germany" bezeichnet worden.[13] Im Juli 1939, kurz vor Beginn des Zweiten Weltkriegs, erklärte der Generalkonsul die Mehrheit der Hamburger sogar zu „opponents of National Socialism at heart".[14] Die besonderen Schwierigkeiten des Hamburger Hafens und des Außenhandels in einer Zeit nationaler Autarkiepolitik interpretierte Robinson als eine bewusste Bestrafung der Stadt durch die nationalsozialistischen Machthaber: „Hamburg is paying the penalty today of its slow adherence to the Nazi cause."[15]

Solche Äußerungen entsprachen natürlich in keiner Weise jenen Sprachregelungen, wie sie Diplomaten in Hamburg auf Empfängen oder im Rahmen offizieller Gesprächskontakte vermittelt wurden. Schon eher spiegelten sie Sichtweisen anglophiler Angehöriger des Hamburger Bürgertums wider, wie sie in informellen, vertraulichen Gesprächen geäußert wurden. In ihnen kam ein ausgeprägtes hamburgisches Sonderbewusstsein ebenso zum Ausdruck wie reale Dissonanzen zwischen hamburgischen Eliten und dem wirtschaftspolitischen Kurs des NS-Regimes, die uns weiter unten noch beschäftigen werden. Der Verweis auf die gemäßigtere NS-Herrschaft dürfte aber damals schon eine Ventilfunktion gehabt haben, die bedrückenden Realitäten des NS-Regimes erträglicher erscheinen zu lassen. Wer die Verhältnisse in Hamburg unter dem Weichzeichner betrachtete, konnte auf diese Weise schon damals kritischen Nachfragen wirkungsvoll begegnen, lief jedoch auch Gefahr, sich und ausländischen Gesprächspartnern wie dem Generalkonsul etwas vorzumachen: Denn eine nennenswerte Opposition gegen den Nationalsozialismus existierte in den späten 30er Jahren weder in Hamburg noch andernorts; auch in der Hansestadt jubelte die Bevölkerung dem „Führer" zu und feierte die militärischen Erfolge der Wehrmacht in den ersten Kriegsjahren; auch hier erhoben sich gegen die Deportation von Juden oder „Zigeunern" keine Einwände oder gar Proteste.

Die Legenden um die kampflose Übergabe Hamburgs und die Rolle des Gauleiters Kaufmann wurden vor allem durch eine Selbstinszenierung Kaufmanns genährt, die der Gauleiter am 2. Mai 1945 wirkungsvoll zelebriert hatte. In einer pathetischen Rundfunkansprache an die Hamburger Bevölkerung unmittelbar vor dem Einmarsch der Engländer stilisierte er die Übergabe der Stadt zu seiner persönlichen Gewissensentscheidung: „Mir gebietet Herz und Gewissen, unser Hamburg, seine Frauen und Kinder, vor sinn- und verantwortungsloser Zerstörung zu bewahren. Das Urteil über meinen Entschluss überlasse ich getrost der Geschichte und euch."[16] Der letzte Satz offenbarte, worum es Kaufmann vor allem ging, nämlich sich selbst im allerletzten Moment einen guten Abgang zu verschaffen. Von einem persönlichen Entschluss Kaufmanns konnte nämlich überhaupt keine Rede sein; alle Verantwortungsträger in der Stadt hatten auf die kampflose Übergabe gedrängt, und genau genommen hatte Kaufmann am 2. Mai 1945 gar nichts mehr zu entscheiden, weil die vollziehende Gewalt in Hamburg längst auf den Kampfkommandanten der Wehrmacht, Generalmajor Alwin Wolz, übergegangen war. Dieser war es schließlich – und nicht Kaufmann –, der die britischen Truppen am 3. Mai 1945 vor dem Rathaustor empfing und ihnen die Stadt übergab.

Noch viel weniger war die Übergabe Hamburgs Ausdruck einer allmählichen Abkehr Kaufmanns vom Kriegskurs Hitlers, eine Behauptung, die Kaufmann ebenfalls nach 1945 in die Welt setzte und auf das Jahr 1943 terminierte, als Hamburg im Zuge der alliierten „Operation Gomorrha" in Schutt und Asche gesunken war. Kaufmann nahm für sich in Anspruch, im August 1943, unmittelbar nach den Luftangriffen, Hitler die ungeschminkte Wahrheit über die Kriegssituation vermittelt zu haben. Nach 1945 schrieb er über diese Unterredung: „Es war wohl jene Stunde, in der erstmalig, ohne zu wissen, wann und wie, der Entschluß in mir reifte, notfalls eigene Wege zu gehen."[17] Einem Reporter der Illustrierten „Revue" gegenüber gab Kaufmann 1952 zu Protokoll: „Ich leugne nicht, daß ich seit langem im Widerstreit zwischen Treue und Pflicht lebte. Treue und Eid und eine lange gemeinsame Arbeit verbanden mich mit Hitler. Vernunft und Pflichtgefühl aber wiesen mir den eigenen Weg."[18] Bei solchen öffentlichen Äußerungen ging Kaufmann natürlich davon aus, dass über sein Vier-Augen-Gespräch mit Hitler keinerlei schriftliche Aufzeichnungen bestehen würden. Die gibt es in der Tat nicht, allerdings unterrichtete Hitler seinen Propagandaminister Goebbels über das Gespräch mit Kaufmann. Goebbels hielt am 21. August 1943 in seinem Tagebuch fest: „Des Lobes voll ist der Führer über Karl Kaufmann. Er hat sich bei der Hamburger Katastrophe von der glänzendsten Seite gezeigt. Ich freue mich für Karl Kaufmann, daß er durch seine mannhafte Haltung sich so viele Sympathien und das

Nach 1945 wurde die Legende verbreitet, dass Karl Kaufmann die kampflose Übergabe Hamburgs am 3. Mai 1945 bereits langfristig vorbereitet und schon 1943 über von den Anweisungen Hitlers abweichende Maßnahmen nachgedacht habe. Tatsächlich wurde Hamburg durch äußere und innere Verteidigungsringe wie diese Panzersperren auf der Reeperbahn seit August 1944 zu einer „Festung" ausgebaut, was Anfang 1945 von Kaufmann mit Durchhalteparolen offiziell verkündet wurde. Rechts Kampfkommandant Alwin Wolz in der Befehlszentrale im Bunker an der Rothenbaumchaussee vor den Plänen zur Verteidigung der „Festung" Hamburg im April 1945.

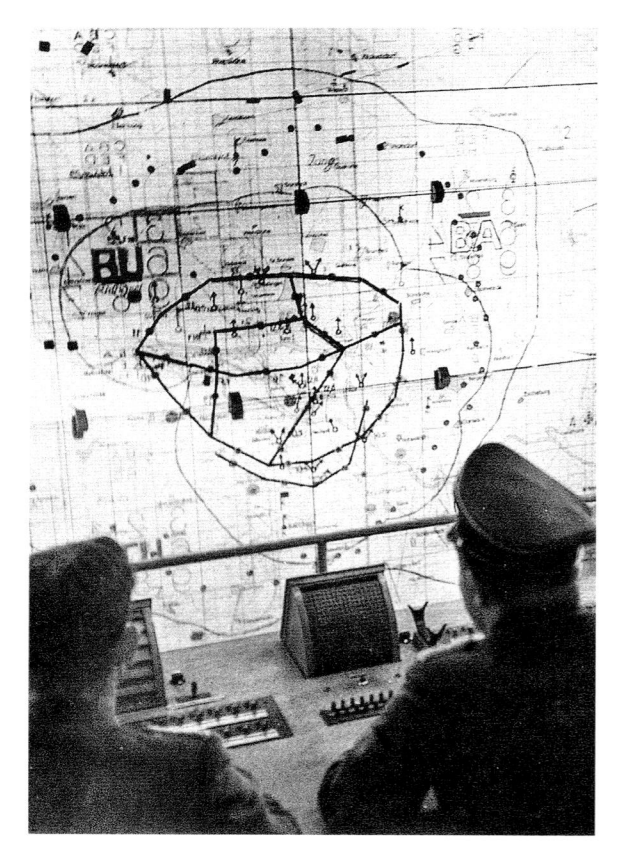

Ansehen des Führers erworben hat." Eine solche Eloge hätte Hitler in dieser Situation wohl kaum auf einen Mann ausgebracht, der ihn von der Aussichtslosigkeit der Kriegssituation hätte überzeugen wollen. Im Gegenteil kann geschlussfolgert werden, dass Kaufmann wohl in erster Linie seinem Führer den Eindruck zu vermitteln versucht hatte, er habe die Lage im Griff und glanzvoll gemeistert.

Die frühe wissenschaftliche Forschung über die NS-Zeit in Hamburg ist glücklicherweise den Zwecklügen des ehemaligen Gauleiters nicht gefolgt und war demgegenüber darum bemüht, ein realitätsgerechteres Bild von dessen Person zu entwerfen: Allen voran der Historiker Heinrich Heffter, der 1949 die Leitung der „Forschungsstelle für die Geschichte Hamburgs von 1933 bis 1945" übernommen hatte, einer Einrichtung, die ihre Entstehung der kontroversen öffentlichen Diskussion um das Buch Kurt Detlev Möllers und die „Kaufmann-Legende" verdankte. Am 9. November 1950 hielt Heffter vor großem Publikum – unter anderem war der damalige Erste Bürgermeister Max Brauer anwesend – einen Vortrag über „Hamburg und der Nationalsozialismus", in dem er die vermeintlichen Verdienste des Gauleiters um die kampflose Übergabe Hamburgs deutlich relativierte.[19] Gleichzeitig machte sich Heffter jedoch zum wissenschaftlichen Sprachrohr der parallel grassierenden Legende vom gemäßigten Hamburg in der NS-Zeit. Hamburg sei „weit mehr Gegenspieler als Partner des Nationalsozialismus" gewesen. Er attestierte der Stadt ein „milderes politisches Klima" in der „Hitlerzeit", die er nach der Zeit napoleonischer Besetzung 1813/14 als „zweite Fremdherrschaft für Hamburg" bezeichnete. Solche Passagen seines Vortrages gaben damals in der Hamburger Bevölkerung weit verbreitete Auffassungen fast ungefiltert wider.

Dies war auch nicht weiter verwunderlich, weil die noch junge Forschungsstelle in ihrer Arbeit kaum über schriftliche Quellen verfügte und sich im Wesentlichen auf die Befragung von Zeitgenossen konzentrieren musste. Deren Auskünfte standen unmittelbar nach 1945 ganz im Banne persönlicher Rechtfertigungen und Selbststilisierungen, die ein realitätsgerechtes Bild der jüngsten Vergangenheit eher verdeckten. Heffters rundum positive Einschätzung Hamburgs war auch durch den Umstand geprägt, dass er sich über die Selbstverwaltung im 19. Jahrhundert habilitiert und stadtbürgerlichfreiheitlichen Traditionen nachgespürt hatte, die vom Nationalsozialismus verschüttet worden waren. Die bürgerlich-patrizische Stadtrepublik Hamburg ließ sich nur zu gut in diesen Traditionsstrang einordnen. Heffter sprach in diesem Zusammenhang von einem „lebendigen Stück ungebrochener altdeutscher Freiheitstradition" und bezeichnete den „Gegensatz der freiheitlichen Tradition des hamburgischen Gemeinwesens zum nationalsozialistischen Herrschaftssystem" ausdrücklich als Leitmotiv für die Arbeit der Forschungsstelle.

Die Wiederentdeckung verschütteter positiver Traditionen war nach 1945 mehr als verständlich, und der Drang, diese vor allem im 19. Jahrhundert auszumachen, war für die damalige Historikerzunft ausgesprochen typisch. Erinnert sei nur an die Arbeiten des damals berühmtesten Hamburger Historikers Percy Ernst Schramm, der die Geschichte der Hansestadt zum positiven „Sonderfall" in der deutschen Geschichte verklärte.[20] Das Bedürfnis nach positiver Traditionsbildung – so verständlich es auch war – stand freilich einem ungeschminkten Blick auf die jüngste Vergangenheit entgegen. Schramm hat diesen Blick denn auch bewusst unterlassen. In seinen Lebenserinnerungen bekannte er in sympathischer Offenheit, dass ihm dazu der biografische Abstand wie der Mut gefehlt habe.[21] Deshalb verwundert es auch nicht, dass eine ernsthaft empirische Erforschung der nationalsozialistischen Herrschaft erst mit einem gewissen zeitlichen Abstand und durch einen generationellen Wandel in Gang kam.

Die 45er

Erst in den 60er Jahren war eine Generation jüngerer Historiker nachgewachsen, die sich in dieser Zeit als Gründungsgeneration der deutschen Zeitgeschichtsforschung profilierte und heute zumeist als „45er" bezeichnet wird.[22] Die Angehörigen dieser Generation waren bei Kriegsende zumeist junge Soldaten, Flakhelfer und Mitglieder der Hitlerjugend gewesen: Alt genug, um die Herrschaft des Nationalsozialismus noch persönlich erlebt zu haben, doch zu jung, um in diesem System eine herausgehobene Position bekleidet zu haben. Nicht wenige Angehörige dieser Generation waren begeisterte Hitlerjungen gewesen, hatten jedoch das Jahr 1945 als schmählichen Zusammenbruch der bis dahin geheiligten Werte empfunden und ein Gefühl des Betrogenseins entwickelt, das sich für die Auseinandersetzung mit der NS-Vergangenheit als fruchtbar erweisen sollte.

In Hamburg gehörte der erste Leiter der 1960 (wieder-)gegründeten „Forschungsstelle für die Geschichte des Nationalsozialismus in Hamburg" dieser Generation an. Mit Werner Jochmann, geboren 1921, setzte Anfang der 60er Jahre zum ersten Mal eine ernsthafte wissenschaftliche Erforschung der NS-Herrschaft in Hamburg ein.[23] Arbeiten zur Frühgeschichte der NSDAP,[24] zur Justiz in der NS-Zeit[25] oder zur NS-Gleichschaltungspolitik[26] markierten auch über Hamburg hinaus wissenschaftliches Neuland. In der Folgezeit freilich konzentrierte sich die Arbeit der Forschungsstelle immer stärker auf die Vorgeschichte nationalsozialistischer Herrschaft: Arbeiten zur Geschichte des Antisemitismus oder zur Geschichte der Weimarer Republik standen im Vordergrund, während die Beschäftigung mit der NS-Zeit in den 70er Jahren fast keine Rolle mehr spielte. Darin jedoch folgte die Forschungsstelle einem generellen Trend, sind doch zur Geschichte der NS-Zeit in keinem Zeitraum so wenige Arbeiten erschienen wie im Jahrzehnt nach „1968".

Erst gegen Ende der 70er Jahre setzte die Beschäftigung mit der NS-Zeit in jener Intensität ein, wie sie bis heute – mit leicht abflachender Tendenz – angehalten hat. Die enorme öffentliche Resonanz der 1979 in Deutschland ausgestrahlten US-Fernsehserie „Holocaust" gilt im Allgemeinen als herausragendes Indiz für die erinnerungskulturellen Veränderungen in jener Zeit, die sich für Hamburg in einer ungeheuren Vielfalt und Zahl von Veröffentlichungen zur NS-Zeit niederschlugen, die im Zeitraum von 1979 bis 1989 einen bis dahin unbekannten Höhepunkt erreichten.[27] „Es ist Zeit für die ganze Wahrheit" – dieser Satz aus einer Rede des Ersten Bürgermeisters Klaus von Dohnanyi vom Dezember 1984 könnte leitmotivisch über diesem Jahrzehnt stehen. Dabei ging es jedoch alles andere als konfliktfrei und harmonisch zu. Der Hamburger Senat, aber auch etablierte Forschungsinstitutionen wie die Forschungsstelle für die Geschichte des Nationalsozialismus mussten sich – teilweise zu Recht – Versäumnisse in der Beschäftigung mit der NS-Herrschaft vorhalten lassen.[28]

„Mustergau" Hamburg?

Im Jahre 1984 erschien eine Publikation, deren Titel früheren Legenden um die NS-Zeit ein griffiges Schlagwort entgegensetzte: „Heilen und Vernichten im Mustergau Hamburg".[29] Die Hansestadt sei keineswegs ein Gegenspieler, sondern im Gegenteil ein Musterknabe des Nationalsozialismus gewesen. Der Begriff des „Mustergaus" markierte wie kein zweiter den Abschied von beschönigenden Legenden um den vermeintlich gemäßigt-liberalen Charakter der NS-Herrschaft in Hamburg. In mancherlei Hinsicht bildete der „Mustergau Hamburg" die exakte Antithese gegenüber der „liberalen Insel Hamburg"; doch wies er gleichzeitig auch erstaunliche Gemeinsamkeiten mit bisherigen Legendenbildungen auf. Der Band „Heilen und Vernichten im Mustergau Hamburg" versammelte im Einzelnen hoch verdienstvolle Beiträge zur Gesundheits-, Sozial- und Verfolgungspolitik des Nationalsozialismus, wurde jedoch mit einem Essay eingeleitet, der ganz dem Leitmotiv der Kapitalismuskritik verpflichtet war.[30] Die NS-Herrschaft wurde hier fast vollständig in die Kontinuität bürgerlich-kapitalistischer Politik eingereiht. Die Einleitung deklarierte die Nationalsozialisten zum bloßen Juniorpartner der traditionellen Hamburger Eliten und verwechselte damit Koch und Kellner, wenn man an die dominierende Stellung des NSDAP-Gauleiters und Reichsstatthalters Kaufmann und die Subalternität des „Regierenden Bürgermeisters" Carl Vincent Krogmann denkt, den der Volksmund völlig zu Recht als „Regierten Bürgermeister" verspottet hatte. In Wirklichkeit personifizierte die NS-Herrschaft nicht die Kontinuität bisheriger Führungsschichten, sondern einen dramatischen Elitenwechsel und einen wachsenden Bedeutungsverlust von Hamburgs traditioneller handelsbürgerlicher Elite, der sich bereits seit dem Ersten Weltkrieg in rasantem Tempo vollzogen hatte.[31]

Die Mustergau-These erklärte die NS-Herrschaft in erster Linie aus innen- und sozialpolitischen Konstellationen, als Herrschaft eines Elitenkartells zur Unterdrückung und Ausmerze der ärmeren Bevölkerung. Dass der Nationalsozialismus seine rassistische Gewaltdynamik in erster Linie nach außen gerichtet hatte, im Holocaust an den europäischen Juden wie im Vernichtungskrieg gegen den Osten, spielte in der Mustergau-These keine Rolle, die zudem den wachsenden Konsens zwischen NS-Regime und Bevölkerung vollständig ignorierte. In der Einleitung des Bandes hieß es sogar wörtlich: „Sie [die Beiträge, F. B.] handeln von einer politischen Elite, die ihre Region zum nazistischen Mustergau aufpolierte, indem sie große Teile der Bevölkerung verfolgte und vernichtete."[32] Solche Sätze erinnerten ungewollt an exkulpierende Legendenbildungen der Vergangenheit. Wie in der These von der gemäßigt-liberalen Insel in der NS-Zeit kam die Bevölkerung in der Mustergau-These nur als Opfer und Objekt von Elitenhandeln vor, als hätten nicht auch Hamburger dem „Führer" bei seinen Besuchen zugejubelt, als hätte es in Hamburg keine 150 000 NSDAP-Mitglieder, keine Hamburger Polizeibataillone im „Osteinsatz" oder 100 000 Schnäppchenjäger bei der öffentlichen Versteigerung des Besitzes von Juden gegeben. Die nationalsozialistische „Volksgemeinschaft" basierte eben nicht nur auf rassistischer Ausgrenzung, sondern auch auf wachsender Zustimmung, die der charismatischen Herrschaft in der Führer-Diktatur die nötige Legitimationsbasis verschaffte. Die „Volksgemeinschaft" war der gemeinsame blinde Fleck aller Legenden um Hamburgs NS-Vergangenheit. Unter den Autoren des Mustergau-Bandes befand sich übrigens auch der Journalist und Historiker Götz Aly, der heute mit seinen Thesen von „Hitlers Volksstaat" und der angeblichen „Gefälligkeits-" und „Wohlfühl-Diktatur" des Nationalsozialismus das exakte Gegenteil seiner damaligen Positionen verkündet – tempora mutantur![33]

Hamburg als Hochburg in der Auseinandersetzung mit der NS-Zeit

Die bisherigen Ausführungen könnten nun zu dem Fehlschluss verleiten, dass die Auseinandersetzung mit der nationalsozialistischen Herrschaft in Hamburg in erster Linie durch Mythen und Legendenbildungen geprägt gewesen sei. Tatsächlich jedoch haben diese in den meisten Beiträgen zur NS-Geschichte überhaupt keine Rolle gespielt. Aus dem Abstand vieler Jahrzehnte drängt sich dem Beobachter vielmehr der Eindruck auf, dass Hamburg seit vielen Jahren eine, wenn nicht gar *die* Hochburg kritischer Auseinandersetzung mit der NS-Zeit in Deutschland ist. Wechselseitige Vorwürfe der Legendenbildung und der Vernachlässigung wichtiger Themen täuschen manchmal darüber hinweg und sind doch in erster Linie als Kennzeichen einer kritisch-interessierten Öffentlichkeit zu werten. Nicht jede öffentliche Stellungnahme, die mit dem Satz „Es ist ein Skandal, dass ..." beginnt, indiziert auch tatsächlich einen solchen, sondern transportiert manchmal nur eitle Selbstdarstellung und eine künstliche moralische Aufgeregtheit, die zu den unvermeidlichen Begleitumständen einer großstädtischen Öffentlichkeit gehört. Gleichzeitig ist die kritische öffentliche Debatte ein besonders geeignetes Medium zur Aneignung der Vergangenheit – und harmonischen Gedenkritualen allemal vorzuziehen.

Ungeachtet bestehender Differenzen ziehen in Hamburg kritische Bürger, öffentliche und private Institutionen in der Beschäftigung mit der NS-Zeit letztlich an einem Strang. In kaum einer anderen Stadt sind so viele „Stolpersteine" in Erinnerung an ehemals verfolgte Bürger verlegt worden, gerade auch auf Initiative zahlreicher Einzelpersonen.[34] Das privat finanzierte „Hamburger Institut für Sozialforschung" hat mit seinen Ausstellungen zum Vernichtungskrieg im Osten die Legende von der „sauberen Wehrmacht" entzaubert.[35] Die Forschungsstelle für Zeitgeschichte in Hamburg hat sich mittlerweile den Ruf eines Leuchtturms zeitgeschichtlicher Forschung in Norddeutschland erworben und 2005 eine umfassende Gesamtdarstellung zur Geschichte Hamburgs in der NS-Zeit vorgelegt.[36] Zahlreiche weitere Institutionen innerhalb und außerhalb der Stadt sind ebenfalls in diesem Zusammenhang hervorgetreten: Das Institut für die Geschichte der deutschen Juden, die Universität Hamburg, die Landeszentrale für politische Bildung, das Hamburger Staatsarchiv oder die Hamburger Museen sind hier unter anderem zu nennen, aber auch die mittlerweile in Bremen beheimatete Stiftung für Sozialgeschichte des 20. Jahrhunderts.[37] Des Weiteren zeichnet sich die Öffentlichkeit der Stadt durch eine bis heute lebendige Szene von Geschichtswerkstätten und aktiven Bürgern auf dem Feld der öffentlichen Auseinandersetzung mit der NS-Zeit aus. Hamburgs NS-Geschichte spiegelt sich in einer thematisch breiten historischen Forschung wider, während vergleichbare Städte wie Berlin, München oder Frankfurt diesbezüglich oft nur Leerstellen melden können. Dies gilt für die erwähnte Gesamtdarstellung Hamburgs in der NS-Zeit, die ausdrücklich das Alltagsleben in der NS-Zeit und den Konsens in der „Zustimmungsdiktatur" des Nationalsozialismus thematisiert hat; dies trifft ebenso für die Forschungen zur Verfolgung der Juden[38] wie zahlreicher weiterer Opfergruppen[39] sowie für die Problematik lebensgeschichtlicher Interviews[40] mit diesen Gruppen zu, die andernorts kein Pendant haben. Auch die mehrbändige Gesamtgeschichte der Universität Hamburg in der NS-Zeit steht in Umfang und Qualität einzigartig da.[41] Erklärungsbedürftig sind nicht die Vernachlässigung oder Legendenbildung um Hamburgs NS-Zeit, sondern vielmehr die Breite und Intensität der Auseinandersetzung.

Das umsorgte Problemkind des „Dritten Reichs"

Wenn denn im Hinblick auf die Beschäftigung mit Hamburgs NS-Zeit überhaupt etwas zu bemängeln ist, dann wäre in diesem Zusammenhang der oft verinselte Blick auf die Stadt zu nennen, der im Kern einem hanseatischen Selbst- und Sonderbewusstsein entspringt. Nun setzt die Annahme eines liberalen Sonderweges der Stadt oder eines nationalsozialistischen Mustergaus eigentlich den systematischen Vergleich voraus. Bei näherem Hinsehen zeigt sich jedoch, dass beide Ansätze ohne jede komparative Perspektive auskamen. Zudem überschätzten sie die Bedeutung der Regionalgeschichte nationalsozialistischer Herrschaft, in deren Mittelpunkt nun einmal „Nation" und „Volksgemeinschaft" standen, nicht aber die Besonderheiten der Region. Die politischen Botschaften der NSDAP waren schon in der Weimarer Republik stets „national" gewesen: Allein die kollektive Stärkung und „Wehrhaftmachung" der Nation, die Absage an jede internationale Zusammenarbeit und die Revision des Versailler Vertrages könnten den Weg aus der Krise weisen – diese Parolen fielen durch den faktischen Zusammenbruch der Weltwirtschaft in der Endphase der Weimarer Republik auf fruchtbaren Boden. Die NSDAP hatte es daher gar nicht nötig, sich die regionalen Spezifika in besonderer Weise anzuverwandeln und sich als eigentlicher Vertreter Hamburger, rheinischer, bayerischer oder sonstiger Regionalinteressen zu profilieren. Deshalb nahmen die Nationalsozialisten nach 1933 auch erstaunliche regionale Disparitäten in Kauf, die vor allem beim Blick auf die wirtschaftliche Entwicklung hervortreten. Während der Primat der Aufrüstung in manchen Regionen wie im damaligen Mitteldeutschland[42] – der späteren DDR – einen ungeheuren Boom entfachte, blieben andere Regionen demgegenüber deutlich zurück. Während mancherorts die Arbeitslosigkeit der Weltwirtschaftskrise fast schlagartig von einem Arbeitskräftemangel abgelöst wurde, hatten andere Regionen noch viele Jahre mit einer hohen Branchen- und Sockelarbeitslosigkeit zu kämpfen. Typische „Verlierer" der nationalsozialistischen Aufrüstungspolitik waren unter anderem Grenzregionen wie Baden, die durch die Nähe zu möglichen Kriegsgegnern keine rüstungswirtschaftlichen Aufträge erhielten, Regionen mit exportorientierter Verbrauchsgüterindustrie wie Sachsen, das gleichermaßen unter der Drosselung des privaten Konsums wie des Exportes litt, aber auch Hamburg als internationales Handelszentrum, dessen weltwirtschaftliche Interessen mit der nationalsozialistischen Aufrüstungs- und Autarkiepolitik nicht in Einklang zu bringen waren.

Die Wanderungsbewegungen zwischen den Städten und Regionen nach 1933 dokumentierten die Gewinner und Verlierer der NS-Politik sehr deutlich. Teilweise kehrten sich traditionelle Wanderungsbewegungen diametral um. So stellte das Landesarbeitsamt Mitteldeutschland 1941 in Auswertung der Volkszählung von 1939 fest, dass Thüringen erstmals seit 100 Jahren keine Bevölkerung abgegeben, sondern Wanderungsgewinne erzielt habe. Während lange Zeit die Bewohner des strukturschwachen Mecklenburgs in Scharen fortgezogen waren, zumeist nach Hamburg, ins Ruhrgebiet oder gar nach Amerika, wanderten nach 1933 Hamburger oder Ruhrarbeiter nach Mecklenburg zu, wo die expandierende Flugzeugindustrie – zum Beispiel Dornier in Wismar oder Arado und Heinkel in Rostock – mit prestigeträchtigen, hoch bezahlten Arbeitsplätzen lockte: Eine Abstimmung mit den Füßen, die Verlierer und Gewinner der NS-Politik deutlich machte.

Die heutige „wachsende Stadt" Hamburg gehörte damals zu den am stärksten schrumpfenden Städten des Deutschen Reichs: Von Juni 1933 bis Ende 1936 büßte Hamburg fast 35 000 Einwohner ein, während Rostock in der NS-Zeit seine Einwohnerzahl um mehr als ein Drittel steigerte und

Unmittelbar vor Ausbruch des Zweiten Weltkriegs war Hamburg völlig in die Reichspolitik integriert. Das Foto zeigt Hermann Göring, der unter anderem als „Leiter des Vierjahresplans" die deutsche Wirtschaft kriegsbereit machen sollte, mit Gauleiter Karl Kaufmann beim Festzug anlässlich der Reichstagung der NS-Freizeitorganisation „Kraft durch Freude" (KdF) in Hamburg am 23. Juli 1939.

erstmals in die Liga der Großstädte aufstieg.⁴³ Nichts dokumentierte die Hamburger Misere deutlicher als jene Zuzugssperre, die der Präsident der Reichsanstalt für Arbeitsvermittlung und Arbeitslosenversicherung am 30. August 1934 für Hamburg verhängte.⁴⁴ Jahrhundertelang war Hamburg darauf stolz gewesen, Menschen aus vielen Regionen magnetisch angezogen zu haben. Nun schloss das angebliche „Tor zur Welt" seine Pforten – ein Vorgang mit hohem Symbolwert. Im Jahre 1934 verzeichnete Hamburg unter den Großstädten über 200 000 Einwohner die geringste Abnahme der durchschnittlichen Arbeitslosenzahl. Kurz zuvor hatten die Nationalsozialisten in einer Volksabstimmung in Hamburg ihr reichsweit schlechtestes Wahlergebnis hinnehmen müssen. In der Stadt Hamburg hatten mehr als 20 Prozent der Wahlberechtigten gegen eine Zusammenlegung der Ämter des Reichspräsidenten und Reichskanzlers in der Hand Hitlers gestimmt – mehr als doppelt so viele wie im Reichsdurchschnitt, was der Hamburger Gauleiter als „tiefste Enttäuschung meiner langjährigen Tätigkeit in der Partei" bezeichnete.⁴⁵ So groß war die Not, dass Hitler mit den Hamburger Verantwortlichen im November 1934 sogar einen Krisengipfel über die Notlage Hamburgs abhielt, bei der der „Führer" zu Protokoll gab, dass die Voraussetzungen, unter denen sich Hamburg zu einer Millionenstadt entwickelt habe, heute eben nicht mehr gegeben seien. Im Mai 1935 bekannte der Hamburger Gauleiter in einer Rede vor der Handelskammer, dass die Maßnahmen der nationalsozialistischen Reichsregierung an Hamburg „im wesentlichen vorbeigingen".⁴⁶ Noch bis 1938 galt die Stadt offiziell als reichsweit anerkanntes „Notstandsgebiet".

Es kann kein Zweifel bestehen, dass die Legenden um die Unvereinbarkeit zwischen Hamburg und dem Nationalsozialismus in der besonderen Krisensituation der Stadt nach 1933 ihren Ursprung hatten und sich ja bereits in den Berichten ausländischer Konsulate aus der Hansestadt in den 30er Jahren deutlich niedergeschlagen hatten. Wenn denn Hamburg nach 1933 ein ausgesprochenes Problemkind des „Dritten Reichs" gewesen war, hatten dann nicht doch jene Recht gehabt, die nach 1945 Hamburg als impliziten Gegenspieler des Nationalsozialismus bezeichnet hatten? Bestätigt denn die im interregionalen Vergleich hervortretende Krisenstellung Hamburgs nicht nachträglich diese Position? Die eindeutige Antwort lautet: nein. Denn die Nationalsozialisten ließen es nicht mit der Randstellung Hamburgs im „Dritten Reich" bewenden. Sie änderten zwar nicht die Grundaxiome ihrer Politik, doch reagierten sie auf die besonderen Schwierigkeiten der Hansestadt mit Zuwendung, Fürsorge und Kompensation. Dieses Wohlwollen einem Problemkind gegenüber kam beispielsweise im Groß-Hamburg-Gesetz von 1937⁴⁷ deutlich zum Ausdruck, das natürlich primär von den rüstungswirtschaft-

Mit dem Groß-Hamburg-Gesetz von 1937, das die Städte Hamburg, Wandsbek, Harburg und Altona zusammenschloss, trug die nationalsozialistische Politik zur Einschränkung potenzieller Gegnerschaft den besonderen Problemen Hamburgs Rechnung. Adolf Hitler begutachtet Modelle zur Neugestaltung von „Groß-Hamburg", 29. März 1938.

lichen Maximen des Vierjahresplanes und der Absicht bestimmt wurde, die wirtschaftliche Grundstruktur der Stadt mit der nationalsozialistischen Aufrüstungspolitik besser in Einklang zu bringen. Das Gesetz symbolisierte jedoch auch ein erhebliches machtpolitisches Entgegenkommen, griff es doch massiv in angestammte „Hoheitsrechte" mächtiger benachbarter Gauleiter ein, die sich über das Gesetz keineswegs begeistert zeigten. Auch die Aufnahme Hamburgs in die Liga der sogenannten „Führerstädte" dokumentierte deutlich eine durch Fürsorge und Kompensation gekennzeichnete Haltung des Reichs gegenüber der Hansestadt.[48] Gerade diese Kompensation verstrickte jedoch die Stadt tief in die Verbrechen des „Dritten Reichs", wie die „Führerstadt"-Planungen zeigten, ohne die das Konzentrationslager Neuengamme, das die Klinkersteine für die zahlreichen Neubauten produzieren sollte, wohl kaum errichtet worden wäre. Ähnliche Zusammenhänge waren auf dem Feld der Wirtschaftspolitik zu beobachten. Weil die wirtschaftspolitische Grundausrichtung des „Dritten Reichs" traditionellen Hamburger Interessen zuwiderlief, so bemühte sich das Reich im Gegenzug um eine gewisse Entschädigung und Kompensation.

Diese Konstellation zeitigte im Zweiten Weltkrieg jedoch fatale Folgen. Nachdem die internationalen Verbindungen Hamburger Handelshäuser infolge des Kriegsausbruchs fast vollständig zusammengebrochen waren, eröffneten sich Kompensationsmöglichkeiten natürlich vor allem in jenen Gebieten, die militärisch erobert und unterjocht worden waren. Von diesen Möglichkeiten machten die Hamburger Verantwortlichen skrupellos Gebrauch, nachdem Gauleiter Kaufmann zahlreiche Hamburger Interessenvertreter in Schlüsselstellungen der deutschen Besatzungsadministration gehievt hatte. So waren etwa der Gauwirtschaftsberater der Hamburger NSDAP, Carlo Otte, als Hauptabteilungsleiter Volkswirtschaft beim Reichskommissar in Norwegen, der ehemalige Präses der Wirtschaftsbehörde, Dr. Gustav Schlotterer, als Leiter der Wirtschaftsabteilung des Ostministeriums und der Hamburger Senatsdirektor Dr. Walther Emmerich als Wirtschaftsminister im Generalgouvernement tätig. Emmerich ernannte unter anderem vierzig Handelsunternehmen zu „Kreisgroßhändlern", unter ihnen allein zwanzig Hamburger Firmen, die in dieser Funktion jüdische Betriebe und ihre Lagerbestände für sich vereinnahmen konnten und außerdem für den Verkauf des Inventars liquidierter jüdischer Unternehmen zuständig waren.[49] Anlässlich seines Geburtstages trugen ihm die Kreisgroßhändler das selbstgedichtete Lied „Alibaba und die vierzig Räuber" vor, das andeutete, wie tief sich Teile der Hamburger Wirtschaft in die Raubpolitik der Nationalsozialisten verstrickt hatten.

Ironischerweise war es jedoch nicht der Interessengleichklang zwischen den Hamburger Unternehmen und den Nationalsozialisten, der diese Verstrickung beförderte. Afrikafirmen mochten vielleicht von einer Wiederherstellung deutscher Kolonien in Afrika träumen – der „Lebensraum im Osten" hingegen stand nicht auf der Agenda ihrer strategischen Ziele, obwohl sich viele im „Osteinsatz" betätigten.[50] Sie verstrickten sich gerade deshalb besonders tief in die deutsche Besatzungs- und Vernichtungspolitik, weil ihre weltmarktorientierten Handelsinteressen eigentlich nicht zu den Zielen des NS-Regimes passten – und deshalb kompensatorisch im nationalsozialistischen „Großraum Europa" befriedigt werden mussten: eine ironische Pointe der Geschichte, die natürlich die moralische Verantwortung der beteiligten Hamburger Interessenvertreter und Unternehmen in keiner Weise vermindert. Hamburg war zwar ein Problemkind des „Dritten Reichs", aber ein gleichzeitig kompensatorisch umsorgtes. Gerade deshalb verstrickte sich die Stadt tief in die Verbrechen des NS-Regimes.

Zeitleiste

Zusammengestellt von Carsten Prange

803/804–811
Mutmaßlicher Siedlungsbeginn um die Hammaburg

831
Gründung des Erzbistums in Hamburg als Missionszentrum für den Norden durch Kaiser Ludwig mit Ansgar als Bischof

834
Bau der fränkischen Festungsanlage Hammaburg beendet

845
Überfall durch die Wikinger, Zerstörung des Doms und Plünderung der Siedlung (spätestens ab 858 Wiederaufbau); als Folge 848 Zusammenlegung von Hamburg und Bremen zu einem Erzbistum mit Sitz in Bremen

Um 1035
Erbauung des ersten steinernen Doms und des Bischofsturms unter Erzbischof Bezelin

Um 1061
Gegenüber der Alsterburg (heutiger Rathausmarkt) Errichtung der Neuen Burg (Nähe Nikolaikirche) durch die Billunger Grafen als Herrscher über Holstein

1111
Die Schauenburger Grafen werden Landesherren von Holstein und damit auch von Hamburg

1188
Besiedlung der Neustadt am Alsterufer unter Graf Adolf III. von Schauenburg

1189
Kaiser Friedrich I. Barbarossa verleiht angeblich Bewohnern der Hamburger Neustadt ein Privileg für Handel und Schifffahrt auf der Elbe

1195
Aufstauung der Alster zur späteren Außenalster (1235 zweite Aufstauung, Entstehung des Binnenalsterbeckens)

Um 1220
Aufzeichnung des ersten für die Gesamtstadt gültigen Stadtrechts

1227
Schlacht bei Bornhöved; der Sieg des holsteinischen Heeres über die Truppen des dänischen Königs angeblich verursacht durch ein Gelöbnis des Grafen Adolf IV. von Schauenburg, des Stadtherrn von Hamburg, an die heilige Maria Magdalena

1248
Baubeginn für den neuen Dom (Weihe 1329)

1255
Hamburg und Lübeck vereinbaren die „Mark Lübsch" als gemeinsame Währung, die bald im gesamten Einflussbereich der Hanse gebräuchlich wird

1284
Zerstörung weiter Teile der Stadt durch Brand

1286
Errichtung des Leuchtfeuers auf der zu Hamburg gehörenden Insel Neuwerk in der Elbmündung

1290
Baubeginn für das alte Rathaus an der Trostbrücke

Um 1300
Bildung der „Hanse" als Städtebündnis mit Beteiligung Hamburgs

1349/1350
Die Große Pest in Hamburg

1356
Matthiae-Mahl des Rates zum ersten Mal erwähnt

1365
Kaiser Karl IV. erteilt Hamburg ein Messe- und Marktprivileg

1375/1376
Handwerkeraufstände; Gründung der Ämter (Zünfte)

Um 1400
Erfolgreicher Kampf der „Hanse" gegen die Seeräuber

1410
Erster Rezess – Vertrag über die Machtverteilung zwischen Rat und Bürgerschaft

1420
Eroberung Bergedorfs durch Hamburg und Lübeck: gemeinsame Verwaltung bis 1867

1460
Vertrag von Ripen: Die Herrschaft über Holstein (und damit über Hamburg) wird mit der dänischen Krone in Personalunion vereint

1497
Hamburger Stadtrechtsreform (Herausgabe einer Bilderhandschrift mit Miniaturen zum Stadt- und Schiffsrecht)

1510
Der Augsburger Reichstag erklärt Hamburg zur reichsfreien Stadt; dagegen Widerspruch des dänischen Königs in seiner Eigenschaft als Herzog von Holstein; Hamburg zieht aus der ungeklärten Situation Nutzen, indem es durch Taktieren zwischen dem Reich und Dänemark gelegentlich beiden Mächten die jeweils geforderten Steuern vorenthält

1523
Beginn der reformatorischen Predigten in Hamburg

1525
Sieg der Hamburger Flotte unter Ditmar Koel über den Seeräuber Claus Kniphoff

1529
Billigung der von Johannes Bugenhagen verfassten neuen Kirchenordnung durch Rats- und Bürgerbeschluss; offizielle Einführung der lutherischen Konfession als verbindlich für die Stadt; „Langer Rezess" zwischen Rat und Bürgerschaft (gilt bis 1712); Gründung des Johanneums als höhere Lateinschule

1558
Gründung der Hamburger Börse

1567
Beginnende Zuwanderung von Glaubensflüchtlingen aus den Niederlanden sowie von portugiesischen Juden; Kontrakt mit den „Merchant Adventurers"

1603
„Huldigung" (zwangsweise Anerkennung) für König Christian IV. von Dänemark als Landesherrn Hamburgs

1604
Gründung des städtischen Waisenhauses

1606
Errichtung des allgemeinen Krankenhauses („Pesthof") vor dem Millerntor

1613
Gründung des Akademischen Gymnasiums als prä-universitäre Bildungseinrichtung

1616–25
Bau einer neuen Stadtbefestigung durch Johan van Valckenburgh, wodurch Hamburg von den Auswirkungen des Dreißigjährigen Kriegs weitgehend verschont bleibt

1618
Bestätigung des Status als Freie Reichsstadt Hamburg durch das Reichskammergericht; dagegen erneuter Einspruch Dänemarks; mit der „Wöchentlichen Zeitung" beginnt Hamburg sich als Zentrum gedruckter Medien zu etablieren

Zeitleiste

1619
Errichtung der Hamburger Bank

1626
Einrichtung der Reeperbahnen am Hamburger Berg vor dem Millerntor

1629
Letzter Hansetag: Hamburg, Bremen und Lübeck werden mit der künftigen Wahrnehmung der Interessen beauftragt

1648
Mit dem Westfälischen Frieden, der den Dreißigjährigen Krieg beendet, fallen das Areal des Hamburger Doms und das Kapitel an Schweden

1661
Einweihung der ersten großen Michaeliskirche

1664
Verleihung der Stadtrechte an Altona durch König Friedrich III. von Dänemark in Konkurrenz zu Hamburg (mit königlicherseits bewusster Verordnung religiöser Toleranz); Mandat zum Schutz der Alsterschwäne, die als Symbol der Unabhängigkeit der Stadt gelten; neuerliche große Pestepidemie in Hamburg

1665
Der Jungfernstieg wird angelegt

1668/1669
Bau der ersten Konvoischiffe zum Schutz der Hamburger Kauffahrer vor Piratenüberfällen

1671
Gründung des Dreibundes der jüdischen Gemeinden Altona, Hamburg und Wandsbek

1676
Gründung der „General-Feuercassa" als erste öffentliche Feuerversicherung

1678
Eröffnung der Oper am Gänsemarkt

1685
Das Kirchspiel St. Michaelis (Neustadt) erhält volle bürgerliche Rechte; Höhepunkt der langjährigen Konflikte zwischen Rat und Bürgerschaft um die Machtverteilung

1708–1712
Kaiserliche Kommission in Hamburg zur Beilegung der Streitigkeiten zwischen Bürgerschaft und Rat: Rezess von 1712 bildet Grundlage der hamburgischen Verfassung bis 1860

1712–1714
Letzte große Pestepidemie in Hamburg

1719
Im Zuge des Nordischen Kriegs fällt das Hamburger Domkapitel mit dem Dom an den Kurfürsten von Hannover

1737
Gründung der ersten deutschen Freimaurerloge in Hamburg

1738
Schließung der Oper am Gänsemarkt

1749
Erste Navigationsschule in Hamburg eröffnet

1750
Die große Michaeliskirche durch Blitzschlag zerstört (Neubau des Baumeisters Sonnin, 1762 eingeweiht)

1751
Eröffnung der „Öffentlichen Stadtbibliothek" (Vorgänger der Staats- und Universitätsbibliothek)

1765
„Hamburgische Gesellschaft zur Förderung der Künste und nützlichen Gewerbe" (Patriotische Gesellschaft) gegründet

1767/1768
„Deutsches Nationaltheater" am Gänsemarkt als privates Unternehmen mit dem Dichter Gotthold Ephraim Lessing als Dramaturg

1768
Anerkennung Hamburgs als „Kaiserlich Freie Reichsstadt" durch Dänemark (Vergleich von Gottorp)

1778
Gründung der Allgemeinen Versorgungsanstalt mit der ersten Sparkasse in Europa

1803
Durch den Reichsdeputationshauptschluss mit der Säkularisierung aller geistlichen Besitztümer fällt das Domareal an Hamburg; Abriss der Domkirche ab 1804

1806–1814
Im Zuge der napoleonischen Eroberungskriege Besetzung Hamburgs durch die Franzosen

1811
Eingliederung Hamburgs in das französische Kaiserreich als Teil des „Departements Elbmündung"

1813
Kurzfristige Vertreibung der Franzosen durch eine russische Armee unter Tettenborn; Gründung der Hanseatischen Legion mit Truppenteilen aus Hamburg, Lübeck und Bremen

1815
Beitritt Hamburgs zum Deutschen Bund

1823
Einweihung des Allgemeinen Krankenhauses in St. Georg

1827
Eröffnung des Stadttheaters an der Dammtorstraße (heute: Staatsoper); Gründung der Hamburger Sparcasse als Nachfolgeinstitut der 1811 geschlossenen Versorgungsanstalt

1831/1832
Große Choleraepidemie in Hamburg

1833
Gründung des Rauhen Hauses; die Bewohner der Vorstädte St. Georg und St. Pauli erhalten volles Bürgerrecht

1839
Gründung des Vereins für Hamburgische Geschichte

1842
Stadtbrand zerstört Altstadt (der Brand gibt Anlass zur Verbesserung des Wasserversorgungssystems); Hamburg-Bergedorfer Eisenbahn (1846 bis Berlin verlängert)

1843
Eröffnung des Thalia-Theaters

1847
„Hamburg-Americanische Packetfahrt-Actien-Gesellschaft" (HAPAG) gegründet; seit 1856 regelmäßiger Dampferverkehr nach den USA (Auswanderung über Hamburg)

1848/1849
Infolge der Revolutionen in Frankreich und Deutschland auch Unruhen in Hamburg und Verhandlungen über eine Verfassungsreform, die aber erst 1860 durchgeführt wird

1860
Neue Hamburger Verfassung; Aufhebung der Torsperre

1864
Einführung der Gewerbefreiheit und Aufhebung der Zunftbeschränkungen des Handwerks

1866
Inbetriebnahme des Sandtorkais

Zeitleiste

1867
Beitritt Hamburgs zum Norddeutschen Bund

1869
Eröffnung der Kunsthalle

1871
Einführung der Reichsverfassung in Hamburg

1877
Gründung der Werft von Blohm + Voss; Eröffnung des Zentralfriedhofs in Ohlsdorf; Eröffnung des Museums für Kunst und Gewerbe am Steintorplatz

1879
Gründung des Museums für Völkerkunde

1881
Zollanschlussvertrag zwischen dem Deutschen Reich und Hamburg

1888
Fertigstellung der Speicherstadt und Eröffnung des Hamburger Freihafens

1892
Erneute und heftigste Choleraepidemie

1896/1897
Hafenarbeiterstreik

1897
Fertigstellung des neuen Rathauses

1899
Erste Öffentliche Bücherhalle eröffnet

1900
Eröffnung des Deutschen Schauspielhauses

1901–1907
HAPAG errichtet Auswandererstadt auf der Veddel

1906
Große Michaeliskirche durch Brand zerstört; Eröffnung des Hauptbahnhofs

1907
Eröffnung von Hagenbecks Tierpark

1908
Die „Sammlung Hamburgischer Alterthümer" wird in ein staatliches „Museum für Hamburgische Geschichte" umgewandelt; Eröffnung der Musikhalle

1909
Die Mönckebergstraße wird für den Verkehr freigegeben

1910
Hamburg wird Millionenstadt

1911
Einweihung des Alten Elbtunnels

1912
Inbetriebnahme der Ringstrecke der Hamburger Hochbahn

1914
Eröffnung des Stadtparks in Winterhude

1914–1918
Erster Weltkrieg

1918–1919
Revolutionäre Unruhen in Hamburg

1919
Eröffnung der Universität; Gründung des HSV als Zusammenschluss von drei Hamburger Sportvereinen

1924
Erste Sendung der Nordischen Rundfunk AG (Norag – Vorläufer des NDR) aus Hamburg

1926
Erster Redeauftritt Adolf Hitlers in Hamburg

1930
Eröffnung des Planetariums im Stadtpark

1933
Beginn des nationalsozialistischen Regimes auch in Hamburg

1935
Eröffnung von „Planten un Blomen"; Erweiterung des Flughafens in Fuhlsbüttel

1937
Groß-Hamburg-Gesetz: Eingemeindung von Altona, Harburg und Wandsbek

1938
Zerstörung der Synagogen und jüdischen Einrichtungen sowie Geschäfte im Novemberpogrom; Einrichtung des Konzentrationslagers Neuengamme

1939–1945
Zweiter Weltkrieg

1941
Beginn der Deportationen „nichtarischer" Mitbürger; erste Luftangriffe auf Hamburg

1943
„Feuersturm" in Hamburg: Bombenangriff „Operation Gomorrha"

1945
Übergabe Hamburgs an die britische Besatzungsmacht

1947
Offizieller Abschluss der „Entnazifizierung" durch die britische Militärverwaltung

1948
Währungsreform

1949
Hamburg wird Bundesland in der neuen Bundesrepublik Deutschland

1951
Freigabe des deutschen Handelsschiffbaus

1961
Gesetz für die Hafenerweiterung verabschiedet

1962
Große Flutkatastrophe; Eröffnung des „Star-Clubs" in der Großen Freiheit

1964
Inbetriebnahme von DESY (Deutsches Elektronen-Synchrotron) für Grundlagenforschung

1968
Baubeginn zum Neuen Elbtunnel

1974
Freigabe der Köhlbrandbrücke für den Verkehr

1975
Eröffnung des Neuen Elbtunnels

1983
Eröffnung der Technischen Universität Harburg

1996
Einrichtung des Internationalen Seegerichtshofes in Hamburg

1999/2000
Masterplan zur Realisierung der HafenCity

2002
Inbetriebnahme des Container-Terminals Altenwerder

Anmerkungen

Mythos und Realität – erwünschte und erlebte Geschichte
Zur Einleitung

1. Vgl. Joist Grolle, Das Hamburgbild in der Geschichtsschreibung des 19. Jahrhunderts, in: Inge Stephan und Hans-Gerd Winter (Hrsg.), „Heil über dir Hammonia". Hamburg im 19. Jahrhundert – Kultur, Geschichte, Politik, Hamburg 1992, S. 17–46.
2. Vgl. Etienne François und Hagen Schulze, Das emotionale Fundament der Nationen, in: Monika Flacke (Hrsg.), Mythen der Nationen – Ein europäisches Panorama, München und Berlin 1998, S. 17–32.
3. Zdenŭk Hojda, Das „Slawische Epos" aus der Sicht des Historikers, in: Karel Srp (Hrsg.), Das Slawische Epos. Katalog zur Ausstellung „Alfons Mucha – Das Slawische Epos", Krems 1994, S. 143–151, hier S. 144.
4. Helmuth Plessner, Die verspätete Nation. Über die politische Verführbarkeit bürgerlichen Geistes, Stuttgart 1959.
5. Hans-Dieter Loose, Das Zeitalter der Bürgerunruhen und der großen europäischen Kriege 1618–1712, in: Werner Jochmann und Hans-Dieter Loose (Hrsg.), Hamburg. Geschichte der Stadt und ihrer Bewohner, Bd. I: Von den Anfängen bis zur Reichsgründung, Hamburg 1982, S. 259–350, speziell S. 269–287.
6. Zur Diskussion um den „Barbarossa-Freibrief" vgl. Gerhard Theuerkauf, Von Kaiser Friedrich Barbarossa zum „Barbarossa-Privileg". Politik der Stadt Hamburg in der Stauferzeit, in: Volker Plagemann (Hrsg.), Die Kunst des Mittelalters in Hamburg. Aufsätze zur Kulturgeschichte, Hamburg 1999, S. 39–49.
7. Heinrich Reincke, Hamburgs Aufstieg zur Reichsfreiheit, in: Zeitschrift des Vereins für Hamburgische Geschichte Bd. 47, Hamburg 1961, S. 17–34, hier S. 17.
8. So noch Heinz-Jürgen Brandt, Das Hamburger Rathaus. Eine Darstellung seiner Baugeschichte und eine Beschreibung seiner Architektur und künstlerischen Ausschmückung, Hamburg 1957, S. 90.
9. Vgl. Christian Meier, Demokratie I: Antike Grundlagen, in: Otto Brunner, Werner Conze, Reinhart Koselleck (Hrsg.), Geschichtliche Grundbegriffe. Historisches Lexikon zur politisch-sozialen Sprache in Deutschland Bd. 1, Stuttgart 1972, S. 821–835.
10. Zur verfassungsrechtlichen Situation von Venedig und Amsterdam vgl. Peter Burke, Venedig und Amsterdam im 17. Jahrhundert, dtsch. Ausg. Göttingen 1993.
11. Heinz-Jürgen Brandt (wie Anm. 8).
12. Joist Grolle in der Einleitung zu: Ders. (Hrsg.), Das Rathaus der Freien und Hansestadt Hamburg, Hamburg 1997, S. 12.
13. Vgl. dazu Lothar Gall, Bismarck. Der weiße Revolutionär, 2. Aufl. München 2002, S. 17–18.

Die Nation und ihre konstruierte Tradition

1. Zu Nation und Volk vgl. u. a. Artikel „Volk, Nation" von Fritz Gschnitzer, Reinhart Koselleck, Bernd Schönemann, Karl Ferdinand Werner in: Otto Brunner, Werner Conze, Reinhart Koselleck (Hrsg.), Geschichtliche Grundbegriffe. Historisches Lexikon zur politisch-sozialen Sprache in Deutschland, Stuttgart 1992, Bd. 7, S. 141–431.
2. Vgl. Eric Hobsbawm und Terence Ranger, The invention of tradition, Cambridge 1993.
3. Etienne François, Hannes Siegrist, Jacob Vogel, Nation und Emotion. Frankreich und Deutschland im Vergleich, Göttingen 1995, S. 23.
4. Ernest Renan, Was ist eine Nation? in: Michael Jeismann und Henning Ritter (Hrsg.), Grenzfälle. Über alten und neuen Nationalismus, Leipzig 1993, S. 290–311, S. 308f.
5. Vgl. Monika Flacke, Die Begründung der Nation aus der Krise, in: Monika Flacke (Hrsg.), Mythen der Nationen. Ein europäisches Panorama, München und Berlin 1998, S. 102–107.
6. Stefan Germer, Retrovision. Erfindung der Nationen durch die Kunst, in: Flacke (Hrsg.) (wie Anm. 5), S. 41.
7. Germer (wie Anm. 6), S. 42.
8. Vgl. Horst Bredekamp, Bildakte als Zeugnis und Urteil, in: Monika Flacke (Hrsg.), Mythen der Nationen. 1945 Arena der Erinnerungen, Mainz 2004, S. 29–66.
9. Michael Jeismann, Das Vaterland der Feinde. Studien zum nationalen Feindbegriff und Selbstverständnis in Deutschland und Frankreich 1792–1918, Stuttgart 1992, S. 376.
10. Etienne François und Hagen Schulze, Das emotionale Fundament der Nation, in: Flacke (Hrsg.) (wie Anm. 5), S. 18.
11. Jeismann spricht von der „konstitutiven Rolle des Feindes". Vgl. Jeismann (wie Anm. 9), S. 382.
12. Vgl. Flacke (wie Anm. 5), S. 111–115.
13. Vgl. Heinrich Bornkamp, Luther im Spiegel der deutschen Geistesgeschichte, Heidelberg 1955, S. 22.
14. Gottfried Gabriel Bredow, Merkwürdige Begebenheiten aus der allgemeinen Weltgeschichte. Für den ersten Unterricht in der Geschichte, besonders für Bürger- und Landschulen, Altona 1808, S. 99f.
15. Eduard Duller, Geschichte des deutschen Volkes, bearbeitet und fortgesetzt von William Pierson, Bd. 2, Berlin 1891, S. 11.
16. Duller 1891 (wie Anm. 15), S. 4.
17. Adolph von Schaden (Hrsg.), Kurzgefaßte Erzählungen eines Großvaters aus der Bayerischen Geschichte, als Preisbuch und Leitfaden beim Elementarunterricht der vaterländischen Jugend, Bd. 2, München 1832, S. 30.
18. Theodor Bernhard Welter, Lehrbuch der Weltgeschichte für Schulen. Ein frei bearbeiteter Auszug aus des Verfassers größerem Werke, Münster 1848, S. 224.

19 Vgl. Dieter Düding, Friedemann Peter, Paul Münch (Hrsg.), Politische Feste in Deutschland von der Aufklärung bis zum Ersten Weltkrieg, Reinbek bei Hamburg 1988.

20 Vgl. Etienne François, Luther au pays des images, in: L'Histoire 61, Nov. 1983, S. 76.

Die Wandbilder des großen Festsaals im Hamburger Rathaus als Manifestation von „Mythen hamburgischer Geschichte"

1 Vgl. hierzu den Beitrag von Gisela Jaacks in diesem Band.

2 StAHH, Bestand 322-1 Rathausbaukommission (im weiteren zit. RBK), bes. 164–173. Wie Hermann Hipp bezüglich der Akten der Rathausbaukommission treffend schreibt, war es offenbar „explizites Anliegen aller Beteiligten [...] *jeden* auch noch so nebensächlichen Bestandteil der zahlreichen Entscheidungsprozesse, die bei diesem Monumentalgebäude anfielen, der Nachwelt zu überliefern". Hermann Hipp, Das Hamburger Rathaus, in: Ekkehard Mai, Jürgen Paul und Stephan Waetzoldt (Hrsg.), Das Rathaus im Kaiserreich. Kunstpolitische Aspekte einer Bauaufgabe des 19. Jahrhunderts, Berlin 1982, S. 179–230, hier S. 182.

3 Richard Graul, Die Wandgemälde des Grossen Saales im Hamburger Rathaus, Leipzig 1909.

4 Vgl. etwa Ursula Lederle, Gerechtigkeitsdarstellungen in deutschen und niederländischen Rathäusern, Heidelberg 1937.

5 Vgl. hierzu Charlotte Kranz-Michaelis, Rathäuser im deutschen Kaiserreich. 1871–1918, München 1976 (Materialien zur Kunst des neunzehnten Jahrhunderts Bd. 23). Mai/Paul/Waetzoldt 1982 (wie Anm. 2).

6 Vgl. hierzu Heinz-Toni Wappenschmidt, Studien zur Ausstattung des deutschen Rathaussaales in der 2. Hälfte des 19. Jahrhunderts bis 1918, Bonn 1981.

7 Diese – etwa vom Vorbild der Gotik zu dem der Renaissance als favorisiertem Baustil für Rathäuser – ist in der Literatur hinlänglich besprochen worden. Vgl. etwa Kranz-Michaelis 1976 (wie Anm. 5), S. 101; Jürgen Paul: Das „Neue Rathaus" – eine Bauaufgabe des 19. Jahrhunderts, in: Mai/Paul/Waetzoldt 1982 (wie Anm. 2), S. 41–56.

8 Vgl. Wappenschmidt 1981 (wie Anm. 6), S. 180.

9 Zur Beziehung allegorischer Darstellungen zur Geschichte im 19. Jahrhundert vgl. Monika Wagner, Allegorie und Geschichte, Tübingen 1989. Wagner beschäftigt sich mit verschiedenen Gattungen öffentlicher Bauten, jedoch nicht mit Rathäusern. Hier wird auf Wappenschmidt (vgl. Anm. 6) verwiesen.

10 Kranz-Michaelis 1976 (wie Anm. 5), S. 116/117.

11 Vgl. auch Wagner 1989 (wie Anm. 9), S. 31.

12 Vgl. Paul 1982 (wie Anm. 7), S. 30 sowie die Liste S. 87–89.

13 Zu sämtlichen noch älteren Vorgängerbauten bzw. als Rathaus genutzten Gebäuden vgl. Heinz-Jürgen Brandt, Das Hamburger Rathaus, Hamburg 1957, S. 11/12, sowie Kranz-Michaelis 1976 (wie Anm. 5), S. 158.

14 Die Wahl dieses Standorts, festgelegt in den Plänen zum Wiederaufbau nach dem Brand, wurde allerdings in den folgenden Jahren durchaus heftig diskutiert. Vgl. hierzu Brandt 1957 (wie Anm. 13), S. 14–16 u. 25–39.

15 Vgl. hierzu Brandt 1957 (wie Anm. 13), S. 20.

16 Zur Baugeschichte des Hamburger Rathauses vgl. Brandt 1957 (wie Anm. 13). Insbesondere das Aktenmaterial berücksichtigt noch einmal die ausführliche Darstellung Hermann Hipps. Hipp 1982 (wie Anm. 2).

17 Kranz-Michaelis 1976 (wie Anm. 5), S. 86; Jutta Zander-Seidel, Kunstrezeption und Selbstverständnis. Eine Untersuchung zur Architektur der Neurenaissance in Deutschland in der ersten Hälfte des 19. Jahrhunderts, Erlangen 1980, S. 192 u. S. 243.

18 Vgl. Hipp 1982 (wie Anm. 2), S. 201. Verschiedentlich sind in der Literatur politische Aspekte der Wahl bestimmter Stile, insbesondere auch die Verbindung demokratischer Tendenzen zu italienischer Renaissance-Architektur diskutiert worden; vgl. etwa Zander-Seidel 1980 (wie Anm. 17), S. 37/38 u. 238/239: „Neurenaissance als Programmarchitektur des vorrevolutionären Bürgertums"; oder Cornelia Hilpert, Architekturwettbewerbe und Ausschreibungswesen in der zweiten Hälfte des 19. Jahrhunderts in Deutschland, in: Renaissance der Renaissance. Ein bürgerlicher Kunststil im 19. Jahrhundert. Ausst.-Kat. Weserrenaissance-Museum Schloss Brake, hrsg. von G. Ulrich Großmann und Petra Krutisch, Berlin/München 1992, S. 255–271, hier S. 256: „Die italienischen Renaissancevorbilder spielten für die kämpferische Phase des deutschen Bürgertums als Ausdruck vormärzlich liberaler Überzeugungen eine bestimmende Rolle. Nach dem Scheitern der Revolution 1848/49 wurde der einheitliche Neorenaissancestil abgelöst durch regionalspezifische Varianten wie die ‚nordische Renaissance'[...] Diese Renaissanceismen waren nicht mehr weltanschaulich oder politisch motiviert, sie dienten vielmehr der Befriedigung staatlicher und bürgerlicher Repräsentationswünsche."

19 Zander-Seidel 1980 (wie Anm. 17), S. 205–208.

20 Skizzen zu diesen Gemälden befinden sich im Staatsarchiv Hamburg. Vgl. zum Thema Gisela Jaacks, Mythologisches Programm und historische Panegyrik. Hamburger Beiträge zur bildlichen Staatsallegorik im 18. und 19. Jahrhundert, in: Beiträge zur deutschen Volks- und Altertumskunde 23/1984, S. 17–29, hier S. 22, die vor allem Venedig als ein für ein „unbelastetes Vorbild" in Frage kommendes Beispiel bezeichnet.

21 Brandt 1957 (wie Anm. 13), S. 90.

22 Brandt 1957 (wie Anm. 13), S. 91/92.

23 Vgl. Graul 1909 (wie Anm. 3), S. 5.

24 StAHH, Senat Cl. VII Lit Fc. No 11 12 c Fasc. 21,3;

Anmerkungen

Brief Hallers vom 14. Oktober 1889. Der folgende Briefwechsel ist weitgehend erhalten.

25 StAHH, Senat Cl, VII Lit Fc. No 11 12 c Fasc. 21, 5a.

26 Brandt 1957 (wie Anm. 13), S. 99.

27 Die Diskussion der verschiedenen Techniken, die in den Quellen sowie auch schon bei Graul 1909 (wie Anm. 3) dokumentiert ist, wird hier nicht weiter beschrieben, da sie zwar nicht von der Anknüpfung an Traditionen zu trennen ist, für die Wahl der Themen aber keine Rolle spielt.

28 StAHH, RBK 322-1 /165, Nr. 11. Die Zitate des folgenden Absatzes sind dieser Quelle entnommen.

29 Vgl. Jaacks 1984 (wie Anm. 20), S. 23.

30 StAHH, Senat Cl, VII Lit Fc. No 11 12 c Fasc. 21,6

31 Auszug aus dem Protokoll der Rathausbau-Commission [...] betr. Briefe der Sachverständigen über [...] zur Darstellung zu bringenden Gegenstände. StAHH, RBK 322-1 / 165, Nr. 14.

32 StAHH, RBK 322-1 / 165, Nr. 16.

33 StAHH, RBK 322-1 / 165, Nr. 13. In derselben Akte befindet sich auch ein (wohl fälschlich) der Nummer 11 zugeordnetes Blatt mit Bleistiftnotizen Hagedorns mit den gleichen Themen und einer im frühen Mittelalter beginnenden Zeitleiste mit Ereignissen hamburgischer Geschichte.

34 StAHH, Plankammer. Für den Hinweis auf diesen Bestand sowie für Rat und Hilfe bei der Bearbeitung dieses Artikels danke ich sehr Herrn Joachim W. Frank, StAHH.

35 Geb. 11. Mai 1853 in St. Pauli (Hamburg), gest. 17. Juli 1898 in Bonn. Vgl. Allgemeines Künstlerlexikon, Bd. 51, S. 44/45.

36 Geb. 5. Mai 1835 in Wesel, gest. 31. Mai 1898 in Rom. Vgl. AKL, Bd. 52, S. 350–353.

37 So auch genannt in einer Anlage zu einem Brief vom 8. August 1898 mit Benennung der „von [...] Carl Gehrts [...] abgesandten Arbeiten". StAHH, RBK 322-1 / 165. Bei Graul wird die Szene als „Sieg über die Dänen bezeichnet", Graul 1909 (wie Anm. 3), S. 10.

38 „[...] Karl der Große unter freiem Himmel ... Gericht haltend. Zu seiner Rechten überwundene heidnische Häuptlinge [...] Zu seiner Linken ein christlicher Priester im bischöflichen Ornat die Schenkungsurkunde seines Stifts empfangend [...] heidnische Priesterinnen, die [...] ihre Harfen zerschmettern [...] Kinder um einen geistlichen Lehrer versammelt. In der Ferne der Bau einer Kirche. – Sodann die Ankunft ausländischer Gesandtschaften: Slawen, Byzantiner, Italiener [...]"

39 Graul 1909 (wie Anm. 3), S. 13.

40 StAHH, RBK 322-1 / 165, Nr. 13.

41 Vgl. Brandt 1957 (wie Anm. 13), S. 135, Anm. 184.

42 Die Verbindung allegorischer und historischer Figuren in einem Bild kennzeichnet Geselschaps Entwürfe übrigens insgesamt, eine Vorgehensweise, die im 19. Jahrhundert nicht unproblematisch gesehen wurde; vgl. hierzu Wagner 1989 (wie Anm. 9), S. 57.

43 Gutachten Woermann vom 30. Mai 1898, RBK 322-1 / 167b.

44 Gutachten Lichtwark vom 8. Juni 1898, RBK 322-1 / 167e.

45 Graul 1909 (wie Anm. 3), S. 6.

46 StAHH, RBK 322-1 / 165 (ohne Nr.).

47 STAHH, RBK 322-1 / 170. Es sollen dargestellt werden: an der Westseite „das frühe Mittelalter, mit speziellem Hinblick auf die Gründung Hamburgs", an der Nordseite in Bild 2 „die Zeit der Hansa mit besonderer Betonung der Begründung und Entwickelung des Hamburgischen Handels", in Bild 3 „das Zeitalter der Reformation", in Bild 4 „die Befreiungskriege 1813/1814" und an der Ostwand „eine allegorische Darstellung der Hammonia und zwar unter besonderer Hervorhebung der Verbindung Hamburgs mit dem deutschen Reiche und seines Welthandels".

48 Sitzungsprotokoll des Preisgerichtes vom 15. Juli 1899 mit Auflistung der Einsender, RBK 322-1 / 171.

49 Vgl. hierzu Maike Haupt, Der Kollegiensaal, in: Das Altonaer Rathaus. Ausst.-Kat. Altonaer Museum, hrsg. von Uwe Hornauer und Gerhard Kaufmann, Hamburg 1998, S. 68–85.

50 StAHH, Plankammer.

51 StAHH, z. B. eine mit „Krohn. Hamburg" signierte Skizze zu Bild 1, die im Mittelbild aber offenbar die Krönung einer Hammonia zeigt. StAHH 131-06=272 / 10006. Im Museum für Hamburgische Geschichte: Hermann Katsch: Allegorie der Hammonia, Öl auf Leinwand, sig. „H. Katsch", 57,5 x 161,7 cm, Inv.-Nr. 1975, 60. Vgl. hierzu Jaacks 1984 (wie Anm. 20), S. 24 u. Abb. 7. – Rudolf Eichstädt: Allegorie der Hammonia, Öl auf Leinwand, sig. u. li.: „Rudolf Eichstadt", 56 x 160 cm, Inv.-Nr. 1991,13. – Carl Oderich: Einzug Mettlerkamps, Öl auf Leinwand, sig. u. re.: „Oderich", 49,4 x 80 cm, Inv.-Nr. 1991,84. Oderich, Nr. 28 unter den Einsendern des 2. Wettbewerbs, hatte 4 Entwürfe eingesandt, außer den beiden geforderten also offenbar auch für weitere Wände. Sein Einzug Mettlerkamps erinnert an Gehrts „Tettenborn". – Eine von Carl Schildt, Nr. 24 unter den Einsendern, stammende Ölskizze einer „Allegorie auf Hamburgs Christentum" wird, wie schon Gisela Jaacks betonte, ebenfalls im Rahmen des Wettbewerbs entstanden sein, obwohl sie thematisch und in den Maßen mit den Vorgaben für das Bild an der Westwand nicht übereinstimmt, Schildt hatte zwei Entwürfe eingereicht; vgl. hierzu Jaacks 1984 (wie Anm. 20), S. 25/26. – Eine für diesen Wettbewerb ebenfalls in Anspruch genommene signierte Ölskizze Ernst Pasqual Jordans, der unter den Einsendern im Protokoll unter der Nr. 29 mit zwei Entwürfen genannt wird, dürfte hingegen für den ersten Wettbewerb für die Ausmalung des Kollegiensaals im Altonaer Rathaus (1898) bestimmt gewesen sein, denn die im unteren Bildteil erkennbare Profilierung der Türeinfassung entspricht derjenigen im genannten Innen-

raum, und eine von zwei weiteren, ebenfalls signierten und zu der ersten gehörigen Skizzen zeigt im Giebel einer kleinen Triumph-Pforte das Altonaer Stadtwappen. Zur Zuordnung des Bildes zum zweiten Hamburger Wettbewerb vgl. Hermann Hipp, in Großmann/Krutisch 1992 (wie Anm. 18), Kat.-Nr. 515e. Zur Ausmalung des Altonaer Rathauses vgl. Haupt 1998 (wie Anm. 49).

52 Vgl. Graul 1909 (wie Anm. 3), S. 18–22.
53 Zu den Bezügen zwischen historischer Realität der Frühzeit Hamburgs und ihrer Darstellung vgl. den Beitrag von Ralf Wiechmann in diesem Band.
54 StAHH RBK 322-1 / 166.
55 Zum Selbstverständnis Hamburgs als Teil des deutschen Reichs vgl. den Beitrag von Gisela Jaacks in diesem Band.
56 StAHH, RBK 322-1 / 166.
57 Vgl. hierzu Brandt 1957 (wie Anm.13), S. 135, Anm. 184.
58 Graul 1909 (wie Anm. 3), S. 21.
59 Graul 1909 (wie Anm. 3), S. 18.
60 Zitiert nach Brandt 1957 (wie Anm. 13), S. 135, Anm. 184.
61 Zu Vogels künstlerischer Entwicklung vgl. Graul 1909 (wie Anm. 3), S. 24–30.
62 StAAH, RBK 322-1 / 166, ohne Nrn.
63 Vgl. Hipp 1982 (wie Anm. 2), S. 212.
64 Graul 1909 (wie Anm. 3) S. 52–55, hier S. 55.
65 Brandt 1957 (wie Anm. 13), S. 103.
66 Und dies, damit nach seiner Auffassung nicht „der Verzicht auf psychische Spannungssteigerung programmatisch werde für einen neuen historischen Monumentalstil". Aby Warburg, Die Wandbilder im Hamburgischen Rathaussaale, in: Kunst und Künstler, 8. Jg. 8. Heft (Mai 1910), S. 579–587, hier S. 582.
67 Abb. sämtlicher Werke bei Graul 1909 (wie Anm. 3).
68 Vgl. die Beschreibungen zu den Entwürfen der Westwand oben.
69 Vgl. Schreiben vom 27. November 1900.
70 Vgl. Bericht betr. Die Vogel'schen Entwürfe zu den Wandgemälden des Rathaussaales vom 8. Dezember 1902, für die Rathausbaumeister gez. von Martin Haller. StAHH, RBK 322-1 / 172a (ohne Nr.): „Heute wo von Vogel die Aufgabe in gänzlich veränderter […] Auffassung gelöst wird, sind wir bereit, unsere frühere […] auf Allegorien und Apotheosen gerichteten Wünsche […] zugunsten einer harmonischen Beibehaltung des Charakters der übrigen Bilder zu opfern vorausgesetzt, dass sich ein einwandfreier realistischer Ausdruck für die im fünften Bilde unentbehrliche Verherrlichung Hamburgs finden lässt."

Ein Festzug als Bilderchronik

1 Gisela Jaacks, Festzüge in Hamburg 1696–1913. Bürgerliche Selbstdarstellung und Geschichtsbewußtsein. Katalog zur gleichnamigen Ausstellung im Museum für Hamburgische Geschichte, Hamburg 1972.
2 Günter Heinemann, Der Festzug im Panorama seiner Zeit, in: Der Heidelberger Festzug 1886. Jahresausstellung im Rathausfoyer aus Anlaß des 600jährigen Universitätsjubiläums, Heidelberg 1986, S. 6–7.
3 Wolfgang Hartmann, Der historische Festzug. Seine Entstehung und Entwicklung im 19. und 20. Jahrhundert, München 1976 (Studien zur Kunst des neunzehnten Jahrhunderts Bd. 35), S. 161.
4 So z. B. in der Schweiz, vgl. Theo Gantner, Der Festumzug. Ein volkskundlicher Beitrag zum Festwesen des 19. Jahrhunderts in der Schweiz, Basel 1970; vgl. auch die Auflistung bei Wolfgang Hartmann (wie Anm. 3), S. 225–256.
5 Monika Wagner, Allegorie und Geschichte. Ausstattungsprogramme öffentlicher Gebäude des 19. Jahrhunderts in Deutschland. Von der Cornelius-Schule zur Malerei der Wilhelminischen Ära, Tübingen 1989 (Tübinger Studien zur Archäologie und Kunstgeschichte Bd. 9).
6 Moritz Carrière, Ueber Symbol, personificierende Idealbildung und Allegorie in der Kunst. Mit besonderer Rücksicht auf Kaulbachs Wandgemälde im neuen Museum zu Berlin, in: Allgemeine Zeitung, Beilage Nr. 64 vom 4. März 1856, S. 1018.
7 Gisela Jaacks, Hermann, Barbarossa, Germania und Hammonia. Nationalsymbole in Hamburger Festzügen des Kaiserreichs, in: Beiträge zur deutschen Volks- und Altertumskunde 18/1979, S. 57–66.
8 Monika Wagner (wie Anm. 5), S. 31.
9 Wolfgang J. Mommsen, Die Geschichtswissenschaft jenseits des Historismus, Düsseldorf 1971, S. 8.
10 Werner Hofmann, Das Irdische Paradies. Motive und Ideen des 19. Jahrhunderts, 2. Aufl. München 1974, S. 74.
11 Vgl. den Beitrag von Claudia Horbas in diesem Band.
12 Zitiert nach Richard Graul, Die Wandgemälde des großen Saales im Hamburger Rathaus. Die Entwürfe von Gehrts und Geselschap – Das Ergebnis des allgemeinen deutschen Wettbewerbs – Umgestaltung des Saales – Die Ausführung von Hugo Vogel, Leipzig 1909, S. 60.
13 Speziell zu dem diese Szenen prägenden Geschichtsbild von Hamburgs Frühzeit und Mittelalter vgl. den Beitrag von Ralf Wiechmann in diesem Band.
14 Detta und Michael Petzet, Die Richard Wagner-Bühne König Ludwigs II. München-Bayreuth, München 1970 (Studien zur Kunst des neunzehnten Jahrhunderts Bd. 8); Gisela Zeh, Das Bayreuther Bühnenkostüm, München 1973 (Arbeitsgemeinschaft „100 Jahre Bayreuther Festspiele" Bd. 11).
15 Festzeitung des 16. Deutschen Bundesschießens, Hamburg 1909, Abt. II: Festchronik, S. 116.

Anmerkungen

16 Festzeitung (wie Anm. 15).
17 Der Dichter der ursprünglichen Fassung war Georg Nicolaus Bärmann; die Komposition stammte von Albert Methfessel.
18 Festzeitung (wie Anm. 15).
19 Beispiele bei Wolfgang Hartmann (wie Anm. 3), S. 153; für die Entwicklung in der Historienmalerei vgl. Monika Wagner (wie Anm. 5), S. 165–195.
20 Vgl. den Beitrag von Monika Flacke in diesem Band.
21 Hans-Dieter Loose, Hamburg und Christian IV. von Dänemark während des Dreißigjährigen Krieges. Ein Beitrag zur Geschichte der hamburgischen Reichsunmittelbarkeit, Hamburg 1963 (Veröffentlichungen des Vereins für Hamburgische Geschichte Bd. 18).
22 Friedrich Clemens [d. i. Friedrich Clemens Gerke], Hamburg's Gedenkbuch, eine Chronik seiner Schicksale und Begebenheiten vom Ursprung der Stadt bis zur letzten Feuersbrunst und Wiedererbauung, Hamburg 1844, 2. Bd., S. 599–600.
23 Gisela Jaacks, „Die Wiege unsers Glückes!" Die Börse – Symbolik und Funktion, in: Kunstsinn und Kaufmannsgeist. Die Bau- und Kunstgeschichte der Handelskammer Hamburg, Hamburg 2005, S. 32–39.
24 Vgl. oben die Ausführungen zu den Gruppen „Entstehung und Entwicklung des Hafens" und „Hamburgs Handel und Schiffahrt" bzw. „Die alten Zünfte" und „Die Innungen der Jetztzeit".

Ansgar, Störtebeker und die Hanse. Geschichtsbilder und Geschichtsmythen

1 Zusammenfassend: Hans-Werner Goetz, Hochmittelalterliches Geschichtsbewußtsein im Spiegel nichthistoriographischer Quellen, Berlin 1998; Ders., Geschichtsschreibung und Geschichtsbewußtsein im hohen Mittelalter. Orbis mediaevalis. Vorstellungswelten des Mittelalters, Berlin 1999.
2 Franz-Josef Schmale, Funktion und Formen mittelalterlicher Geschichtsschreibung. Eine Einführung, Darmstadt 1985, S. 55.
3 Pierre Nora, Zwischen Geschichte und Gedächtnis, Frankfurt/M. 1998, S. 13.
4 Adam Tratziger, Chronica der Stadt Hamburg, hrsg. von Johann Lappenberg, Hamburg 1865. – Zur Person: Susanne Rau, Tratziger, Adam, in: Franklin Kopitzsch und Dirk Brietzke, Hamburgische Biographie. Personenlexikon Bd. 1, Hamburg 2001, S. 315–316.
5 Rau 2001 (wie Anm. 4), S. 166.
6 Wolffgang Henrich Adelungk, Kurtze Historische Beschreibung Der Uhr=Alten Kæyserlichen und des Heil. Ræmischen Reichs Freyen=An=See=Kauff= und Handels=Stadt Hamburg […], Hamburg 1696. – Zur Person: Susanne Rau, Adelungk, Wolffgang Henrich, in: Franklin Kopitzsch und Dirk Brietzke, Hamburgische Biographie. Personenlexikon Bd. 2, Hamburg 2003, S. 20–21.
7 Adelungk 1696 (wie Anm. 6), Vorrede 3v.
8 An das Publikum. Ueber das den 12. August 1821 auf dem vormaligen Marien Magdalenen Kloster-Kirchen Platze, nunmehrigen Adolfs-Platze errichtete Denkmal, Hamburg 1821. – Das Datum 834 bezieht sich auf ein wegen einer innenpolitischen Krise zwei Jahre zu spät verfasstes Privileg Ludwigs I. Papst Gregor IV. hatte 831/832 Ansgar die Missionslegation in Nordelbingien verliehen. Dazu Franz Heinrich Neddermeyer, Topographie der Freien und Hanse Stadt Hamburg, Hamburg 1832, S. 23 und Anm. 2; Gerhard Theuerkauf, Die Hamburger Region von den Sachsenkriegen Karls I. bis zur Gründung des Erzbistums (772–864), in: Ralf Busch (Hrsg.), Domplatzgrabung in Hamburg I. Veröffentlichungen des Hamburger Museums für Archäologie und die Geschichte Harburgs Helms-Museum 70, Neumünster 1995, S. 9–19, hier S. 13.
9 Zum Verein Renate Hauschild-Thiessen, 150 Jahre Verein für Hamburgische Geschichte, in: Zeitschrift des Vereins für Hamburgische Geschichte 76, 1990, S. 1–11; Sebastian Husen, Vaterstädtische Geschichte im republikanischen Stadtstaat. Studien zur Entwicklung des Vereins für Hamburgische Geschichte (1839–1914). Veröffentlichungen des Vereins für Hamburgische Geschichte 45. Hamburg 1999.
10 Zu Johann Martin Lappenberg und dem Hamburgischen Urkundenbuch siehe Husen 1999 (wie Anm. 9), S. 37–43. – Zur Person: Rainer Postel, Johann Martin Lappenberg. Ein Beitrag zur Geschichte der Geschichtswissenschaften im 19. Jahrhundert. Historische Studien 423, Lübeck/Hamburg 1972; Ders., Johann Martin Lappenberg – Wegbereiter der hamburgischen Geschichtswissenschaft, in: Hans-Dieter Loose (Hrsg.), Gelehrte in Hamburg im 18. und 19. Jahrhundert. Beiträge zur Geschichte Hamburgs 12, Hamburg 1976, S. 157–178.
11 Ernst Heinrich Wichmann, Die wichtigsten Jahreszahlen aus der Hamburgischen Geschichte von 811 bis 1886, Hamburg 1887.
12 Ernst Heinrich Wichmann, Hamburgische Geschichte in Darstellungen aus alter und neuer Zeit, Hamburg 1889.
13 Zur Person siehe ADB 8, 1878, S. 494–495.
14 Carl Mönckeberg, Geschichte der Freien und Hansestadt Hamburg, Hamburg 1885.
15 Zu den Sektionen und ihren Arbeitsvorhaben siehe Husen 1999 (wie Anm. 9), S. 68 ff.
16 Wilhelm Kollhoff, Grundriss der Geschichte Hamburgs. 2. Aufl. Hamburg 1889, Vorwort; Ernst Heinrich Wichmann, Atlas zur Geschichte Hamburgs. Eine Beigabe zu Kollhoffs Grundriss der Geschichte Hamburgs, Hamburg 1889.
17 Neddermeyer 1832 (wie Anm. 8).
18 Vgl. Vera u. Gert Hatz, O. C. und C. F. Gaedechens, Vater und Sohn als Numismatiker, in: M. Mehl (Hrsg.), Delectat et Docet. Festschrift zum 100jährigen Bestehen des Vereins der Münzenfreunde in Hamburg. Numismatische Studien 16, Hamburg 2004, S. 217–245, hier S. 231 ff.

19 Cipriano Francisco Gaedechens, Historische Topographie der Freien und Hansestadt Hamburg und ihrer nächsten Umgebung von der Entstehung bis auf die Gegenwart, Hamburg 1880.
20 Albert Krantz, Metropolis, Frankfurt 1590, Lib. IV, Cap. 25.
21 Johann Martin Lappenberg, Ueber einige bei Bergedorf gefundene Alterthümer, in: Zeitschrift des Vereins für Hamburgische Geschichte 1, 1841, S. 313–320, hier S. 314.
22 Zitiert nach Husen 1999 (wie Anm. 9), S. 110–111.
23 Zimmermann, Antiquarisches. Staats u. Gelehrte Zeitung des hamburgischen unparteiischen Correspondenten Nr. 256 vom 8. Oktober 1853.
24 Gaedechens 1880 (wie Anm. 19), S. 8.
25 Ernst Heinrich Wichmann, Ein mittelalterliches Schiff, gefunden bei den Kanalbauten unter Häusern der Straße „beim kleinen Fleet", in: Mittheilungen des Vereins für Hamburgische Geschichte 8, Nr. 1, 1885, S. 60–63, hier S. 60.
26 Ebd., S. 61.
27 Ernst Heinrich Wichmann, Grundmauern und Baureste, welche in der Baugrube des neuen Rathauses und des Börsenanbaues in Hamburg gefunden worden sind, Hamburg 1888.
28 Otto Lauffer, Geschichtliche Funde in der Mönckebergstraße. Jahresbericht des Museums für Hamburgische Geschichte 1908, in: Jahrbuch der Hamburgischen Wissenschaftlichen Anstalten 26, 1908, Hamburg 1909, S. 164–174, hier S. 165.
29 Ebd., S. 168–171; Ders., Grabungsarbeiten. Jahresbericht des Museums für Hamburgische Geschichte 1909, in: Jahrbuch der Hamburgischen Wissenschaftlichen Anstalten 27, 1909, Hamburg 1910, S. 265–267; Ders., Grabungsarbeiten, in: Jahresbericht des Museums für Hamburgische Geschichte für das Jahr 1910. Jahrbuch der Hamburgischen Wissenschaftlichen Anstalten 28, 1910, 4. Beiheft, 1. Teil, Hamburg 1911, S. 13–15.
30 Lauffer 1909 (wie Anm. 28), S. 173, Fig. 7.
31 Walter Hansen, Bodenfunde in der Kreuslerstraße. Vorläufiger Bericht, in: Hamburgische Geschichts- und Heimatblätter 2 [43. Jahrgang (Band XV$_2$) der Mitteilungen des Vereins für Hamburgische Geschichte], 1927, S. 142–148.
32 Zitiert nach Husen 1999 (wie Anm. 9), S. 242; Wiederabdruck: Wilhelm Hildemar Mielck, Vergangenheit und Zukunft der Sammlung Hamburgischer Alterthümer, Hamburg 1893, Anlage Nr. 6, S. 63–69.
33 Mielck 1893 (wie Anm. 32), S. 42–43.
34 Alfred Lichtwark, Das Museum für Hamburgische Geschichte, in: Jahrbuch der Gesellschaft Hamburgischer Kunstfreunde 10, 1904, S. 85–90, hier S. 85–86.
35 Arthur Obst (Red.), Festzug des 16. Deutschen Bundesschießens zu Hamburg am 11. Juli 1909, Hamburg 1909, Bild 5.
36 Gaedechens 1880 (wie Anm. 19), S. 7–8.
37 Allgemein zur Trichterbecherkultur: Ernst Probst, Deutschland in der Steinzeit, München 1991.

38 Caroline Schulz, Die Befunde auf dem Hamburger Domplatz, in: Ralf Busch (Hrsg.), Domplatzgrabung in Hamburg I. Veröffentlichungen des Hamburger Museums für Archäologie und die Geschichte Harburgs Helms-Museum 70, Neumünster 1995, S. 27–55, hier S. 28–32; Ralf Busch, 14C-Daten von der Domplatzgrabung, ebd. S. 65–71; Ralf Busch, Die Kunst des Mittelalters in Hamburg [3]. Die Burgen, Hamburg 1999, S. 15–16; Friedrich Laux, Die heidnisch-sächsische Kultur und die Entstehung Hamburgs, in: Volker Plagemann (Hrsg.), Die Kunst des Mittelalters in Hamburg [2]. Aufsätze zur Kulturgeschichte, Hamburg 1999, S. 14–23, hier S. 19–20.
39 Ralf Busch, Mittelalterliche Stadtarchäologie im Zentrum Hamburgs, in: Busch 1995 (wie Anm. 38), S. 21–26, hier S. 21.
40 Der Festzug in Wort und Bild nach Originalaufnahmen. 16. Deutsches Bundesschießen 11. Juli 1909, Hamburg 1909.
41 Auch bei den Entwürfen von Otto Marcus und Gustav Adolf Closs für die Ausmalung des Rathaussaals im Jahr 1899 spielten Hörnerhelme für die Identifizierung der dänischen Wikinger eine Rolle.
42 Vgl. Robert Wernick, Die Wikinger. Die Seefahrer, Amsterdam 1980, Abb. auf Seite 66; zu Helmen allgemein: Peter F. Stary, Götz Waurick und Heiko Steuer, Stichwort Helm, in: Reallexikon der Germanischen Altertumskunde, Bd. 14, Berlin/New York 1999, S. 317–338.
43 Henrik Thrane, Stichwort Viksø, in: Reallexikon der Germanischen Altertumskunde, Bd. 32, Berlin/New York 2006, S. 373–375; vgl. die Abb. bei Annemarieke Willemsen, Wikinger am Rhein, Bonn/Stuttgart 2004, S. 180.
44 Vgl. dazu eine zehn Zentimeter hohe Götterfigur aus Bronze, die solch einen Helm trägt und ebenfalls auf Seeland entdeckt wurde. Siehe Wernick 1980 (wie Anm. 42), S. 21. Zu den Kultfiguren von Grevensvænge: Henrik Thrane, Stichwort Grevensvænge, in: Reallexikon der Germanischen Altertumskunde, Bd. 13, Berlin/New York 1999, S. 23.
45 Hierzu auch Willemsen 2004 (wie Anm. 43), S. 181.
46 Festzug in Wort und Bild (wie Anm. 40).
47 Allgemein zur Geschichte und Technik der Hornbogenarmbrust: Holger Richter, Die Hornbogenarmbrust. Geschichte und Technik, Ludwigshafen 2006. Zum mittelalterlichen Zubehör: Uwe Gross, Spannhaken. Seltene Funde mittelalterlichen Armbrust-Zubehörs. Denkmalpflege in Baden-Württemberg. 4, 34, 2005, S. 225–230.
48 Adolf Bär und Paul Quensel, Bildersaal Deutscher Vorgeschichte. Zwei Jahrtausende deutschen Lebens in Bild und Wort, Stuttgart/Berlin/Leipzig 1890, Abb. Seite 9.
49 Allgemein zu den Römern in Germanien: Reinhard Wolters, Die Römer in Germanien, 5. Aufl. München 2000. Zur Rezeption der Varusschlacht: Ders., Verlauf und Rezeption der Varuskatastrophe:

Anmerkungen

Gesamtdarstellung zur Überlieferung und zum Verlauf der Varuskatastrophe von 9 n.Chr. und zu ihrer Rezeption, München o. J.

50 Zum Künstler: Alheidis von Rohr und Gerd Unverwehrt. Ernst von Bandel 1800–1876. Bildhauer in Hannover. Beiheft zur Ausstellung Ernst von Bandel. Das Hermannsdenkmal und andere Arbeiten. Historisches Museum am Hohen Ufer 26. August – 3. Oktober 1976, Hannover 1976.

51 Zum Hermannsdenkmal als Nationaldenkmal: Wilhelm Hansen, Nationaldenkmäler und Nationalfeste im 19. Jahrhundert. Niederdeutscher Verband für Volks- und Altertumskunde 1, Braunschweig 1976, S. 147.

52 Dazu Neddermeyer 1832 (wie Anm. 8), S. 22–23. Zum aktuellen Forschungsstand, ausgehend von den schriftlichen Quellen: Theuerkauf 1995 (wie Anm. 8); zu den archäologischen Quellen: Laux 1999 (wie Anm. 38); Ralf Busch, Hamburg nach der fränkischen Eroberung und Christianisierung im 9. und 10. Jahrhundert, in: Plagemann 1999 (wie Anm. 38), S. 24–29; Ralf Busch und Ole Harck (Hrsg.), Domplatzgrabung in Hamburg II. Veröffentlichungen des Hamburger Museums für Archäologie und die Geschichte Harburgs Helms-Museum 89, Neumünster 2002.

53 Dazu auch Ortwin Pelc, Das Bild der Hammaburg, in: Olaf Matthes und Arne Steinert (Hrsg.), Museum, Musen, Meer. Jörgen Bracker zum 65. Geburtstag, Hamburg 2001, S. 24–38, hier S. 25.

54 Zur Widenburg siehe Busch 1999 (wie Anm. 38), S. 18.

55 Otto Christian Gaedechens, Hamburgische Münzen und Medaillen. Erste Abteilung: Die Münzen und Medaillen seit dem Jahr 1753, Hamburg 1850, S. 192, Nr. 8.

56 Ebd. S. 193, Nr. 9.

57 Richard Graul, Die Wandgemälde des großen Saales im Hamburger Rathaus. Die Entwürfe von Gehrts und Geselschap. Das Ergebnis des allgemeinen Deutschen Wettbewerbes. Umgestaltung des Saales. Die Ausführung von Hugo Vogel, Leipzig 1909, S. 12.

58 Zu den Entwürfen für die Ausmalung des Rathaussaales siehe den Artikel von Claudia Horbas in diesem Band.

59 Gaedechens 1850 (wie Anm. 55), S. 198, Nr. 12.

60 Siehe Neddermeyer 1832 (wie Anm. 8), S. 22–23 und die entsprechende Literatur in Anm. 1.

61 Hans-Wilhelm Heine, Frühe Burgen in Niedersachsen, Hildesheim 1991.

62 Gaedechens 1850 (wie Anm. 55), S. 199, Nr. 13.

63 Fred Salomon, Anmut des Nordens. Wilhelm Heuer und sein graphisches Werk. Hamburg und Schleswig-Holstein in Ansichten des 19. Jahrhunderts, Neumünster 1996.

64 Graul 1909 (wie Anm. 57), S. 9.

65 Neddermeyer 1832 (wie Anm. 8), S. 24.

66 Fr. Clemens, Hamburg's Gedenkbuch, eine Chronik seiner Schicksale und Begebenheiten vom Ursprung der Stadt bis zur letzten Feuersbrunst und Wiedererbauung. Mit 31 historischen, von den vorzüglichen Künstlern in Stahl gestochenen und in Stein gravirten, Abbildungen und einem Grundriß der Stadt, vor und nach dem Brande, Hamburg 1844.

67 Gaedechens 1880 (wie Anm. 19), S. 8.

68 Busch 1999 (wie Anm. 52), S. 24.

69 Hans Drescher, Tostedt. Die Geschichte einer Kirche aus der Zeit der Christianisierung im nördlichen Niedersachsen bis 1880. Materialhefte zur Ur- und Frühgeschichte Niedersachsens 19, Hildesheim 1985. – Rotraud Apetz, Zetel, Ketzendorf, Maschen, Oldendorf. Gräberfelder an der Peripherie des karolingischen Reiches. Grabformen und Bestattungssitten am Übergang zum Christentum, in: M. Müller-Wille (Hrsg.), Rom und Byzanz im Norden. Mission und Glaubenswechsel im Ostseeraum während des 8.–14. Jahrhunderts. Bd. I. Internationale Fachkonferenz der Deutschen Forschungsgemeinschaft in Verbindung mit der Akademie der Wissenschaften und der Literatur, Mainz, Kiel, 18.–25. September 1994. Abhandlungen der Geistes- und Sozialwissenschaftlichen Klasse 3, 1, Stuttgart 1997, S. 125–199, hier S. 125.

70 Dies., S. 193.

71 Theuerkauf 1995 (wie Anm. 8), S. 13.

72 Claus Ahrens, Frühe Holzkirchen in Nordeuropa. Zur Ausstellung des Helms-Museums, Hamburgisches Museum für Vor- und Frühgeschichte, vom 13. November 1981 bis 28. März 1982. Veröffentlichungen des Helms-Museums 39, Hamburg 1982, S. 510.

73 Busch und Harck 2002 (wie Anm. 52), S. 74 und S. 64, Abb. 44.

74 Ahrens 1982 (wie Anm. 72), S. 126–128, Abb. 76–78.

75 Vergleiche dazu den Befund in Tostedt und die entsprechende Rekonstruktion: ebd., S. 524 und S. 127, Abb. 77.

76 Siehe die verschiedenen Rekonstruktionsansätze der Hammaburg verschiedener Künstler bei Pelc 2001 (wie Anm 53), S. 31-21.

77 Zur Bedeutung Ansgars: Gottfried Mehnert, Ansgar. Apostel des Nordens, Kiel 1964; Hermann Dörries und Georg Kretschmar, Ansgar. Seine Bedeutung für die Mission, Hamburg 1965; Richard Drögereit, Ansgar: Missionsbischof, Bischof von Bremen, Missionserzbischof für Dänen und Schweden, in: Jahrbuch für Niedersächsische Kirchengeschichte 73, 1975, S. 9–45; Karl Heinrich Krüger, Erzbischof Ansgar – Missionar und Heiliger. In: Mit Ansgar beginnt Hamburg. Publikationen der Katholischen Akademie Hamburg Bd. 2, Hamburg 1986, S. 35–66; Matts Dreijer, Nordens kristnande i ny belysning, Mariehamn 1987; Zu Hamburg als Missionsstützpunkt im 9. Jahrhundert: Wolfgang Seegrün, Das Erzbistum Hamburg in seinen älteren Papsturkunden. Studien und Vorarbeiten zur Germania Pontificia Bd. 5, Köln/Wien 1976; Jörgen Bracker, Klosterburg und Wiksiedlung

– Idealplan einer erzbischöflichen Residenz im 9. Jahrhundert? in: Mit Ansgar beginnt Hamburg. Publikationen der Katholischen Akademie Hamburg Bd. 2, Hamburg 1986, S. 11–34; Gerhard Theuerkauf, Zur kirchenpolitischen Lage des Erzbistums Hamburg-Bremen im 9. Jahrhundert. Ebd., S. 91–98; Brigitte Wavra, Salzburg und Hamburg. Erzbistumsgründung und Missionspolitik in karolingischer Zeit. Osteuropastudien der Hochschulen des Landes Hessen, Reihe I. Gießener Abhandlungen zur Agrar- und Wirtschaftsforschung des europäischen Ostens Bd. 179, Berlin 1991.

[78] Zum Wikingerüberfall detailliert Reinhard Schindler, Ausgrabungen in Alt Hamburg. Neue Ergebnisse zur Frühgeschichte der Hansestadt, Hamburg 1957, S. 140 ff.

[79] Renata Klee Gobert, Die Bau- und Kunstdenkmale der Freien und Hansestadt Hamburg. Bd. 3: Innenstadt. Die Hauptkirchen St. Petri, St. Katharinen, St. Jakobi, Hamburg 1968, S. 78, Nr. 67.

[80] Ebd., S. 79, Nr. 68.

[81] Obst 1909 (wie Anm. 35), Vorwort.

[82] Jörn Staecker, Rex regum et dominus dominorum. Die wikingerzeitlichen Kreuz- und Kruzifixanhänger als Ausdruck der Mission in Altdänemark und Schweden. Lund Studies in Medieval Archaeology 23, Stockholm 1999, S. 345 ff.

[83] Festzug in Wort und Bild (wie Anm. 40).

[84] Allgemein zu den drei Wikingerschiffen siehe Thorleif Sjøvold, Die Wikingerschiffe. Eine kurze Einführung in die Schiffsfunde von Tune, Gokstad und Oseberg, Oslo 1954.

[85] Gabriel Adolf Gustafson, Das Wikingerschiff von Oseberg. Vorläufige Erläuterungen für die Besucher, Christiania 1907.

[86] Adam von Bremen, Magister Adam Bremensis, Gesta Hammaburgensis Ecclesiae Pontificum [Adam von Bremen, Bischofsgeschichte der Hamburger Kirche], Quellen des 9. und 11. Jahrhunderts zur Geschichte der Hamburgischen Kirche und des Reiches. Neu übertragen von Werner Trillmich, Ausgewählte Quellen zur Deutschen Geschichte des Mittelalters. Freiherr vom Stein-Gedächtnisausgabe Bd. XI, Berlin 1961, S. 135–499, hier S. II, 70.

[87] Busch 1999 (wie Anm. 38), S. 23.

[88] Adam von Bremen (wie Anm. 86), S. III, 27.

[89] Busch und Harck 2002 (wie Anm. 52), S. 16, Abb. 6.

[90] Gerhard Theuerkauf, Von Kaiser Friedrich Barbarossa zum „Barbarossa-Privileg". Politik der Stadt Hamburg in der Stauferzeit, in: Plagemann 1999 (wie Anm. 38), S. 39–49, hier S. 42.

[91] Busch und Harck 2002 (wie Anm. 52), S. 15 f.; 76.

[92] Festzug in Wort und Bild (wie Anm. 40).

[93] Obst 1909 (wie Anm. 35), Beilage S. 81 ff.

[94] So Alfred Lichtwark, zitiert nach: Eckart Klessmann, Geschichte der Stadt Hamburg, Hamburg 1981, S. 520.

[95] Architekten- und Ingenieur-Verein zu Hamburg (Hrsg.), Hamburg und seine Bauten unter Berücksichtigung der Nachbarstädte Altona und Wandsbek. Zur IX. Wanderversammlung des Verbandes deutscher Architekten- und Ingenieur-Vereine in Hamburg vom 24. bis 28. August 1890, Hamburg 1890, S. 372–375.

[96] Klessmann 1981 (wie Anm. 94), S. 559–564.

[97] Johannes Falke, Die Hansa als deutsche See- und Handelsmacht, Berlin 1900; Rainer Postel, Treuhänder und Erben: Das Nachleben der Hanse, in: Jörgen Bracker (Hrsg.), Die Hanse – Lebenswirklichkeit und Mythos. Eine Ausstellung des Museums für Hamburgische Geschichte in Verbindung mit der Vereins- und Westbank. Bd. 1, Hamburg 1989, S. 667–679, hier S. 675. Allgemein: Matthias Wegner, Hanseaten. Von stolzen Bürgern und schönen Legenden, Berlin 1999.

[98] Allgemein zu Störtebeker: M. Puhle, Die Vitalienbrüder. Klaus Störtebeker und die Seeräuber der Hansezeit, Frankfurt/New York 1992; Jörgen Bracker, Von Seeraub und Kaperfahrt im 14. Jahrhundert, in: Jörgen Bracker (Hrsg.), Gottes Freund – aller Welt Feind. Störtebeker und die Folgen, Hamburg 2001, S. 6–35; Ralf Wiechmann, Günter Bräuer und Klaus Püschel (Hrsg.), Klaus Störtebeker. Ein Mythos wird entschlüsselt, München 2003.

[99] Zum sagenhaften Nachleben Störtebekers zusammenfassend: Jörgen Bracker, Störtebeker, der Ruhm der Hanseaten, in: Jörgen Bracker (Hrsg.), (wie Anm. 97), S. 661–666; Rainer Postel, Der Pirat, der Volksheld und der Kopf unter dem Arm, in: Wiechmann u. a. 2003 (wie Anm. 98), S. 61–77.

[100] Festzug in Wort und Bild (wie Anm. 40).

[101] Vgl. Postel (wie Anm. 99), S. 72.

[102] Zu dem Stich, der vermeintlich Störtebeker darstellt: Gregor Rohmann, Vier Männer und ein Bild. Was verbindet Kunz von der Rosen, Gonsalvo di Cordova, Klaus Störtebeker und Florian Geyer. Über das sogenannte Störtebeker-Porträt, in: Jörgen Bracker (Hrsg.) (wie Anm. 98), S. 36–51.

[103] Detlev Ellmers, Alltag auf Koggen – nach Bildern, Funden und Texten, in: Gabriele Hoffmann und Uwe Schnall (Hrsg.), Die Kogge. Sternstunde der deutschen Schiffsarchäologie, Hamburg 2003, S. 162–193, hier S. 165.

[104] Bracker 2001 (wie Anm. 98), S. 11.

[105] Detlev Ellmers, Die Schiffe der Hanse und der Seeräuber um 1400, in: Wilfried Ehbrecht (Hrsg.), Störtebeker. 600 Jahre nach seinem Tod. Hansische Studien 15, Trier 2005, S. 153–168, hier S. 159.

[106] Zu Simon von Utrecht: Heinrich Reincke, Simon von Utrecht (gest. 1437). Eine Lebensskizze, in: Heinrich Reincke, Forschungen und Skizzen zur hamburgischen Geschichte, Hamburg 1951, S. 221–240.

[107] Zu dem Grabstein Simon von Utrechts: Bracker 1989 (wie Anm. 99), S. 661 f.

[108] Julius von Eckardt, Lebenserinnerungen, Leipzig 1910, Bd. 1, S. 191. Zu Julius von Eckardt: Joist Grolle, Hamburg und seine Historiker, Neustadt a. d. Aisch 1997, S. 61 ff.

Anmerkungen

**Der sündige Stadtteil.
Der Ruf St. Paulis und seine Entstehung**

1. Carl Thinius, Damals in St. Pauli. Lust und Freude in der Vorstadt, Hamburg 1975, S. 27.
2. Hamburg in alten und neuen Reisebeschreibungen, hg. von Henning Berkefeld, Düsseldorf 1990, S. 143–144.
3. J. H. Scholz, Hamburg und seine Umgebungen, Hamburg 1808, S. 19–21.
4. Otfried Schroeder und Rolf Müller, Hamburgs liebe Denkmale. Hamburgensien und Panoramen Peter Suhrs und seiner Brüder, Hamburg 1967, S. 20–23, 41, 50, 115, 120, 177.
5. Thinius (wie Anm. 1), S. 14–15
6. Daraus wurde 1849 das Etablissement „Zu den drei Zwergen" und 1852 die Destillation J. Carlewitz (Thinius, wie Anm. 1, S. 132–133).
7. Thinius (wie Anm. 1), S. 91.
8. Ortwin Pelc und Matthias Gretzschel, Hagenbeck. Tiere, Menschen, Illusionen, Hamburg 1998, S. 10–25, 34; Lothar Dittrich und Annelore Rieke-Müller, Carl Hagenbeck (1844–1913), Frankfurt/M. 1998, S. 15–24; Haug von Kuenheim, Carl Hagenbeck, Hamburg 2007, S. 73 ff. – Zur Exotik und Problematik der Völkerschauen vgl. Ortwin Pelc, Die Völkerschauen der Hagenbecks, in: Zur Schau gestellt. Ritual und Spektakel im ländlichen Raum, hrsg. von Karl-Heinz Ziessow und Uwe Meiners, Cloppenburg 2003, S. 116–132.
9. Alfred Urban, Staat und Prostitution in Hamburg vom Beginn der Reglementierung bis zur Aufhebung der Kasernierung (1807–1922), Hamburg 1927, S. 56.
10. Fritz Schumacher entwarf 1913/14 das heutige dreigeschossige Gebäude im Hamburger Heimatstil.
11. Führer durch die Freie und Hansestadt Hamburg, hrsg. vom Verein zur Förderung des Fremdenverkehrs in Hamburg, 7. Aufl. Hamburg 1912, S. 89–91.
12. Thinius (wie Anm. 1), S. 66–69.
13. Vgl. die Zusammenstellung der zahlreichen Eröffnungen, Besitzerwechsel und Umbenennungen bei Thinius (wie Anm. 1), S. 132–136.
14. Vgl. die ausführliche Darstellung der Theaterszene auf St. Pauli von Paul Möhring, Das andere St. Pauli. Kulturgeschichte der Reeperbahn, Hamburg 1965.
15. Jonas Ludwig von Heß, Hamburg, topographisch, politisch und historisch beschrieben, Bd. 2, Hamburg 1789, S. 28.
16. Thinius (wie Anm. 1), S. 78–80.
17. Urban (wie Anm. 9), S. 28, 34, 67.
18. Ebd., S. 45. – Gerald Detlefs, Frauen zwischen Bordell und Abschiebung. „Öffentliche Mädchen und Prostitutionsüberwachung in der Hamburger Vorstadt St. Pauli 1833–1876, Regensburg 1997.
19. Urban (wie Anm. 9), S. 34, 45, 106–116.
20. Birgit Ebert und Mechthild Deutelmoser, „Leichte Mädchen", hohe Herren und energische Frauen. Die Hamburger Frauenbewegung im Kampf gegen Prostitution und Doppelmoral 1896–1908, in: Das andere Hamburg, hrsg. von Jörg Berlin, Köln 1981, S. 140–161. – Vgl. neuerdings Frank Hatje, Money makes the world go around. Prostitution in Hamburg (1780–1870), in: Hamburger Wirtschafts-Chronik N.F. 2, 2001/2002, S. 59–94.
21. Z. B. August Trinius, Hamburger Schlendertage, Bd. 1, Hamburg 1893, S. 35–59; „In St. Liederlich", in: Hamburg, hrsg. durch Deutschlands Großloge II des J.O.G.T., Hamburg 1911, S. 123. Noch 1930 nutzt Hans Harbeck diese Bezeichnung als Kapitelüberschrift für St. Pauli in: Das Buch von Hamburg (Was nicht im Baedecker steht Bd. 8), München 1930, S. 84.
22. Hamburgs Handel und Schiffahrt im Jahr 1913, Hamburg 1914, S. 67.
23. Timo Heimerdinger, Der Seemann. Ein Berufsstand und seine kulturelle Inszenierung (1844–2003), Köln/Weimar/Wien 2005, S. 77–78.
24. Claudia Horbas, Die Katastrophe und ihre Vermarktung. Brand und Ruinen von 1842 in graphischen Blättern, in: Dies. und Ortwin Pelc, Es brannte an allen Ecken zugleich. Hamburg 1842, Heide 2002, S. 16–23.
25. F. G. Buek, Hamburg und seine Umgebungen im 19. Jahrhundert, Hamburg 1844, S. 126–127.
26. P. F. L. Hoffmann, Der Hamburger Tourist, Hamburg 1852, S. 69–73.
27. Johannes Meyer, St. Pauli, wie es leibt und lebt, Hamburg 1891; Trinius (wie Anm. 21), S. 35–59.
28. C. Hentze, Hamburg. Heimatkunde für Schule und Haus, 5. Aufl. Hamburg 1905.
29. Hans Harbeck, Hamburger Lockbuch. 50 Jahre Hamburger Fremdenverkehr, Hamburg 1949, S. 4.
30. Wegweiser durch Hamburg, hg. vom Verein zur Förderung des Fremden-Verkehrs in Hamburg, 4. Aufl. Hamburg 1905, S. 46.
31. Führer durch Hamburg (wie Anm. 11), S. 91.
32. Hamburg-Altona und Umgebung, 44. Aufl. Hamburg 1914, S. 81.

**Gegenspieler, Musterknabe oder Problemkind des „Dritten Reichs"?
Hamburg und der Nationalsozialismus –
Mythen und Realitäten**

1. Vier Fragen an Kaufmann, Welt am Sonntag, 8. Mai 1955, S. 17. Zu den Legenden um die nationalsozialistische Vergangenheit Hamburgs siehe Axel Schildt, Von der Kaufmann-Legende zur Hamburg Legende. Heinrich Hefters Vortrag „Hamburg und der Nationalsozialismus" in der Hamburger Universität am 9. November 1950, in: Zeitgeschichte in Hamburg, Ausgabe 2003, S. 10–46; Peter Reichel (Hrsg.), Das Gedächtnis der Stadt. Hamburg im Umgang mit seiner nationalsozialistischen Vergangenheit, Hamburg 1997; Joist Grolle, Schwierigkeiten mit der Vergangenheit. Anfänge der zeitgeschichtlichen Forschung im Hamburg der Nach-

1. ...kriegszeit, in: Zeitschrift des Vereins für Hamburgische Geschichte, 78 (1992), S. 1–65.
2. Frank Bajohr, Gauleiter in Hamburg. Zur Person und Tätigkeit Karl Kaufmanns (1900–1969), in: Vierteljahrshefte für Zeitgeschichte, 2/1995, S. 267–295; Peter Witte, Zwei Entscheidungen in der „Endlösung der Judenfrage": Deportation nach Lodz und Vernichtung in Chelmno, in: Miroslav Karny u. a. (Hrsg.), Theresienstädter Studien und Dokumente, Prag 1995, S. 38–68.
3. Kaufmann verhaftet und im Hungerstreik, in: Hamburger Freie Presse, 4. Aguust 1950.
4. Kaufmann starb am 4. Dezember 1969 in Hamburg an einem Herzinfarkt.
5. Zwischenzeitlich hatte sich der todgeweihte Kaufmann politisch im „Gauleiter-Kreis" um den ehemaligen Staatssekretär im Reichspropagandaministerium, Werner Naumann, betätigt. Im Januar 1953 war er deswegen zwischenzeitlich von den Briten verhaftet und im April 1953 wieder freigelassen worden. Vgl. Kaufmann wird Montag entlassen, Die Welt, 30. März 1953. Zum „Gauleiter-Kreis" siehe zusammenfassend Norbert Frei, Vergangenheitspolitik. Die Anfänge der Bundesrepublik und die NS-Vergangenheit, München 1996.
6. Zit. nach Vier Fragen an Kaufmann, Welt am Sonntag, 8. Mai 1955, S. 17.
7. Zit. nach Hamburger Zeitung, 2. Mai 1945: Starker Appell des Gauleiters an seine Hamburger.
8. Kurt Detlev Möller, Das letzte Kapitel. Geschichte der Kapitulation Hamburgs, Hamburg 1947; vgl. Joist Grolle (wie Anm. 1).
9. Eidesstattliche Erklärung Petersens vom 19. Juli 1947, BA Koblenz, Z 42/III 937, Bl. 104.
10. Werner Johe, Hitler in Hamburg. Dokumente zu einem besonderen Verhältnis, Hamburg 1996.
11. Public Record Office (im folgenden: PRO), London, FO 371//21635, S. 160–162. Auszug aus dem monatlichen Lagebericht des Generalkonsulats Hamburg für Juni 1938.
12. PRO, London, FO 371/21711, S. 397–403, hier S. 401, Bericht vom 4. April 1938 an den britischen Botschafter Henderson in Berlin.
13. Ebd., FO 371/19933, Schreiben der britischen Botschaft in Berlin an Anthony Eden vom 2. Juli 1936, bezugnehmend auf ein Memorandum des britischen Generalkonsulats in Hamburg.
14. Ebd., FO 371/23009, S. 313–317, Bericht vom 6. Juli 1939 an den britischen Botschafter Henderson in Berlin.
15. Ebd., FO 371/21711, S. 397–403, hier S. 401, Bericht vom 4. April 1938 an den britischen Botschafter Henderson in Berlin.
16. Die Ansprache Kaufmanns ist dokumentiert in der CD-Sammlung „Hier spricht Hamburg". Hamburg in der Nachkriegszeit, hrsg. und bearb. von Rita Bake, Hamburg 2007.
17. Karl Kaufmann, Bei Hitler in Rastenburg. August 1943 – Bericht über Hamburgs Katastrophe, S. 8, Archiv FZH, 11/K21.
18. Interview mit dem früheren Gauleiter Hamburgs, Karl Kaufmann, vom 1. Oktober 1952, Archiv FZH, 12 K, Personalakten Kaufmann.
19. Zum Folgenden siehe den Vortragstext, abgedruckt bei Schildt (wie Anm. 1).
20. Percy Ernst Schramm, Hamburg – ein Sonderfall in der Geschichte Deutschlands, Hamburg 1964.
21. Joist Grolle, Der Hamburger Percy Ernst Schramm. Ein Historiker auf der Suche nach der Wirklichkeit, Hamburg 1989.
22. Dirk Moses, The Forty-Fivers. A Generation between Fascism and Democracy, in: German Politics and Society Bd. 17, Jg. 1999, S. 94–126.
23. Zu Werner Jochmann vgl. Ursula Büttner, Werner Jochmanns Wirken als Leiter der Forschungsstelle für die Geschichte des Nationalsozialismus, in: Das Unrechtsregime. Internationale Forschung über den Nationalsozialismus, Bd. 1, Hamburg 1986, S. XV–XXVII; Stefanie Schüler-Springorum, Werner Jochmann und die deutsch-jüdische Geschichte, in: Zeitgeschichte in Hamburg 2 (2004), S. 14–20.
24. Werner Jochmann, Nationalsozialismus und Revolution. Ursprung und Geschichte der NSDAP in Hamburg 1922–1933, Dokumente, Hamburg 1963.
25. Werner Johe, Die gleichgeschaltete Justiz. Organisation des Rechtswesens und Politisierung der Rechtsprechung 1933–1945, dargestellt am Beispiel des Oberlandesgerichtsbezirks Hamburg, Frankfurt am Main 1967.
26. Henning Timpke (Hrsg.), Dokumente zur Gleichschaltung des Landes Hamburg 1933, Frankfurt am Main 1964.
27. Zu den Publikationen in diesem Jahrzehnt vgl. Christa Hempel-Küter und Eckart Krause, Hamburg und das Erbe des „Dritten Reiches". Versuch einer Bestandsaufnahme, hrsg. von der Behörde für Wissenschaft und Forschung, Hamburg 1989.
28. GAL-Fraktion in der Hamburger Bürgerschaft (Hrsg.), „Es ist Zeit für die ganze Wahrheit". Aufarbeitung der NS-Zeit in Hamburg: Die nichtveröffentlichte Senatsbroschüre, Hamburg 1985.
29. Angelika Ebbinghaus, Heidrun Kaupen-Haas, Karl Heinz Roth (Hrsg.), Heilen und Vernichten im Mustergau Hamburg. Bevölkerungs- und Gesundheitspolitik im Dritten Reich, Hamburg 1984.
30. Karl Heinz Roth, Ein Mustergau gegen die Armen, Leistungsschwachen und „Gemeinschaftsunfähigen", in: Ebbinghaus/Kaupen-Haas/Roth (Hrsg.) (wie Anm. 29), S. 7–17.
31. John Jungclaussen, Risse in weißen Fassaden. Der Verfall des hanseatischen Bürgeradels, München 2006.
32. Karl Heinz Roth (wie Anm. 30), S. 7.
33. Götz Aly, Hitlers Volksstaat. Raub, Rassenkrieg und nationaler Sozialismus, Frankfurt am Main 2005.
34. Beate Meyer, Die Verfolgung und Ermordung der Hamburger Juden 1933–1945. Geschichte, Zeugnis, Erinnerung, Göttingen 2006.

Anmerkungen

35 Hamburger Institut für Sozialforschung (Hrsg.), Verbrechen der Wehrmacht. Dimensionen des Vernichtungskrieges 1941–1944, Hamburg 2002.

36 Hamburg im „Dritten Reich", hrsg. von der Forschungsstelle für Zeitgeschichte in Hamburg, Göttingen 2005.

37 Angelika Ebbinghaus und Karsten Linne (Hrsg.), Kein abgeschlossenes Kapitel. Hamburg im „Dritten Reich", Hamburg 1997.

38 Vgl. u. a. Beate Meyer (wie Anm. 29); dies., „Jüdische Mischlinge". Rassenpolitik und Verfolgungserfahrung 1933–1945, Hamburg 1998; Frank Bajohr, „Arisierung" in Hamburg. Die Verdrängung der jüdischen Unternehmer 1933–1945, 2. Aufl. Hamburg 1998; Ursula Wamser und Wilfried Weinke, Eine verschwundene Welt. Jüdisches Leben am Grindel, Springe 2006.

39 Projektgruppe für die vergessenen Opfer des NS-Regimes (Hrsg.), Verachtet, verfolgt, vernichtet. Zu den „vergessenen" Opfern des NS-Regimes, Hamburg 1986; Detlef Garbe, Häftlinge zwischen Vernichtung und Befreiung. Die Auflösung des KZ Neuengamme und seiner Außenlager durch die SS im Frühjahr 1945, Bremen 2005; Hermann Kaienburg, Das Konzentrationslager Neuengamme, Bonn 1997.

40 Ulrike Jureit, Erinnerungsmuster. Zur Methodik lebensgeschichtlicher Interviews mit Überlebenden der nationalsozialistischen Konzentrations- und Vernichtungslager, Hamburg 1999; Sybille Baumbach, Uwe Kaminsky, Beate Meyer, Rückblenden. Lebensgeschichtliche Interviews mit Verfolgten des NS-Regimes in Hamburg, Hamburg 1999.

41 Eckart Krause u. a. (Hrsg.), Hochschulalltag im „Dritten Reich". Die Hamburger Universität 1933–1945, 3 Bde., Berlin 1991.

42 H. G. Pauls, Das neue Mitteldeutschland, in: Wirtschaftskurve, Februar 1939, S. 62 ff.

43 Statistisches Jahrbuch für das Deutsche Reich, 53. Jg., Berlin 1934, S. 9; Statistisches Jahrbuch deutscher Gemeinden, 33. Jg., Jena 1938, S. 414.

44 Hamburger Nachrichten, 1. September 1934, Zuzugsverbot für Groß-Hamburg.

45 Hamburg im „Dritten Reich" (wie Anm. 36), S. 94.

46 Zit. nach Hamburger Tageblatt, 18. Mai 1935, S. 19.

47 Vom Vier-Städte-Gebiet zur Einheitsgemeinde. Altona-Harburg-Wilhelmsburg-Wandsbek gehen in „Groß-Hamburg" auf, Hamburg (Landeszentrale für politische Bildung) 1988; Elke Pahl-Weber, „Groß-Hamburg" nach 50 Jahren, Hamburg 1989.

48 Michael Bose u. a., „Ein neues Hamburg entsteht". Planen und Bauen 1933–1945, Hamburg 1986.

49 Zur Tätigkeit der Kreisgroßhändler siehe Raul Hilberg, Die Vernichtung der europäischen Juden, Frankfurt/M. 1990, S. 258; Götz Aly und Susanne Heim, Vordenker der Vernichtung, Hamburg 1991, S. 232–237; Dieter Pohl, Nationalsozialistische Judenverfolgung in Ostgalizien. Organisation und Durchführung eines Massenverbrechens, München 1996, S. 130.

50 Karsten Linne, Deutsche Afrikafirmen im „Osteinsatz", in: 1999. Zeitschrift für Sozialgeschichte des 20. und 21. Jahrhunderts, 16 (2001) 1, S. 49–90.

Autoren

Bajohr, Frank, Dr. phil.
Geb. 1961. Wissenschaftlicher Mitarbeiter an der Forschungsstelle für Zeitgeschichte in Hamburg. 2000/2001 Fellow am Institute for Holocaust History in Yad Vashem/Jerusalem. Lehrbeauftragter am Historischen Seminar der Universität Hamburg. Veröffentlichungen zur Geschichte Hamburgs, zur Geschichte des Nationalsozialismus, der Judenverfolgung und des Antisemitismus sowie zur Arbeiterbewegung.

Flacke, Monika, Dr. phil.
Geb. 1953. Wissenschaftliche Sammlungsleiterin für Kunst des 20. Jahrhunderts und der Fotografie am Deutschen Historischen Museum in Berlin. Kuratorin und Herausgeberin der Begleitbände der Ausstellungen „Mythen der Nationen: Ein europäisches Panorama", 1998, und „Mythen der Nationen 1945: Arena der Erinnerungen", 2004.

Horbas, Claudia, Dr. phil.
Geb. 1963. Wissenschaftliche Abteilungsleiterin am Museum für Hamburgische Geschichte für den Bereich der bürgerlichen Kunst. Lehrbeauftragte am Kunsthistorischen Seminar der Universität Hamburg. Veröffentlichungen zum europäischen Kunsthandwerk vom Mittelalter bis zur Gegenwart sowie zu allgemeinen kulturgeschichtlichen Themen.

Jaacks, Gisela, Prof. Dr. phil.
Geb. 1944. Wissenschaftliche Direktorin des Museums für Hamburgische Geschichte. Dozentin für Kulturgeschichte an der Hochschule für Künste Bremen. Veröffentlichungen zur hamburgischen Geschichte, zur Kostüm- und Textilgeschichte, Musikgeschichte und Kunstgeschichte sowie zu Themen des Brauchtums.

Pelc, Ortwin, Dr. phil.
Geb. 1953. Wissenschaftlicher Abteilungsleiter am Museum für Hamburgische Geschichte für die Bereiche 19. und 20. Jahrhundert sowie Jüdische Geschichte. Lehrbeauftragter am Historischen Seminar der Universität Hamburg. Veröffentlichungen zur norddeutschen Sozial- und Wirtschaftsgeschichte und hamburgischen Stadtgeschichte.

Prange, Carsten, Dr. phil.
Geb. 1942. 1979–2007 wissenschaftlicher Abteilungsleiter am Museum für Hamburgische Geschichte für die Bereiche Sozial- und Wirtschaftsgeschichte, Technik- und Verkehrsgeschichte. Veröffentlichungen zur hamburgischen Stadt- und Wirtschaftsgeschichte und zu Schifffahrtsthemen.

Wiechmann, Ralf, Dr. phil.
Geb. 1961. Wissenschaftlicher Abteilungsleiter am Museum für Hamburgische Geschichte für die Bereiche Mittelalter und Frühe Neuzeit sowie Münz- und Geldgeschichte. Veröffentlichungen zur mittelalterlichen Geschichte und Numismatik Norddeutschlands und Skandinaviens, mit dem Schwerpunkt auf der Wikingerzeit, und zur hamburgischen Geschichte.

Bildnachweis

akg-images, Berlin: S. 115
ullstein bild, Berlin: S. 106
Deutsches Schiffahrtsmuseum, Bremerhaven: S. 82
Wartburg, Eisenach: S. 19
Lutherstätten und Museen Eisleben: S. 18 (beide)
Museum für Hamburgische Geschichte, Hamburg: Titelbild, Rückseite li. + Mitte, S. 6/7, 10/11 o., 44/45, 46/47, 49, 50, 51, 52/53 (beide), 55, 56/57 (beide), 58/59, 60/61 (alle), 63, 64, 67, 69, 72 (alle), 73 (alle), 74 (beide), 78/79, 81, 83, 85, 86/87, 88 (beide), 90/91, 92, 93, 94, 96, 99, 100 (beide), 101, 104
Staatsarchiv Hamburg: Rückseite re., S. 10 u. (beide), 11 u. (beide), 26, 28/29 (alle), 30/31 (alle), 33 (beide), 34/35 (beide), 36/37 (beide), 38/39 (beide), 40, 41, 70, 71, 76, 77, 80, 107 (beide), 108, 116
St.-Petri-Kirche, Hamburg: S. 79 re.
Michael Zapf, Hamburg: S. 23
Staatliche Kunsthalle Karlsruhe: S. 15
Schmidt-Luchs, Neu-Wulmstorf: S. 110 li.

Sowie aus:
Kriegsende in Hamburg, hg. von Ortwin Pelc, Hamburg 2005: S. 110 re.

Titelbild:
„Entwicklung des Hafens", Hermann de Bruycker, Entwurf für Bild 11 des Festzugs anlässlich des 16. Deutschen Bundesschießens in Hamburg, 1909

Rückseite:
links: „Störtebekers Gefangennahme", Lithografie von Wilhelm Heuer, 1842/1844
Mitte: „Der Optisch Belwider" auf St. Pauli, Lithografie von Johann Friedrich Wilhelm Jacobi, 1825
Rechts: Adolf Hitler bei einer Rede im Festsaal des Hamburger Rathauses, Aufnahme vom 17. August 1934

Bibliografische Information der Deutschen Bibliothek

Die Deutsche Bibliothek verzeichnet diese Publikation in der Deutschen Nationalbibliografie; detaillierte bibliografische Daten sind im Internet über <http://dnb.ddb.de> abrufbar.

ISBN 978-3-8319-0315-3

© Ellert & Richter Verlag GmbH, Hamburg 2008

Dieses Werk einschließlich aller seiner Teile ist urheberrechtlich geschützt. Jede Verwertung außerhalb der engen Grenzen des Urheberrechtsgesetzes ist ohne Zustimmung des Verlages unzulässig und strafbar. Dies gilt insbesondere für Vervielfältigungen, Übersetzungen, Mikroverfilmungen und die Einspeicherung und Verarbeitung in elektronischen Systemen.

Bildlegenden: Gisela Jaacks, Hamburg
Lektorat: Annette Krüger, Hamburg
Gestaltung: Büro Brückner + Partner, Bremen
Lithografie: Griebel-Repro, Hamburg
Gesamtherstellung: DZA Druckerei zu Altenburg GmbH, Altenburg

Das Buch erscheint anlässlich der Ausstellung „Hamburgs Geschichte zwischen Mythos und Wirklichkeit" im Museum für Hamburgische Geschichte zu seinem Jubiläumsjahr 2008.